中止未遂の理論

Die Lehre vom Rücktritt vom Versuch; La doctorine du désistement volontaire

町田行男
Machida Yukio

現代人文社

中止未遂の理論

(Die Lehre vom Rücktritt vom Versuch ; La doctorine du désistement volontaire)

◉序文　町田行男著『中止未遂の理論』に寄せて

1　刑法では、さまざまな犯罪論が乱立している。犯罪というデモーニッシュな人間の営みに対して、これまた刑罰というデモーニッシュな制裁を科すということから来る「宿命」かもしれない。しかし、それだけの理由ではなさそうである。

たとえば、民法とくらべて、刑法は遙かに条文が少ないが、犯罪は民法上の不法行為であると考えると、不法行為の条文が基本的なところでは一箇条しかないのに対して、刑法はきわめて詳しい条文をもっている。これは、罪刑法定原則に基づくものであるが、それにしても、とりわけ刑法総則の犯罪論にかかわる規定については、議論が絶えない。立法者がすべてを定めているなら、このようなことは、本来、起こりえようもないことではないか。言い換えれば、解釈の余地を生じさせるのはなぜか、という疑問が導き出されることになる。

そこで、「理論に妥協はないが、立法は妥協だ」というフランツ・フォン・リストの言葉が一つの解答を与えているようにみえる。要するに、刑法の規定という籠には、色も形も違う卵がもともと入っていたのだ、というのがリストの解答であるが、そうだとしても、たとえば、籠の中から赤い大きな卵だけを取り出して、青い小さな卵は入っていないと主張することは、立法の妥協が破られたことになろう。

それだけではない。時とすると、籠の大きさそのものが変化したり、籠の形も違う物になったりしてしまうことがある。要するに、新しい「理論」がたびたび発明されることになる。こうなると、罪刑法定原則の基本そのものが怪しまれることになろう。刑法の安定が怪しくなり、不意打ちのような処罰や恣意的な処罰が発生する危険は増加する。これは、刑法の危機でもある。となると、刑法の解釈に社会の変動に応じて一定の変化が許容されるとしても、そのような変化は刑法の安定という枠組みをはずさない限度でのみ、許されるというルールが必要になる。新しい「理論」は、もともと何もなかったところに創造されるものではなく、隠されていたものを発見しただけにすぎないという役割にとどまらなければならない、というルールも必要であろう。要するに、立法論と解釈論は厳密に区別されなければならない。

2　これだけのことを留意して、町田行男氏の「中止未遂の理論」を読んでみよう。ここでは、「政策」と「理論」との葛藤とが扱われており、町田氏による両者の統合ないしは止揚が論じられている。結論から言えば、刑法第四三条但書きの解釈を明らかにし、その妥当性の根拠について「政策」の先走りをいさめ、「理論」の行き過ぎをたしなめるということになろう。言い換えれば、「政策」と「理論」とを対立するものではなく、相互補完的なものとしてとらえて、両立しうるように、両者の均衡を図るというのが町田氏の主張の核心である。

城下裕二教授によれば、中止未遂の問題は「本当に世話のやける子供（ein wahres Sorgenkind）」のようなものだという（城下裕二「中止未遂における必要的減免について」北大法学論集三六巻四号一七五頁に引用するHerbert Kemsies, Die tätige Reue als Schuldaufhebungsgrund, Strafrechitliche Abhandlungen, Heft 259, 1929, S. 9）。刑法学においては、たとえば緊急避難について「刑法のミクロコスモス」という言葉や、共犯について「混迷の章」という言葉で語られるように、中止未遂という問題領域の特徴を示すものとして、記憶されてもよいであろう。これを敷衍して言えば、「世話のやける子供」については、自然の欲求という「政策」が突出するのに対して、躾という「理論」あるいは「規律」（discipline）が必要であるが、しかし他方、厳しすぎる躾は自然の欲求を抑圧し、正常な発達を阻害するおそれがある、ということになろう。

確かに、中止未遂では、法律効果の根拠について、犯罪理論から切り離された「刑事政策的な考慮」が優勢を占めていた時代があった。いわば自然の欲求の赴くままに成長するほかないとして、犯罪論の中に包摂するという躾が諦められていた。裏返せば、犯罪論の中に無理矢理押し込めれば、法律効果の根拠を説明することはできても、犯罪論そのものが破綻することになり、あるいは犯罪論の破綻を避けようとすれば、法律効果の根拠が説明不足になるというジレンマがあった。

とはいえ、「政策」と「理論」のジレンマは、何も中止未遂だけに限る問題ではない。犯罪論をめぐるあらゆる論点で、「政策」と「理論」との緊張関係が存在するはずである。そのような緊張関係が、中止未遂という問題領域において、いわば地表に露出した断層のように、比較的明瞭に見えているのではないか。「理論のない政策は暴君であり、政策のない理論は絶望である」という言葉は、ひとり刑法の解釈のみならず、およそ法の解釈にあたって心すべき戒めであるが、とりわけ対立や断絶が際だっている中止未遂という領域に、鍬を入れる際には、忘れてはならない教訓であろう。

そこで、政策と理論との「幸福な結婚」が問題になる。生まれも育ちも違う男女が折り合って結婚を幸福なものにするように、役割も目的も違う政策と理論が幸福な結婚をするには、どう折り合うべきかが、ここでの問題である。乱暴な言い方をすれば、「退却のための黄金の橋（eine Goldenbrücke zum Rücktritt）」というリストによってきわめて印象深い言葉にまとめられた刑事政策的考慮に含まれる「任意性」の要素を取り出し、法益保護原則や行為責任原則に縁取られる理論がよって立つ基盤を掘り下げて、「人間の尊厳（Würde des Menschen）」という人権理論の基底に接合するという荒技が必要とされる。

町田行男氏の思索をおおざっぱに要約すれば、以上のような絵柄になろう。誰も考えつかなかったことだとまでは言えないものの、思いついてもなかなか踏み出せない労苦の多い仕事である。これで解釈論上のすべての問題が解決されるわけではないかもしれないが、しかし大きな構想の下に基本的な骨組みはできあがったとみてよいであろう。後は丁寧な仕上げの作業にゆだねればよい。「政策」と「理論」がむき出しになって論争している中止未遂の領域で培われた新しい「理論」は、犯罪論の他の領域において解決を待っている多くの論点についても、必ずや実り豊かな解決をもたらすであろう。

3　町田行男氏も、はしがきで触れているように、近年、若手研究者でこの領域に果敢に挑み、大作をものにしている例が多い。大学という研究環境に身を置く幸運に必ずしも恵まれなかった町田行男氏が、このような若手研究者との接触も少なく、いわば荒野において独力で道を拓いたとも評すべき本書を著したのは、誠に慶賀に堪えない。その大きな構想に触れれば、同学の人であればもちろん、学説を異にする人であっても、必ずやその真価に気づくであろう。

思えば、町田行男氏は、青山学院大学において、フランス法について小沼進一教授に師事され、刑法について西村克彦教授に師事された。いまはお二人とも冥界に旅だたれてしまったが、町田行男氏は、温容な小沼進一教授に励まされ、巨眼の西村克彦教授に鍛えられて、じっくり我が道を進まれてきたかの印象がある。ドイツ刑法学の文献の渉猟と批判的な摂取という手法は、おそらく西村克彦教授の直伝であろう。刑法の表層的な解釈と浅薄な政策論がとかく横行する世間にあって、それに惑わされず、地道な文献研究を通じて、自らの所信を学術研究の形でまとめられたことは、誠に驚異と言わざるを得ない。

また、法の根源にあるものを探求する求道者のような姿勢は、西村教授との共訳とされる『アンゼルム・フォイエルバッハ　バイエルン犯科帳』（白水社、一九九一年）にもよく顕れている。私も特に近年になって、法の文化的な側面や文化的な基盤の重要性に気づき、その方面の研究に手を染め、その成果を教育においても少しずつ取り入れるように努めているが、西村克彦教授・町田行男氏の業績は、このような法文化論的視座につながる。その町田行男氏から大部な手書きの原稿を渡され、コメントを言うように依頼されたのは、いわば奇しき縁のように思えなくもない。ところが私自身、ドイツ語文献をよく勉強したのは二〇年以上前であり、その任に堪えるかどうかについてとまどいもあり、たいへん申し訳ないことであるが、仕事が多忙を極めたことを藉口して、その依頼になかなか応えられなかった。しかし、読むうちに、町田行男氏の大きな構想に気づき、いくらか要望すべき点を返したところ、それがかなえられ、この大著にまとめられた。これは、私にとっていわば怪我の功名であるが、それだけではない。いまドイツとフランスを含むヨーロッパ二五カ国が政治的経済的なつながりを深めてヨーロッパ連合を形成したことに示されるように、法の分野においても共通法をつくることが政治日程に上っている。その際に、町田行男氏のとられた手法が、まさに共通法を作り上げるうえでも、格好の方法として重視されることは、想像に難くない。その意味で、本書を単に日本法の解釈の手引きとして読むのではなく、新しい法文化の創造に向けた、誠実な知的営為の証しであり、その成果として読まれるべきであると確信する。

新倉　修

二〇〇五年二月

◉はしがき

本書は、ドクター論文として執筆し、一九九九年三年中旬には略ぼ完成したものである。しかしその後、主審に当たられる新倉修教授が多忙をきわめ、論文提出の手続が大幅に遅れたため、当初、審査後に本稿を出版する予定を変更し、審査前に公にすることとした。

私が中止未遂に興味をもち始めた一九九四年当時、既にドイツではこのテーマをめぐってかなり活発な議論がなされていたが、わが国ではさほど大きな関心は示されていなかった。右のドイツの議論をふまえて書かれた主要な論文としては、山中敬一、城下祐二、清水一成の三教授のそれがあるのみであった（本書が、ほとんどドイツの学説を中心に論じられているのは、こうした理由に因る）。しかしここ数年、この地でも中止犯の問題に注目が注がれるようになり、金澤真理助教授を始め、少なからぬ研究者たちがこのテーマについての論文を発表している。本書は、フランスを除いて、一九九九年以前の学説状況を基に書かれたもので、右の論文の見解には直接言及していないが、これらの見解によって本稿での自説が変わるものではない。否、むしろ強められた部分さえある（なお機会があれば、右の見解に対する私見を述べることとしたい）。この細やかな書物が、近時における中止未遂の議論の一助となれば幸いである。

なお、本稿に関しては、新倉教授より多くの貴重なご助言を賜った。それは枝葉的なものではなく、幹に関するものであり、当初の論文が多少なりともよくなったのは、全て右の助言に因るものである。また、本書の出版に当っては、現代人文社編集部の成澤壽信氏に様々なご配慮を頂き、お世話になった。さらに、文献の収集その他については、青山学院大学法学会の川田秀子氏にいろいろと手助けして頂いた。各氏には、この場を借りて厚くお礼を申しあげたい。

本書は、一昨年おしくも他界されたフランス法の小沼進一先生に、生前お世話になった感謝の念をもってこれを捧げるとともに、先生の御冥福を心からお祈りするものである。

二〇〇五年一月

町田行男

◉目次　中止未遂の理論（Die Lehre vom Rücktritt vom Versuch ; La doctorine du désistement volontaire）

序論

中止犯論の再検討

わが刑法典は、大陸法の影響の下に、[1]他のヨーロッパ諸国がそうであるように[2]中止未遂の規定を設けた。すなわち同法第四三条但書が犯罪の実行に着手した者につき、「ただし、自己の意思により犯罪を中止したときは、その刑を減軽し、又は免除する」としているのがそれである。

この中止犯は、未遂論の中でも最も問題の多い領域である。すなわち、未遂論の中核的テーマである未遂の処罰根拠（ドイツでは、未遂と中止とをSpiegelbildの関係として捉える学説が多い）[3]を始め、中止の成立要件たる中止行為と任意性、共犯の中止、予備の中止、未必の故意による未遂の中止等をめぐる数多くの問題が存在し、未遂論の問題の大半を中止犯が占めているといっても過言ではない。それゆえ、刑法の研究課題の中でも最も重要なものの一つといえる。[4]

周知のように、中止未遂の立法根拠に関しては従来刑事政策説と法律説との対立があり、こうした対立の背景の下に中止犯一般についての議論が進められてきた。ところが最近になって、一部の学説からこうした傾向に対して疑問を呈する意見が出始めている。たとえば平野博士は、「違法減少説は、……おおむねこの政策説を理論的に表現したものだといってよい」[5]として、法律説たる違法減少説を刑事政策説の理論的表現として把え、また山中教授は、ドイツで中止犯の不処罰の根拠とその体系的地位が分けて論じられていることに関して次のように述べている。「この『根拠』問題と『体系』問題という西ドイツにおける問題の立て方を別の観点から見ると、これは、目的論的説明と範疇論的説明に対応しているということができるのではないであろうか。すなわち、『根拠』に関する理論たる刑事政策説、褒賞説、刑罰目的説はすべて、中止犯を不可罰とするのは『～のためである』という説明を行っている。これに反して、『体系』問題に関する説明は『～だからである』という因果的説明を与えている。このことは、体系内的説明のみでは、中止規定の根拠に関してその本質を捉え切れないという意識があることを示しているように思われる。わが国において、違法ないし責任減少説を採りながら、刑事政策的理由をも援用し、二元的説明を採る学説があることもこのことを示しているのではないであろうか[6]」と。

ところで、立法者が法律を制定するのは、それによって一定の政策を実現せんとするためである。したがって、法律にはそれぞれ彼らが意図する政策目的がある。それゆえ、ある法律を解釈するに当っては、その政策目的を明らかにすることが必要であり、それを解明することは法律家の重要な仕事の一つである。しかし、彼の仕事はそれだけに止らない。ある法律が定立されたとき、それが法学的見地よりして是認されうるものであるか否かを検討し、国家によって誤った立法がなされないようにすることも、民主主義国家（国会の立法権は、主権者たる国民に淵源する）の下では法律家の大切な使命である（たとえばナチスの意思刑法は、今日の通説的刑法理論からは是認されえない）。さらに、政策的理由から制定された法律に法理論的根拠を与え、その立法が法学的見地よりして正当なものであることを証明し（アポロギー）、それによって法律が国民の側に受け入れやすくすることも法律家の重大な任務である。

　このように考えた場合、ある法律を検討するに当っては、政策的視点からする考察と法理論的視点からするそれとがあることになる。もしそうならば、刑事政策説と法律説とを対立的にではなく、止揚的に把えようとする先の平野、山中両説は、きわめて正しい認識に立つものといえよう。けだし、政策説と法律説とは相対立するものではなく、同じ問題を異なった観点から観察したものにすぎないと考えうるからである。すなわち前者は、中止未遂における刑の減免根拠を政策的観点から、また後者は、法理論的観点からそれぞれ検討したものであると（かように観念することによって刑事政策説と法律説との対立が揚棄できる）。

　もしこのとおりだとすると、こうした意識の下に、もう一度中止犯全般について考え直してみる必要があるのではなかろうか。けだし、これまで右の何れか一方の視点（とりわけ法理論的視点）のみからしか中止未遂を考察してこなかった通説は、中止の問題を正しく論じてこなかった嫌いがあるからである。この意味において、従来の中止犯論は一つの転換点を迎えつつある。そこで本稿では、右の意識の下に、中止に関して文献も豊富で示唆に富むドイツの議論を中心に、フランスの学説[7]をも参考にしつつ中止未遂の問題を改めて検討し直してみたい。もっとも、前述のように中止をめぐる問題はきわめて多く、その全てを研究対象とすることはほとんど不可能なので、ここでは中止犯の中核的テーマ、すなわち、中止未遂の基本思想および中止の成立要件たる中止行為と任意性の問題にしぼって考察を進めることとする。論述の順序を大まかに示せば、大体次のとおりである。

第一章では、中止未遂の不処罰・減免の根拠について、まず政策的視点からする考察を行ない、これに関する学説の検討を通じて、その何れも中止犯の立法理由を旨く説明できないことを明らかにした後、従来の見解とは異なって国民の自由の尊重に目を向けた観点からする独自の基礎づけを行なう。次いで理論的視点については、その根拠を違法性評価の修正に求め、その立場からこれに対する批判への反論を試みると同時に、他の学説の採りえない理由を述べる。そして、以上二つの視点からする考察を通じて中止未遂の政策的、法理論的根拠（中止犯の基本思想）を明らかにする。

第二章では、前章において明らかにされた中止未遂の基本思想を手懸として、中止犯の成立要件の一つである中止行為をめぐる諸問題についての検討を行なう。この中止行為については、従来おもに「中止の対象たる未遂の単一性の範囲」（わが国では、未遂の終了時期）のテーマに焦点がおかれがちであったが、ここでは右の問題に加えて、中止行為の具体的内容および不能未遂の中止、さらにわが国では余り論ぜられていない中止と錯誤の問題を扱う。

第三章では、任意性の問題に入る前に、まず、近時ドイツで唱えられている欠効犯が、これを認める判例・学説のいうように中止行為と任意性と並ぶ第三の範疇に属するものであるか否かについての検討を行なう。次いで第二章同様、中止未遂の基本思想の観点から、現在ドイツで対立している心理的任意性判断と規範的任意性判断との考察を行ない、理論的にも実際的結論においても後者が前者に優ることを明確にした後、後者の立場から任意性を判断するための具体的な基準を示す。

以上の考察を通して、本稿は、中止未遂における不処罰・減免の政策的および法理論的根拠を明らかにし、その明らかにした双方の根拠の視点からみて、矛盾のない中止行為と任意性との理解に努めようとするものである。

（1）　周知のように、英米法には中止未遂の概念は存在しない。

（2）　フランス、ドイツ、オーストリア、スイス、イタリア、スペイン等には中止犯の規定が設けられている。中でも、わが旧刑法の模範となったフランスおよび現行刑法の範例となったドイツのそれが重要である。前者については関係箇所で後述するとして、ここでは後者の規定を掲げておこう。

旧ドイツ刑法第四六条　行為者が、意図した行為の実行を、彼の意思とは無関係な事情に妨げられることなく放棄し、又は行為がいまだ発覚せざるときに、重罪もしくは軽罪の完成に属する結果の発生をみずからの活動によって回避したときは、未遂それじたいとしては不処罰である。

Der Versuch als solcher bleibt straflos, wenn der Täter die Ausführung der beabsichtigten Handlung aufgegeben hat, ohne daß er an dieser Ausführung durch Umstände gehindert worden ist, welche von seinem Willen unabhängig waren, oder zu einer Zeit, zu welcher die Handlung noch nicht entdeckt war, den Eintritt des zur Vollendung des Verbrechens oder Vergehens gehörigen Erfolges durch eigene Tätigkeit abgewendet hat.

現行ドイツ刑法第二四条第一項　任意に所為の実行の継続を放棄し、又はその完成を阻止した者は、未遂のかどでは処罰されない。所為が中止者の行為によらなくても完成しなかった場合、中止者が任意に且つ真摯に所為の実行を阻止するように努めたときは、不処罰である。

Wegen Versuchs wird nicht bestraft, wer freiwillig die weitere Ausführung der Tat aufgibt oder deren Vollendung verhindert. Wird die Tat ohne Zutun des Zurücktretenden nicht vollendet, so wird er straflos, wenn er sich freiwillig und ernsthaft bemüht, die Vollendung zu verhindern.

同法同条第二項の共犯の中止に関する規定については、関係箇所で後述する。

（3）　未必の故意による未遂の中止とは、最近ドイツで論じられている問題で、みずからの例を用いて説明すると次のような場合である。猟師が獲物に向かって猟銃を射とうとしたとき、その近くに人の居るのを認め、発砲すればその者に当るかもしれないと思ったが、当るなら当っても構わないという意識の下に猟銃を発射したところ、幸にも弾丸は人ではなく獲物に当り猟師は目的を達成したので、それ以上の発砲は行なわなかった。この場合、彼は当るなら当っても仕方がないと思って発砲し、当らなかったのだから未必の故意による殺人未遂である。そして、さらに発砲しようと思えば発砲できたにもかかわらず、発砲しなかったのだから中止の可能性が問題となる。

（4）　一部に、次のような意見がある。中止が認められても一般に刑の減軽に止る。もしそうなら、障害未遂も減軽がなされるのが普通だから、ある未遂について中止か否かを論ずることは余り実益がないのではないのか、と。しかし、同じ刑の減軽といっても、中止未遂の場合におけるそれと、障害未遂の場合におけるそれとでは、減軽の程度に差があるのが普通であろう。したがって、実益のない議論ではない。まして、後述のように、中止犯は原則として不処罰であるとする、私見の立場では尚さらである。

（5）平野『刑法総論Ⅱ』（昭五〇）三三二頁。

（6）山中「中止犯」『現代刑法講座五』（昭五七）三六七頁。

（7）なおフランスでは、既遂の中止であるrepentir actif（remords tardif）については若干の論文はあるが、本稿のテーマである未遂の中止としてのdésistement volontaireについては、私の知るかぎりほとんど論文はなく、主に教科書等で扱われているにすぎない。

第一章

中止未遂の基本思想

中止未遂の研究を行なうにあたって、何よりもまず明らかにされなければならないのは、その基本思想(Grundgedanke)である。けだし、中止犯をめぐる個々の問題に対する答は、その基本思想から演繹的にみちびき出されなければならないからである。(1) では、その基本思想とは何か。それは、行為者が犯罪を中止した場合、何ゆえ彼はそうでない者に比べて有利な取扱いを受けるのか(独仏では不処罰、わが国では刑の必要的減免)ということである。この問題は、二つの視点から検討されなければならない。

第一は政策的視点で、立法者は如何なる目的で中止犯の規定を設けたのか、ということである。立法が多かれ少なかれ何らかの政策的根拠からなされるものであるならば、かかる規定も、それによって立法者が実現しようとした政策的目的があるはずである。これは、中止未遂における不処罰・減免の政策的根拠に関する問題である。

第二は法理論的視点で、立法者が政策的根拠から設けた中止犯の規定が法理論上からも肯認されうるか否か、ということである。すなわち、ある行為が不処罰・減免となるのは、刑法理論上その行為の可罰性が消滅・減少する場合でなければならない。もしそうであるならば、中止犯の規定が刑法理論と矛盾しないためには、中止が行為の可罰性を消滅・減少させる効果を有するものであることが立証されなければならない。これは、中止未遂における不処罰・減免の法理論的根拠に関する問題である。

ドイツにおいて中止未遂の基本思想というとき、それは一般に第一の問題のみを指し、第二のそれは中止犯の体系的地位に関する問題として扱われている。しかし、右に述べたように、双方とも中止未遂の基本思想に関するものであり、ただその考察の視点が政策的か法理論的かという点で異なっているにすぎないのである。したがって、本章では両者を同一のものとして扱った。すでに序論で述べたように、ドイツにおける中止犯の議論はわが国に比べてかなり活発であり、文献も豊富で示唆に富む意見も多い。そこで以下、ドイツの学説を中心として議論を進める。

第一節　中止未遂における不処罰・減免の政策的根拠

今日のドイツにおいて、中止未遂における不処罰の根拠に関する学説としては、次の四つを挙げることができる。すなわち㈠黄金の架橋説、㈡恩典・褒賞説、㈢刑罰目的説、㈣責任履行説である。(2) わが国で刑事政策説と呼ばれる第一説は、かつてのドイツで通説的地位を占めていたが、やがて第二説にその地位を奪われ、さらに最近では第三説(3)が多くの支持を集めつつある。また、第四説は最近唱えられたもので、いまだ学説の賛成を充分に得るにはいたってない。したがって、現在のドイツでは、第二説ないしは第三説もしくはその双方を併用して、(4)中止未遂における不処罰の根拠が説明されるのが一般的であると考えてよいであろう。以下、順次検討していく。

第一款　黄金の架橋説

一　黄金の架橋説（Theorie von goldenen Brücke）(5)は、いうまでもなく、中止未遂の立法理由を犯罪の防止に求めるものである。すなわち、一旦は犯罪への道を歩んだ者でも、既遂前にそこから引き返せば不処罰を認めることによって、立法者は行為者に犯罪の中止を促そうとしたものである、と考えるのである。

こうした説は、その淵源をフォイエルバハにまで遡ることができる。すなわち、彼は次のように述べている。「もし国家が不処罰という方法によって、すでに着手された行為を後悔させないならば、国家はいわば犯罪の完成を強いることになる。なぜならば未遂に心奪われた犯罪者は、彼がすでに刑罰を招いており、後悔したところで何も得るものでもなければ、行為を完成させたところで何も失うものでもないことを、通常知っているからである」(6)と。こうした見解を、ブロイにならってもう少し補足すると以下のようになる[7]。未遂を罰する規定は実行の着手の防止に役立つ。しかし、こうした規定にもかかわらず未遂が実行された場合、かかる規定は、逆に犯罪の既遂を促すという効果をもたらす。なぜならば、未遂に一旦着手した者はすでに刑罰を招いており、未遂を途中で放棄しようと、これを最後までやり遂げようと、処罰されることに変りがないとするならば、彼が後者の道を択ぼうとするのが常だからである。そこで、中止未遂を不処罰とすることによって、右の弊害を取り除こうとしたのである。

こうしたフォイエルバハの考えを、さらにおし進めたのはリストである。いわく、「不処罰な予備行為と可罰的な実行行為との境界線が越えられた瞬間、未遂に科せられた刑罰が発生する。こうした事実はもはや変更もされなければ、〝遡って廃棄される〟こともなく、抹殺されることもない。しかし、おそらく立法は、刑事政策的根拠から、後戻りのための黄金の橋（eine goldene Brücke zum Rückzuge）を架けることができるであろう。立法は、任意な中止を刑罰消滅事由とすることによって、それを行なったのである[8]」と[9]。

このように双方とも、中止未遂の立法理由をともに犯罪の防止という視点から説明しようとしたにもかかわらず、両者が異なる点は、フォイエルバハが中止犯の規定に消極的機能しか認めようとしなかったのに対して、リストは積極的機能をもたせようとしたことである。すなわち前者が、任意に犯罪を止めた者を不処罰とすることによって、行為者が犯罪を中止しようとする際の障害となる事由（未遂処罰）を取り除こうとしたのに対して、後者は、中止未遂の不処罰によって、行為者に犯罪の中止を促そうと考えたのである[10]。

黄金の架橋説は、その後の学説において多くの支持を得るにいたり[11]、やがて通説的地位を占めるようになった。判例においても状況は同じである。一八八二年六月六日の判決によって、ＲＧがこの説を採用して以来[12]、その後一九五六年ＢＧＨ[13]がこれを否定するまでの間、それは判例における主要な見解となったのである。

右のＲＧの判決は、中止未遂を責任阻却事由ではなく刑罰阻却事由であるとして、その理由を次のように説明する[14]。かりに第四六条第一項の規定（未終了未遂の中止の規定――筆者注）しかなかったならば、未終了未遂の中止の不処罰は犯罪意思の弱さ、したがって責任の欠如（mangelnde Verschuldung）に由るものではないかとの疑いが生ずる。しかし、第一項と並んで第二項（終了未遂の中止の規定──筆者注）が存在する。こうした第二項並びに、既遂に関する中止犯を認める第一六三条第二項、第三一〇条等の場合には、中止以前の行為の中に可罰的な責任が存することは疑いない。中止行為が、中止以前の行為の性格を変更するということはありえないのである。すなわち第二項における不処罰は、「行為それ自体の中に見出され責任を消滅させる事由（ein in der Handlung selbst zu suchender, die Schuld aufhebender Grunde）に由るのではなく、合目的性の配慮（Zweckmäßigkeitsrücksichten）、すなわち法的安定性のために、終了未遂の中止を促すという配慮に由るのである（傍点筆者）。」同様なことは、第一項にも当てはまる。なぜならば、第一項は第二項と同一線上に置かれているからである、と。[15][16]

しかし今日この説を採る学説は逓減しつつあり、判例もまたこれを放棄した。そのきっかけになったと思われるのがボッケルマンの批判である。彼はドイツにおける中止未遂に関する判例をすべて調べたが、行為者が中止犯の規定を知って犯罪を止めたという事例は一件も存在しなかったというのである。[17]さらに、これにならってウルゼンハイマーはドイツのみならずオーストリア、スイスの公刊未公刊の判例をすべて調査したが、やはりこうした事例は全く見当らなかったという。[18]周知のとおり、刑事政策説に対しては、中止未遂の規定を知る者にしかその効果は期待できないが、こうした者は少数である旨の批判がなされているが、[19]右の調査結果は、こうした批判が現実において正しいものであることを裏付けたのである。そしてこれにより、ドイツの通説・判例は、黄金の架橋説に訣別を告げたのである。

元々この説は、右の他にも多くの欠陥を有するものであった。まずこの説は、中止犯の規定は犯罪の防止に役立つものであると主張するが、逆の効果をもちうることも否定できない。すなわち、犯罪を行なっても中止すれば不処罰とすることによって、こうした規定を知っている者に対しては犯罪の実行を促す効果をもちうるのである。けだし、犯罪に着手してもそれが既遂に至るまでは不処罰の道が残されているならば、安易に犯罪に手をそめる者がでて来る可能性もあるからである(20)。この意味において、中止犯の規定は犯罪の防止と促進という、いわば諸刃の剣ということもできる。したがって、かかる規定をして犯罪の防止を目的としたものであるという説明は一面的である。

次にこの説に対して、中止の効果を期待した以外の事由でなされた中止未遂について、その不処罰の根拠を説明できない、といった趣旨の批判がある(21)。黄金の架橋説に忠実であるかぎり、中止犯が認められるのは、かかる規定を知って犯罪を止めた者のみであろうから、この説がそれ以外の者にも中止を認めようとするならば、新たな基礎付けを必要とするであろうが、それがなされていないというのである。最後に、この説の立場に立つと不能未遂の中止を認めることができなくなるという不都合が生ずる（これについては後述）。

以上述べたことを考え合わせたとき、ここでの説がドイツの判例・学説において次第に支持を失っていったのも故なきことではないといえよう(22)。ガイレンは、黄金の架橋説をして「学説史に関する骨董品を商う古物商の倉の中に仕舞い込まれてしまっている(23)」と評している(24)。

このようなドイツの状況に対して、フランスにおいては、今日いぜん刑事政策説が支配的であるように思われる。たとえばヴィチゥ／メルルは以下のように述べている。「立法者は、賢明にも次のような規定を設けた。すなわち、実行の着手によって表明された未遂は、それが〝行為者の意思とは独立した事情によって中断された〟場合にかぎって処罰されると。そこに、刑事政策の基本的配慮の一つ、すなわち予防の配慮がみて取れるのである。既遂犯よりも未遂犯について、現実の被害者よりも被害者となったかもしれない人（victime éventuelle）について、嘆く方がまだましだろう。それゆえ、取り返しのつかない事態が起きる前に、犯罪者に彼が企てを放棄すれば利益を与え、不処罰を約束することによって、任意かつ自由に中止した者に報いなければならないのである(25)」と。またガローは、中止未遂の規定をして「優れた刑事政策（bonne politique criminelle）」であるとし(26)、プラデルは、「賢明な刑事政策（sage politique criminelle）」であるとし(27)、さらにヴーアン／レオテは、かかる規定は「公の秩序のために（dans l'intérêt de l'ordre public）」設けられたもので(28)あるとする(29)。しかし、右の学説がいうように、もし立法者が真に犯罪防止の効果を狙って中止犯の規定を置いたものだとするならば、彼の意図した刑事政策は必ずしも成功したものとはいえないであろう（もし中止の規定を知って犯罪を止めた事例があれば、教科書等において紹介されていると思われるが、それがないところをみると、やはりフランスにおいてもこうした規定は犯罪防止の機能を果たしていないのであろう）。

二　次に、わが国の状況について観てみることとしよう。いうまでもなく、ここでの学説は中止未遂の立法根拠を主に法律説をもって説明するのが一般であり、黄金の架橋説は、これが否定されることは余りないものの、いわば法律説を補う形で主張されているにすぎない[30]。ところが、最近一部ではあるが、黄金の架橋説のみをもって中止犯の存在根拠を説明しようとする見解がある。たとえば、山口教授は次のように述べている。「中止犯の規定は、未遂犯の成立により危険が招致された具体的被害法益を救済するために、『既遂結果惹起の危険』の消滅を奨励するべく設けられた純然たる政策的なものと考える[31]」と。また中野元判事も、中止の減免理由は「すでになされた違法・有責な行為に対する可罰評価が中止行為に対する恩賞的評価によって減殺されるからであるが、この後者の積極的評価は、結局は中止行為を奨励するための政策的考慮（リストのいわゆる『撤退のための黄金の橋』）に基づくものとみるべきである[32]」としている。

しかし、わが国においても事情は同じである。私の知りうるかぎり、ここでの判例においても、行為者が中止未遂の規定を存在を知って犯罪を止めた事例は存在しない[33]。したがって、先にみたボッケルマンの批判は、わが国においても当てはまるものといわなければならない[34]。なるほど黄金の架橋説は、中止犯の立法理由を説明するものとして、一見かなりの説得力を有しているようにも思われる。事実、私じしんもボッケルマンの批判を知るまでは、中止未遂の規定に犯罪防止の機能を否定できないものであると考えていた。しかし、今やその効果を疑わざるをえない[35]。わが国を含めて、これまでの各国の判例状況をみるかぎり、こうした説は、現実から乖離したきわめて思弁的な説といわざるをえないであろう。

ずる。[36] 次に、すでに述べたように、ここでの説を採ると不能未遂の中止を認めることができなくなる、という不都合が生ずる。不能未遂の中止とは、次のような場合をいう。たとえば、TがOを殺害しようとしてOに毒薬を飲ませようとしたが、誤って砂糖を飲ませたとする。Tはその事実を知らず、後に後悔してOの命を助けるため彼に解毒剤を与えた。この場合、砂糖を飲んだにすぎないOが死ぬことはないから（この意味で、Tの行為は不能未遂）、Oの死の結果の不発生とTの解毒剤の投与という中止行為との間には、因果関係が存在しないこととなる。そこで、かかる場合にも中止未遂が認められるべきか否かが問題となる。

かつてのドイツではこの問題をめぐって争われていたが、現在では立法による解決が計られ（ドイツ刑法第二四条第一項第二文）、こうした場合にも中止犯が認められている。わが国においても今日の学説には肯定的見解が多く、また改正刑法草案もその第二四条第二項において「行為者が結果の発生を防止するに足りる努力をしたときは、結果の発生しなかったことが他の事情による場合であっても、前項と同じである」として、不能未遂の中止を認めている。

そこで、もしこうした立法化が行なわれると、黄金の架橋説は、こうした規定の説明に窮することになるであろう。けだし、不能未遂は初めから結果の不発生が確定しているのであるから、あえて中止未遂の規定によって行為者に中止行為を行なわせ（右の設例では、Oへの解毒剤の投与）、それによって結果を阻止させる必要はないからである。砂糖を飲んだにすぎないOに解毒剤を投与させることに、どのような刑事政策的意味があるというのであろうか（なお不能未遂の中止の問題については、第二章で詳論する）。

最後に、前述したように、近時わが国においてはまだ一部ではあるが、ドイツとは反対に黄金の架橋説が台頭し始めている。これは、こうした説が、かの地とは異なってこの地において優勢である結果無価値論にとって、実に都合のよいものであるからであろう。けだし、中止犯の規定は、黄金の橋を架けることによって犯罪の中止を促し、それによって法益侵害の阻止に努めるものであるとする、この説の思想と、刑法の任務を法益の保護に求める結果無価値論の立場とは完全に一致するからである。しかし、繰り返し述べるように、現実には中止未遂の規定に犯罪防止の機能はほとんど期待できない。刑法の規定を思弁的ではなく、できるかぎり実際に即して解釈しようとする態度をとったとき、やはりここでの説を採ることは無理ではなかろうか。ドイツにおける判例・学説が、かつて主流であったこうした説を非現実的なものとして放棄し、新たな理論付けを模索したのも、刑法の規定に現実的な解釈を与えようとする態度の現れであるように思える。

第二款　恩典・褒賞説

恩典説（Gnadentheorie）は、中止未遂の立法理由を中止者に対する恩典、すなわち行為者が犯罪を止めたことに対して立法者がその恩典として彼に不処罰を認めようとしたものである、と考えるものである。この説は、その淵源を一七九四年のプロセイン一般ラント法（ＡＬＲ）にまで遡ることができる[37]。そこでは、みずから犯罪の実行を中止し、また反法的な作用を防止するような措置を講じた者は恩赦を請求する権利を有する、とされていた[38]。こうした規定に示唆を得て恩典説を唱えたのはボッケルマンである。彼は次のように述べている。「適宜に中止を行なう者は、彼が将来もはや犯罪を行なわないという期待を人々に抱かせるものである。そしてこうした者は、みずからに加えられる責任非難の重さ（Gewicht）を少なくとも功労的な行為という平衡物（Gegengewicht）によってある程度まで相殺するのである。それゆえ彼に刑罰を科さないこと、すなわち恩典を与えることが適切であるように思われる[39]」と。

こうした説は、その後、褒賞説（Prämientheorie）、報償説（Belohnungstheorie）、功労説（Verdiensttheorie）等と呼ばれて次第に学説の支持を得るにいたっていった[40]。たとえば報償説を唱えるイェシェックは、次のように述べている。「任意に中止をなし、または既遂を阻止した者、あるいは、何れにせよ既遂にいたらない場合に既遂を阻止しようと真摯に努力した者（不能未遂の中止を示す――訳者注）は、社会において、彼の所為が法を揺るがしたという印象（rechtserschütternde Eindruck seiner Tat）を再び消滅させたがゆえに寛大な処置を得るのである。それに加えて、彼は功労的な行為という平衡物によって、未遂の責任をある程度まで償っている。もちろん、彼の功労は中止の任意性にあるのであって、中止の動機の特別な倫理的価値が要求されるものではない[41]」と。

しかしこれらの説に対しては、次のような批判が加えられている。まず恩典説に対して、ウルゼンハイマーが以下のごとく述べている。「〝真の意味における恩典〟とは、〝正義の自己修正〟を意味するものではなく、〝客体の何らかの属性とは全く無関係に示されうるもの〟、換言すれば、〝恩赦を受ける者の人格（Person）とその者の外的な、法および不法状況（äußere Rechts und Unrechtslage）は考慮されないものである〟から、〝恩典〟は概念上なんら〝功労〟を前提とするものではない。それゆえ、こうした二つの視点を結びつけることは誤りである[42]」と。つまり恩典というのは、それを与えられる側の事情を考慮することなく、これを与える側の事情によって付与するものであるから、恩典が行為者の功労を前提とするのはおかしいというのである。

たしかに、恩典説に関するかぎり、こうした批判は的を射ているかもしれない。しかし、褒賞説や報償説についてはそう言いうるものではない。けだし褒賞や報償は、それが認められる前提として、それを受ける者がそれを得るに相応しい「何事か」を行なったことが求められるからである。卑近な表現をすれば、「褒美が貰えるのは、何かよい事をした場合だけなのである」。したがって、褒賞や報償が、それに相応しい功労と結びつくことは決して誤りではない。ボッケルマンは、恩典という言葉を褒賞という表現に改めることによって右の批判を免れうる。

次にシュミットホイザーは、褒賞説に対して、「刑法は、犯罪者に〝褒賞を与える〟ためにあるのではない[43]」と批判する。たしかに、そうであるかもしれない。しかし、犯罪を完成させようとした者に比べて、これをみずからの意思で止めた者は刑法上称賛に値するものであり、刑法がこれに対して報いたとしても、必ずしも不当なことではあるまい。むしろ問題なのは、たとえ不当ではないにしても、ヘルツベルクも述べているように、中止に対する褒賞が不処罰というのは余りにも寛大すぎる、ということなのである。すなわち、中止した者が中止しなかった者に比べて褒められるなら、初めから犯罪を行なわなかった者（無辜の者）は、さらに褒められるであろう。そこで、もし褒賞という観点から中止者と非中止者との間に刑法上異なった取扱いがなされるとするならば、同様に中止者と無辜の者との間にも異なった取扱いがなされてしかるべきであろう。しかし、ドイツ刑法典は中止を不処罰としており、結果において、中止者を初めから犯罪を行なわなかった者と同等に取り扱っている。すなわち、ここでは褒賞が全く考慮されていないのである。このことを考えると、立法者が中止を不処罰としたのは、褒賞以外の理由でこれを行なったのではないかと推論される。

右の私見に関連して、ヘルツベルクは次のように述べている。彼は、立法者が中止という功労に対して行為者に褒賞を与えたものである、とする思想それ自体を否定するものではない。たとえば民法においても、法は、遺失物の拾得者に、彼が占有離脱物の横領を行なわなかったことに対して報酬を認める（ドイツ民法第九七一条）。しかし刑法において、中止者に不処罰という褒賞を認めるには彼の功労は余りに小さすぎる、と。[44] もっとも、これらの批判も、わが国で褒賞説を採ることの障害とはならないかもしれない。すなわち、わが刑法典は中止に対して不処罰ではなく、刑の減免を認めるにすぎない。したがって、たとえ中止者に刑の免除を認めても、それが有罪判決である以上、初めから犯罪を行なわなかった者との関係において、刑法上の取扱いを異にしているということができるし、また不処罰を認めるには中止者の功労は小さすぎても、刑の減免を認めるには小さすぎないとも言いうるからである。

しかし何よりも、私が褒賞説を採ることに躊躇を感ずる一番の理由は、次のことである。すなわち、すでに本章の冒頭でも述べたとおり、立法者がある規定を定立するのは、それによって一定の政策的目的を実現しようとするためである。もしそうであるならば、褒賞説のいうように、かりに立法者が中止者に褒賞を与えるために中止未遂の規定を設けたものだとしても、彼は、それによって何らかの目的を達成しようとしたはずである。つまり、立法者が中止犯の規定を設けたのは、中止者に対して褒賞を与えること自体が目的なのではなく、中止者に褒賞を与えることを手段として、何らかの目的を実現しようとしたものだと考えられるのである（たとえば、刑法は犯罪者に刑罰を科するために設けられたものであるが、刑罰を科すること自体が目的なのではなく、刑罰を手段として犯罪を防止することが目的である)。そして、この政策的目的を探求することこそ本節の課題なのであるが、褒賞説は、その目的が何であるかについて全く解答を示していないのである[45]。

なるほど、不処罰という褒賞を与えることによって、立法者は犯罪の中止の奨励を目的とし、もしくはその奨励の機能を認めようとしたものである、と答えることもできる。たとえばアドルフ・メルケルは、中止は「犯罪の完成を諦めた、もしくはその完成を阻止したことに対する褒賞の性格を有するものであり、したがって予防目的(Präventivzweck)に奉仕する[46]」としている。けれどもこれでは、褒賞説は先の黄金の架橋説と全く同様なものとなってしまう。しかし、元もと恩典説が黄金の架橋説の批判の下に登場したことを考えるとき、右のように答えることはできない(したがって、褒賞説の淵源をフォイエルバハに求めることは誤りである[47])。結局、ここでの説は、中止未遂の立法理由を何ら説明していないということになる。

褒賞説に対しては、しばしば、なぜ中止に対して恩典や褒賞が与えられるのかについての説明がなされていない、との批判が加えられている[48]。たとえばロクシンは、次のように述べている。恩典説は、「法律に書かれていることを言い換えたにすぎない。重要な問題は、なぜ立法者が任意の中止にこうした方法(中止を不処罰とすること――訳者注)で〝報い〟、また不処罰という〝恩典〟を与えるのか、ということである。しかし、恩典説はそれに対する答を知らない[49]」と。こうした批判は、私が右に述べた批判とほぼ同じものであろう[50]。

さて最後に、わが国に目を移した場合、寡聞のためか、ここでの説を採用する学説[51]は少数であるように見受けられる。しかし、すでに述べた理由から、ここでも褒賞説を採ることはできないと考える。

第三款　刑罰目的説

一　刑罰目的説(Strafzweckstheorie)[52]は、中止未遂の立法理由を刑罰目的の消滅に求めるものである。すなわち、行為者が犯罪を中止した場合には立法者が意図する刑罰目的が消滅したとみなされて、かかる規定が設けられたものであると考えるのである。この説の淵源は、ツァハリエにまで遡ることができる。すなわち彼は、次のように述べている。「執拗な悪しき意思（beharrlicher böser Wille）のみが、危険な意思である。かかる意思の場合にして始めて、抑制的な手段としての刑罰を適用する必要が生ずる。任意に中止をした者は、その行為を通じて、彼が堅固で執拗な悪しき意思を有するものではなかったこと、すなわちほんの一瞬のあいだ衝動に走りはしたが、結局は、法を遵守する行為をなすべきであるという分別に彼が支配されていたということを示すのである。こうした人間については、法的状態は何ら危険を心配する必要はない。なるほど、公共の安全が一瞬のあいだ脅かされはした。しかし、それは現実のものとはならなかったのである(53)」と。

こうした見解は、その後、前期法律説(54)といわれるルーデンの無効説（Nullitätstheorie）、シュヴァルツの不確実説（Infirmitätstheorie）、ヘルツォークの推定説（Präsumtionstheorie）(55)に影響を与えたものと思われるが、やがてこれらの説も刑事政策説にとって代られ、M・E・マイヤーをして、もはや「珍しい骨董的価値（Wert kurioser Antiquitäten）」を有するものにしかすぎない(56)、と評されるまでにいたった。

かかる見解が再び日の目をみるきっかけとなったのは、一九五六年二月二八日のBGHの判決(57)である。この判決はまず次のように述べて、これまで判例の主流であった黄金の架橋説を放棄する。すなわち「多くの場合、行為者は、未遂の最中に刑法上の効果についてなど考えるものではない。犯罪計画を放棄すれば不処罰になるということなど、彼はしばしば知りもしないし、まして念頭などにはおいていないのである」と。そしてこの後、中止未遂における不処罰の根拠は、これを以下のごとく理解するのがより現実的であるとして、次のように判示する。

「もし行為者が未遂の着手を任意に中止した場合、彼の犯罪意思は行為を貫徹するのに必要なほど強いものではなかった、ということが明らかとなる。初め未遂の中に表わされた彼の危険性は、事後になって、かなり小さなものであるということが判明したのである。こうした理由から、法律は未遂そのものを罰することを断念するのである。なぜならば、行為者をして将来犯罪を行なわせないためであろうと、他の人々を威嚇するためであろうと、将また侵害された法秩序を回復するためであろうと、刑罰は不要だからである。行為者が適宜に放棄した犯罪決意について、法律がこれをもはや彼に帰責せず、未遂行為によってすでに実現された他の可罰的行為の範囲でのみ彼を処罰するとき、法律は、とくに第一の目的（特別予防の目的——訳者注）と正義の思想が実現されたものとみなすのである」[58]と。かくして、当初ツァハリエの説を否定して登場した黄金の架橋説は、再びツァハリエの見解にとって代られたのである。[58-2]

このように、中止犯の不処罰の根拠を刑罰目的の消滅に求める判例の考え方は、その後の学説において多くの賛同を集めるにいたったが、その賛同の仕方は一様ではなく、これを三つに大別することができる。すなわち中止未遂の場合、㈠判例にならって、刑罰目的たる特別予防と一般予防との双方が不要となるとする特別・一般予防説（かりにこう呼ぶ）[59]、㈡特別予防のみ不要とする特別予防説（かりにこう呼ぶ）[60]、㈢一般予防のみ不要とする一般予防説（かりにこう呼ぶ）[61]の三つである。[62]

まず、第一説を採るロクシンは次のように述べている。中止犯が認められる場合「一般予防的な根拠からは、処罰が要求されない。なぜならば結果は発生せず、また行為者は、決定的な瞬間に法に忠実であることをみずから証明することによって、何ら悪しき例を与えないからである。特別予防的な作用も必要とはされない。なぜならば行為者は、みずからの中止によって合法性に立ち返ったからである。すでに未遂によって表わされた彼の可変性（etwaige Labilität 事情によって変ることがある）は、行為者が結果の惹起を任意に断念するかぎり、刑法上の制裁に対する充分な根拠ではない。また、責任の償い（Schuldausgleich）も不必要であることが明らかとなる。なぜならば行為者は、未遂に潜む責任をみずからの任意な中止によって再び償った（gutmachen und ausgleichen）からである」[63]と。

次に、特別予防説を採るブロイは、中止が不処罰なのは、「未遂の行為者が、他人の手を借りることなく、社会的に正しい行態への道へ立ち戻り、そのために処罰が不必要となった」[64]からであると説明する。

これに対して、一般予防説の立場に立つシュミットホイザーは、特別・一般予防説および特別予防説をして、これらの説はリストのいう行為者刑法を前提とするものであろうが、我われはこうした刑法をもつものではないとして[65]、[66]みずからの見解を次のように展開する。

「中止未遂の場合における不処罰の実質的根拠は、もっぱら刑罰の機能および刑罰の倫理的正当性を正しく理解することによって明らかとなる。……中止の場合、全体としての所為事象の当罰性が消滅するのである。……法秩序に求められて然るべき固有の道徳的要求に目を向けたとき、法律が、次の場合に対して、すなわち、法に違反した者が彼の行為の経過中に適宜にみずからを修正した場合に対して、特別な規定を置いたことは全く適切であるように思われる。この場合、犯罪行為は、社会の中において或いは社会に対して、自己主張しなかったのである（Die kriminelle Tat behauptet sich hier nicht in der Gesellschaft bzw. gegen die Gesellschaft）。中止者は、事象の経過の最中に、具体的所為に関して合法性に（in die rechtliche Konformität）立ち戻ったのである。不処罰を認めても、これによって、刑罰の一般予防の目的が害されるものではない。それというのも――法が、中止者との関係においてみずからを主張したのであり、結局――具体的所為事象に関係付けられて――法の有効性が証明されたからである。――こうした考えの中に、〝一般予防的な〟もしくは〝刑事政策的な〟論拠が持ち出されているのが判る。しかしそれは、一般予防ないしは刑事政策が、かかる場合に必ず不処罰を要求するということではなく、処罰を放棄しても威嚇的効果が失われるものではない、ということをたんに意味するにすぎないのである[67]」と。

これまでに考察した二つの学説、すなわち黄金の架橋説と恩典・褒賞説とが比較的単純な発想に基くものであったのに対して、ここでの刑罰目的説は右の二説に比べてよく理論づけられたものであるとの印象を受ける。しかし、かかる見解も詳細に検討すると、いくつかの問題を孕んでいるように思われる。そこで以下、それについてみてみよう。最初に、中止がなされた場合には特別予防の必要がないとする主張からみてみる。

まずこれに関連して、ラング・ヒンリクゼンは、ＢＧＨが中止行為を通じて行為者の危険性の僅少性が証明されたことを理由として、特別予防の必要がないことを説いている点を取り上げ、次のように批判する。「危険や危険性の概念は、常に事前予測（Prognose ex ante）を前提とする概念である。もし危険や危険性がこうした基礎の下に肯定されうるならば、それらが事後の事象によって反証されうるということはない[68]」と。

しかし、こうした批判は必ずしも適切でないように思われる。なるほど、未遂行為と中止行為との関係について、それぞれを別個の行為として観察し（こうした観察方法を分割的観察方法と呼ぶ――詳しくは第六款参照）、まず前者の行為を基礎として行為者の危険性を肯定した後、今度は後者の行為を理由としてその危険性を否定する、という思考形式をとるならば右の批判は正しいかもしれない。しかし、未遂行為と中止行為とを二つの行為としてみるのではなく、両者はともに一連の一つの現象として同じ「一つの所為」を構成するものであると思惟する（こうした観察方法を全体的観察方法と呼ぶ――詳しくは第六款参照）ならば事情は異なる。けだし、こうした観察方法によるときは、行為者の危険性の判断は、「一つの所為」、すなわち未遂行為と中止行為とを含む「一つの所為」を基礎としてなされるのであるからその評価は一つであり、右のようにまず危険性を肯定し、次いでこれを否定するという二重の評価は避けられるから、一旦肯定された危険性が事後の事象によって否定される、という批判は当らないこととなる[69]。そして、こうした全体的観察方法を唱えたのは他ならぬラング・ヒンリクゼン自身なのである（第六款参照）[70]。

むしろ、ここで問題とされなければならないのは以下の二点である。その一は、刑罰目的説が、中止を行なった者については特別予防の必要がない、としている点である。すなわちかかる者は、刑罰による改善を施さなくとも、自力で合法性の世界へ立ち戻る能力をもっているのであるから、将来再び犯罪を犯す危険性はなく、したがって特別予防の必要もないという点である。

しかし、本当にそう言いうるであろうか。行為者は、ただ犯罪を止めたのではない。一定の事情の下に中止したのである。もしそうであるならば、中止の事由となった一定の事情が存在しない場合には、彼が中止しないことも充分考えられうる。たとえば、TがOの家に強盗に入ったが、Oの貧しいのを知ってこれに同情し強盗を止めたとする。この場合、確かに、Tは中止によってみずから合法性の世界へ立ち戻ったといえるかもしれない。しかし、もしTが

Oではなく、別の裕福な家O′に強盗に入っていたならばどうであろうか。ここでは、Tに中止を動機付けた貧しい者に対する同情という感情は生じえないであろう。したがって、彼がO′に対する強盗を最後までやり遂げていた可能性が充分考えられる。すなわち、Tが貧しい者に対する強盗は行なわない保証はあっても、裕福な者に対する強盗までは行なわない保証はないのである。それにもかかわらず、Tがたまたま貧しいOの家に強盗に入ったために彼に同情してこれを中止した一事をもって、Tは将来強盗を犯す可能性はない[71]から特別予防の必要性がないとして、彼を不処罰としてもよいものであろうか。

しかも特別予防の目的が、行為者の規範意識を高めること等によって、犯された一定の犯罪にかぎらず、犯罪一般を将来犯させないようにすることだとすると、特定の事情の下に特定の犯罪を中止したことを理由に、特別予防の必要がないと言い切れるかどうか余計に疑問である。ラング・ヒンリクゼンは、刑罰目的説の考え方をして「きわめて大胆な刑事学的予測（eine äußerst kühne Kriminologische Prognose）」と評している[72]が、こうした評価も頷けるというものである。

これに対してロクシンは、右とほぼ同じイェシェックの批判、すなわち「中止は、しばしば全く偶然的な外部的諸事情によってなされるものである[73]」とする批判に対して、かかる主張は心理的任意性判断[74]の考え方には当てはまっても、自分の見解には該当しないとして次のように述べている。「しかし、ここで擁護された見解をもって、任意性に対して〝犯罪者の理性[75]〟に抵触する行為方式が要求されるならば、〝全く偶然的な外部的諸事情〟で不処罰にいたりうるものではない。行為者は、外部的な障害がなくとも決定的な瞬間に行為を実行することができなかった、ということが常に明らかとなったものでなければならないのである。彼の意思は、〝既遂にとって充分に強いものではありえなかった。〟さもなければ、既遂にいたっていたであろう（傍点筆者）[76]」と。

こうしたロクシンの反論に対する私の理解が正しければ、こういうことであろうか。すなわち、刑罰目的説が任意性を判断するにあたっては、かりに中止の事由となった事情が存在しなかったとしても、行為者が中止をなしたであろうような場合にかぎって、先の設例でいうならば、被害者が貧しくなかったとしても、強盗を中止したであろうと認められる場合にかぎって、任意性を肯定して中止未遂を肯認するのであるから右の批判は当らない、と。逆にいうならば、たとえ行為者が被害者に同情して犯罪を止めたとしても、もし被害者に同情すべき事由がなければ、犯罪を成し遂げていたであろうと認められるような場合には、彼が将来再び犯罪を犯さないという保証はないから、任意性を否定して中止を肯認しないから問題はない、と。

しかし、もしそうであるならばこれは不当である。かりに行為者が被害者に対する同情心から中止したのであれば、たとえ彼に将来また犯罪を犯す危険性が明らかに認められたとしても（たとえば、「同情して中止したのは甘すぎた。今度は同情せずに犯罪を成し遂げる」と被告人が裁判官の面前で述べたとしても）、当該犯罪については、任意性を肯定して中止犯が認められるべきである。刑法が行為者に任意性のあるとき中止未遂を認めており、かつ彼に任意と認むべき事情があるにもかかわらず、本人には将来再び犯罪を犯す危険が顕著であるから中止犯を否定するというのであれば、それは一種の予防拘禁である。

特別予防の問題点に関するその二は、この説が、中止を行なった者の意思は犯罪を貫徹するのに必要とされるほど強いものではなかったから処罰の必要はない、としている点である。なるほど中止者の意思は、途中でそれを放棄したという意味で、中止を行なわなかった者のそれに比べて確かに弱いものであったかもしれない。しかし、後に犯意を翻したとしても、少なくとも未遂に着手した段階で、彼に犯罪の貫徹を内容とする意思と、それを実行に移す程度の意思の強さとが認められれば（そして実行行為がなされた以上、こうした意思の強さが肯認される）、未遂犯に対する処罰の主観的要件としてはそれで充分であり、かかる内容と強さとをもった意思が既遂にいたるまで継続することは必要ではないのである。刑罰目的説は、未遂の故意について必要以上のものを求めすぎている憾みがある。

次に、刑罰目的説の一般予防からする論拠についてみてみよう。先に掲げたロクシンの所説にせよシュミットホイザーのそれにせよ、畢竟、彼らが中止の認められる場合に一般予防の必要がないとするのは、かかる場合には法の確証がなされたと考えるからであろう。すなわち中止者は、犯罪の実行に着手することによって一旦は法を否定する態度に出たが、その後その犯罪完成前に「法に忠実であることをみずから証明」し（ロクシン）、あるいは「合法性に立ち戻」る（シュミットホイザー）ことによって結局は法に忠実な態度を示し、これによって法の妥当性が維持されたのだから、彼に刑罰を科すことによって彼が初めに犯した不法の否定を一般に示す必要がないとするものであろう。

確かに中止者は、一度は法に敵対したとはいえ、後に法に適した態度をとった者である。この意味で、障害未遂の者や最後まで犯罪を貫徹した者に比べ刑に軽重を設けることは、一般予防的にも充分理由のあるものであろう。しかし彼は、また、一旦は法を破った者でもある。この意味において、ロクシンのいうように、「何ら悪しき例を与えなかったということはできない（ただ、その悪しき例の程度が低かっただけなのである）。もしそうならば、一般予防の観点から処罰の程度が軽減したとはいえても、処罰の必要がなくなったとまでは言い切れないであろう。

最後に、中止犯の不処罰の根拠を、特別予防もしくは一般予防の何れかの観点からのみ説明しようとする刑罰目的説に対して、次のような批判をつけ加えておこう。すなわち、刑罰の予防目的には一般予防と特別予防という二つの面があると考えたとき、処罰の必要性が消滅したと言いうるためには、その双方が不必要となった場合でなければならない。一方のみの消滅をもって不処罰を認めることはできない。たとえばある犯罪者について、特別予防の観点から処罰の必要性がないとしても、一般予防の観点からは依然としてその必要があると認められるときには、彼を不処罰とすることはできないのである。その逆もまた然りである。したがって中止未遂の場合、一般予防もしくは特別予防の要件に欠けるとしても、依然としてもう一方の要件が残存しているかぎり、中止者を不処罰とするには無理がある(77)(78)。

二　次に、わが国についてみた場合、ここでも右のドイツ同様、かなり以前から中止犯の立法理由を刑罰の予防目的の観点から説明する学説が存在する。たとえば、小野博士は次のように述べている。「蓋し、中止犯に付て刑の減軽を認める理由は、前節に述べたやうに主として政策的なものである。即ち、一般予防的には一旦実行に著手したる者をして刑の免除を得んがために其の既遂に至ることを防止せしむることを目的とし、特別予防的には行為者の悪性小なるものとして其の刑を減軽せんとするものである(79)」と。また、木村博士いわく、「中止未遂不処罰の根拠は、……これを犯人の危険性の消滅の中に求めることが最も妥当であって、かく解することは、直ちに、これを我が刑法の解釈と為すことを得ると私は考へる。即ち、我が刑法第四三条は、中止未遂をもつて刑の免除又は減軽の事由と為しているのであるが、任意の中止によつて危険性が完全に消滅すると解せられる場合には刑の免除を為すべく、又、任意の中止によつて具体的行為における危険性が一と先づ消滅すると考へられるに止まる場合には刑の減軽が為されるべきである。いづれにしても、中止未遂を特別に取扱ふべき根拠はこれを犯人の危険性の消滅の中に求めるべきである(80)」と(81)。さらに、最近では先に紹介したドイツの学説の影響の下に、これと略ぼ同じ見解を唱える者が現われ始めている(82)。

まず、右の所説で注意しなければならないのは、小野博士が一般予防というとき、それはドイツの一般予防説のそれとは異なり、刑の減免を認めることによって一旦実行に着手した者に中止を促し、それによって犯罪を予防するという意味での一般予防である。したがって、博士の見解は黄金の架橋説と特別予防説の二元説ということになる。すると、博士の説では、刑罰の威嚇によって犯罪を防止するという意味での一般予防は考慮されていないこととなる。しかしこれは、「刑法は決して一般予防又は特別予防の一方のみによって理解され得るものではない(83)」とする博士の主張と矛盾することになるであろう。

さて、わが国におけるこれらの所説に対しても、すでにドイツの学説に対してなされたのと略ぼ同じ批判が当てはまるが、かの地と異なり中止に刑の減免しか認めていない、この地では、その批判の程度が若干緩和する。すなわち、まず特別予防の観点から中止未遂の立法理由を説明しても「きわめて大胆な刑事政策」とまではいえないであろう。けだし、減軽されるとはいえ、刑が科される以上それによってある程度特別予防の目的が達せられるし、また刑の免除の場合でも、それが有罪判決である以上、被告人に有罪を宣告することにより、彼の規範意識を覚醒しもしくは増大させ、これによって若干の特別予防の効果を期待しうるからである（これに対して、ドイツでは、中止した以上特別予防の必要がないとされるから、中止者には右の措置が施されない）。もっとも、中止した者は将来犯罪を犯す危険が消滅・減少するという思想自体には左袒しかねる。

次に、一般予防の観点から中止未遂の立法理由を説明しても、刑の減軽に関するかぎり問題は少ないと思う。けだし、一度は法背反的な態度をとったとはいえ、その後既遂前に法の妥当性を肯定した者は、そうでない者に比して法敵対性の程度が低いから、刑法上有利に扱われても一般予防の効果が損われることはないからである。もっとも、その有利な扱いが刑の免除までも可能となしうるかについては疑問である。

第四款　責任履行説

責任履行説（Schulderfüllungstheorie）[84]は、中止未遂の立法理由を不法回復義務の履行に求める。すなわち中止者は犯罪行為によって一旦は不法を生ぜしめたが、その不法を回復するという義務を果たした、ということを理由として立法者が彼を不処罰とする規定を設けた、と考えるものである。この説は最近のものであり、ヘルツベルクによって唱えられたものである[85]。以下、彼の説くところを詳しく観ていくこととしよう。

犯罪行為（Straftat）とは、帰責可能な不法な行態である。刑罰規定（Strafdrohung）は、こうした行態を事由として発生する国家の強制規定（Androhung staatlicher Zwangs）である。これと類似した関係は、民法や行政法においても見られる。契約違反や行政法違反といった不法な行態によっても、強制規定は生ずるからである。こうした規定は、強制を加えることじたいが目的なのではなく、不法を排除するための手段にすぎない。したがって、不法が消滅すれば、かかる規定も消えてなくなる。たとえば、返済を滞った借金が延滞利息を含めて全額支払われた場合、また盗品が返還された場合などには、強制規定は消滅するのである[86]。

これに対して、たとえば窃盗の中止未遂の場合、窃盗は未遂なのだから、盗品の返還によって、行為者がみずから生ぜしめた損害の責任を消滅させるということはありえない。むしろ、ここでの中止者は、禁ぜられた結果にいたることをすでに回避しているのである。禁ぜられた結果を、かように芽のうちに摘み取る（Im-Keim-Ersticken）ことこそが、刑法における不法の回復（Wiedergutmachung）なのである。結果の回避が任意な中止に基く場合、未遂に対する処罰規定は必然的にかつ完全に消えてなくなる。中止犯の規定は、一般的な法原則、すなわち行為者が強制規定発生の事由となった不法な行態を止め、それを回避するという義務を帰責可能な行為によって履行した場合、強制規定（刑罰規定）が消滅する、という原則に則って設けられたものなのである(87)。

責任履行説とは、任意に中止した者は、彼がみずからに帰責されうる行為（Leistung）を通じてその責任を履行したがゆえに、国家の強制規定から解放されるものである、とする考え方である。そして、ここでの責任（Schuld）とは、刑法上の非難可能性という意味ではなく、債務者がみずから負担する債権を弁済すべき義務というがごとき意味での責任なのである、と(88)。

しかし、彼の主張の民法についての説明はよく理解できるが、肝心の刑法の点については、私の理解が不充分であるためか、いま一つ判然としない。すなわち、彼の見解によれば、強制規定は責任を履行させるための手段である。中止未遂が処罰されないのは、行為者が任意な（帰責可能な）行為によって、みずからの責任、つまり不法の回復（禁ぜられた結果の回避）を果たした以上、強制規定（刑罰規定）によって責任を履行させる必要がないからである。しかし、もしそうであるならば、障害未遂の場合には行為者は任意な行為によってその責任、すなわち不法の回復を果たしていないのであるから、彼の説にしたがえば、当然それを履行させるために刑罰規定が必要となるはずである。ところが障害未遂の場合も中止未遂同様に結果は発生していないのであるから、刑罰規定によって、禁ぜられた結果の回避という責任を履行させる必要はないはずである（結果が発生していない以上、結果の発生を回避するということは事実上ありえない）。すると、障害未遂においても刑罰規定は不必要なものということになり、結局、中止未遂の場合にかぎって不処罰とされる理由が説明されていないのではなかろうか。

次に、ヘルツベルクの所説の特色は、彼も述べているように、従来の学説が中止犯の不処罰の根拠を刑法や刑罰論の中に求めたのに対して、彼は、法に内在する一般的な原則からこれを説明しようとした点にある。しかし私見によれば、彼のこうした態度は方法論的に誤りである。けだし、中止未遂とは刑法上の概念であり、したがって、かかる概念の理解も原則として刑法の目的ないしは刑法の機能という観点からなすべきであって、それ以外の視点からなすべきではないからである(89)。ヘルツベルクは、中止未遂の規定をして「一般的な法原則」の表われであるとする見地から、中止の問題を解決するにあたっても、刑法以外の他の法領域からその結論を引き出そうとする。彼は、刑法が全法秩序の一部であることを考えれば、みずからの主張は容易に理解できるとし、また刑法と民法とでは異なるから両者は簡単に比較できないとする批判に対して、こうした批判は、それに対するのと同程度の正当性をもって、双方は一致するがゆえに比較は可能である(90)、としている。

しかし、かかる比較は許されない。すなわち、右に述べた私見の立場に立った場合、複数の法律において同じ概念もしくは似たような規定が存在したとしても、その概念ないしは規定は、それらを用いている法律の目的、機能にしたがって解釈されるべきであり、それゆえその目的等が異なればその概念等の内容もおのずから異なるのである（法律概念の相対化）。刑法と民法とではその解釈に相違があることを、ヘルツベルク自身の例を挙げて一つ証明しよう。

ドイツ刑法第三五条の免責事由たる緊急避難は、自己や親族等の生命、身体等に対する現在の危難を回避するため違法行為を行なっても責任がない旨規定する。すなわち、親族等の命を助けるために行なった行為は、行為者に帰責されないのである。ここからヘルツベルクは、親族たる妻の命を助けるために中止した者は、帰責可能性（任意性）が否定されるから中止未遂は認められないとする(91)。しかし民法において、妻の命を助けるため債務を履行した場合についても同じことがいえるであろうか。たとえば、債務者Ｓが恩のある債権者Ｇへの借金を返済しようとしなかったところ、Ｓの妻Ｆがそれを恥じて、Ｇに借金を弁済しなければ自殺するといわれたので、妻の自殺を止めさせるため、やむなくGに借金を返済したとする。この場合、Sの弁済行為は、妻の命を助けるために行なわれたものであるから帰責可能性がないものであって、Sの法律行為は無効であると言いうるであろうか。おそらく、言いえないであろう。もしそうであるならば、同じく妻を助ける行為であっても、刑法と民法とでは帰責可能性の有無の解釈について異なる場合があるのであって、両者を単純に比較可能であるということはできないであろう[92]。ヘルツベルクの理論の誤りは、その出発点を刑法以外の他の領域に求めた点にあるのである[93]。

最後に、わが国に目を転じた場合、今までのところ、この説を採る学説はないようである。もっとも、中止未遂は行為者がみずからの責任を履行したがゆえに不処罰である、とする責任履行説は、中止犯を刑の必要減免にとどめているこの地では採用し難いかもしれない。けだし、中止行為によって責任の履行がなされたのであるならば、刑罰は不必要となって不処罰となるからである。

第五款　自説の展開（謙抑説）

前の款までにおいて、中止未遂における不処罰の根拠に関し、今日のドイツで主張されている四つの学説についての検討を行なった。しかし、その何れについても問題のあることが判った。では、中止犯の立法理由につき、これを一体どのように解したらよいのであろうか。私見によれば、問題の出発点は、行為者が、未遂行為によって一旦は外界に実現した違法な状態を中止行為によって再び消滅させた、という点に求められるべきである。以下、詳論する。

第一項　ドイツにおける中止未遂の不処罰の根拠

一　まず、ドイツの通説[94]にならって、違法論につき行為無価値と結果無価値との二元論を採った場合、未遂の違法性は行為無価値によって基礎づけられることとなる。ところで、この行為無価値の内容については、その理解の仕方によってこれを三つに大別することができる。すなわち、行為無価値をしてもっぱら主観的に観念する、いわば主観的行為無価値論(95)、これを客観的にのみ把握する、いわば客観的無価値論(96)、そして主客双方の観点からこれを捉える、いわば主客的行為無価値論もしくは二元的行為無価値論(97)の三つである。この中、前二者の立場は、それぞれ行為無価値を一方の面からしか観察していない点で問題がある。すなわち第一説は、行為者の主観を重視するあまり行為の危険性を蔑ろにする憾みがあり（危険な意思は行為に実現されて始めて、法にとって現実の脅威となる）、第二説は、行為者の反規範的な危険性を看過している嫌いがある（こうした意思自体、法にとって潜在的脅威となる）。したがって、第三説に立つのが妥当である。すると、未遂の違法性を基礎づけるのは、右のように主客双方の観点から理解された行為無価値ということになる。それゆえ、中止行為によって違法な状態が消滅するというとき、それは、かかる意味での行為無価値の状態が消滅するということを意味するのである。

では、こうした行為無価値とは具体的に如何なる内容のものであろうか。私見によれば、それは次のような性質をもったものである。すなわち、ここでの行為無価値とは、これを主観的に観察するときは、行為者の法規範を侵害しようとする意思である(98)。しかし、こうした意思だけでは法にとっていまだ潜在的な危険でしかありえない。かかる意思が実現される可能性が実際に生じて始めて、法に対する潜在的な危険が顕在化する。したがって行為無価値は、また、これを客観的に観察するときは、右の意思を実現しうる行為でなければならない。そして、行為者が犯そうとする法規範とは、刑法の場合、いうまでもなく構成要件である。この構成要件の実現は法益侵害を意味する。それゆえ、ここでの行為無価値とは、主観的には構成要件に抵触する意思をもって、客観的にはそれを実現する可能性、すなわち法益侵害を惹起する可能性をもった行為として理解されることとなる(99)。未遂の違法性を基礎づける行為無価値とはかようなものなのである(100)。

こうした考え方は、未遂において故意を主観的不法要素とし、かつ未遂の処罰根拠についてこれを客観説に求める立場と一見同様の観を呈する。[101]けだし客観説が、未遂の処罰根拠をして法益侵害に対する危険の発生と理解する一方、未遂において故意が主観的不法要素とされるならば、法益侵害の客観的危険性と主観的な故意とが一体となって未遂の違法性が基礎づけられるようにもみえるからである。しかし、こうした立場と右の私の見解とは明らかに異なる。すなわち後者では、故意（反規範的意思）それ自体が直接的に未遂の違法性に影響を及ぼすものであるのに対して、前者では、故意が未遂の違法性に影響を与えるのは、それが法益侵害に不可欠であるという限度においてのみ、すなわち、間接的においてのみなのである。したがって両者は、この意味において意見を異にするものである。

さて右において、行為無価値の具体的内容が明らかになった後、次に問題となるのは、中止によってこうした行為無価値が消滅させられうるか、ということである。私は、次のように解することによって、それは可能であると考える。すなわち中止犯とは、いうまでもなく、行為者がこれまでの犯意を翻して犯罪の実現を回避しようとするものである。そこで、これを主観的に観た場合、彼は犯意（反規範的意思）を捨てて犯罪実現を回避しようとする意思（規範的意思）を有するのであるから、ここにおいて、反規範的意思から合法な意思への移行が認められる。また客観的に観た場合、犯罪実現の回避に向けられた行為が行なわれたのであるから、ここにおいて、結果発生に対する危険性の消滅が認められる。すると中止未遂とは、主観的には、行為者が未遂行為によって示した反規範的な意思を合法な意思へと転換し、客観的には、一旦外界に生ぜしめた法益侵害に対する危険性を消滅させたものである、と理解することができる。[102]もしかように解して妨げないなら、中止がなされた場合、違法な意思の合法な意思への転換によって、行為無価値の主観的要素である反規範的意思が消滅する一方、犯罪実現の回避によって、客観的要素である法益侵害に対する危険性も消滅する、と考えることができる。そして私見によれば、立法者が中止犯に対して要求する「任意性」の要件とは、右の「反規範的な意思の合法な意思への転換」を意味するものであるのに対して、「中止行為」の要件とは、「法益侵害に対する危険性の消滅」を示すものなのである。

しかし、ここで注意すべき点が一つある。それは、中止行為によって消滅させられたのは、行為者が実現した違法い、な状態であって、彼の未遂行為の違法性そのものまでもが消滅したものではない、ということである。すなわち、行為者が違法な未遂行為を行なったという事実までもが遡って消滅するものではない、ということである。事実は、事実として残るのである。オーゼンブリュグゲンのいうように「事実は峻厳なのである（Tatschen sind unerbittlich）」[103]。ここでいう消滅とは、未遂行為によって生ぜしめられた違法な状態が中止行為以後は存続しなくなった、ということを意味する（私がこれまで違法性の消滅とせず、違法な状態の消滅としてきたのはこの故である）。かように解さないと、かつての前期法律説と同じ轍を踏むこととなる（彼らは、中止によって、行為者が生ぜしめた違法もしくは有責な事実が遡って消滅することを証明しようとして失敗した[104]）。

二　そこで次に問題となるのは、右にみたように、中止者が自己の実現した違法な状態をその後に消滅せしめたとしても、彼は一度は違法な世界へと足を踏み入れたものであり、こうした者が、最初から違法な領域へと入り込まなかった者同様、なぜ処罰されないのかということである。

私は、この問題に対する解答を、刑法における「補充性の原則（Subsidiaritätsprinzip）」、「刑法の断片性（fragmentarischer Charakter）」、「刑法の謙抑性」に求めたい[105]。ロクシンは、補充性の原則について次のように述べている。「法益侵害を処罰したり福祉目的に反する行為を処罰したりすることが許されるのは、秩序ある共同生活を維持するためには、これらを処罰することがどうしても避けて通れない場合だけである。民法や公法の手段をもって足りるところでは、刑法は身を引かなければならない。なぜならば、いかなる刑罰であっても、それは、これを科される者にとっては法益侵害を意味するものであり、こうした侵害は、その者の生命を奪うことも稀ではなく、いずれにせよ、個人の自由の中に苛酷に入り込んでくる作用をもつものだからである。それゆえ刑罰は、法共同体の最も厳しい反応として、最後の場でしか用いられてはならないのである。もっと寛大な措置で法秩序の維持や回復ができるのに、刑罰を使用した場合、刑罰は社会的必要性という存在根拠を失う。そしてまた、前科者の氾濫によって、刑罰規定が法の平穏を促進するどころか、かえってそれを乱す結果ともなるのである。したがってかように観た場合、法益は、二重の保護、すなわち刑法による保護と刑法以前の保護とを受けるのである。そして刑法は、それが過度に用いられると、刑法が予防しようとする状態をかえって産み出す結果にもなりかねないのである[106]」と。

　こうした考え方によれば、処罰の対象となる行為は、秩序ある共同生活を破壊するようなきわめて高い社会的有害性（違法性）をもったものでなければならない、ということになる。すると、その程度にいたらない行為は、たとえそれが社会的に有害なものであっても、刑罰の苛酷さに鑑み処罰の対象にはならないということになる。そこで、立法者がきわめて高度な違法性をもつものとして犯罪とした行為であっても、それが行なわれた後、何らかの事由で、その行為が実現した違法な状態が消滅しその行為にもはや高い違法性が認めえないとき、場合により、右の補充性の原則の精神から、かかる行為の処罰が否定されることもある、と考えることも可能であろう。そして中止未遂とは、まさにこのような場合ではあるまいか。すなわち、中止者は、未遂行為の実行によって一旦はきわめて高い違法な状態を社会に実現したが、その後、自力をもってその状態を消滅させ、それによって法秩序の回復を果した。また中止行為がなければ結果が発生していたような場合[107]、彼の中止によって、法益侵害の惹起というより重い違法な状態の発生を回避しえた。これらのことを勘案した場合、刑罰が個人の重大な法益を侵害する作用をもつものであることに鑑み、刑法は身を引いたのである。それゆえ中止者は、一度は違法な行為を行なった点で、初めからそれを行なわなかった者に比べて道徳上、社会上は明らかに異なった取扱いを受けるが、刑法上は同一のものとして扱われるのである。以上のように観た場合、中止未遂の規定は、これを刑法に内在する補充性の原則を犯罪後にも実現しようとして設けられたものである、と考えることができる。

　補充性の原則は、それを禁圧しなければ、社会の秩序ある共同生活の維持が困難となるようなきわめて高い違法性をもった行為のみを処罰の対象とすることによって、アルトゥール・カウフマンの言葉を借りるならば、「刑法の肥大化（Hypertrophie des Strafrechts）[108]」を抑止する機能をもつものである。私見によれば、立法者は、この「刑法の肥大化」の防止を二段の方法によって行なおうとした。第一段は、まず、高度な違法性をもった行為のみを構成要件化することによって、処罰の対象とされる行為を必要最少限度に抑える方法である（構成要件定立前における補充性の原則）。第二段は、さらに、一旦は構成要件化された行為であっても、それが行なわれた後、何らかの事由でその行為の処罰の必要性が減少したと認められるときは、それを不処罰とすることによって、結局はその行為の犯罪性を否定する方法である（構成要件定立後の補充性の原則）。そして中止犯の規定は、この中、後者の方法によって「刑法の肥大化」を阻止しようとしたものである[(109)]。

右のように、中止未遂における不処罰の根拠を、補充性の原則の視点から説明しようとするのは私一人ではない。こうした試みの萌芽は、これを、すでにドイツにおいてヒッペルやショイルの所説の中にみて取れる。彼らは、中止犯の体系的地位を構成要件に見出す結果、中止をして未遂概念の消極的構成要件メルクマールとして理解するのであるが、その理解の根拠を刑法の断片性に求めているのである（詳しくは、次節参照）。

たとえばショイルは、「ある行態がもはや耐えられない場合、すなわち法の不可侵性について重大な疑念が生じ、その行態が悪しき例として作用し、法的安定性への信頼を揺るがすであろう場合」に始めて、刑法の介入が必要となるとして、刑法の断片性を説明した後、次のように述べている。

「重罪および一定の軽罪の未遂が処罰されるのは、結果の発生を待つまでもなく、その行態だけで充分、社会的共同生活にとっては重大なものだからである。しかし、行為者がみずから中止し、あるいは任意に結果を阻止したために未遂となった場合、その未遂は、社会的共同生活において平穏を害さないか——あるいは害したとしてもそれほど強く——害しないものである。法益侵害を阻止するという法律の目的は挫かれなかったし、また、当初は反規範的に行為した者も、みずから犯罪より遠ざかったものである」から、中止は不処罰である[(110)]、と。つまり彼は、刑法の断片性から、ある行態が処罰されるのは、その「行態がもはや耐えられない場合」にかぎってであるが、中止犯においては、社会的共同生活の平穏に対する侵害がないか或いは少ないものであるから耐えられるものであり、したがって未遂としては処罰されない、とするものであり、中止の不処罰の根拠につき、補充性の原則を念頭に置いているものと考えられる(111)。

さらに、最近わが国において、山中教授は、中止未遂の立法理由をよりはっきりと補充性の原則の中に求めている。いわく、「私見によれば、むしろ、刑罰の目的から処罰の必要性がなくなるというよりも、刑罰目的に内在する制約、すなわち刑法の補充性または謙抑性の原理から処罰の必要性が減少しまたは消滅するものと解される(112)」と。その説明においては必ずしも同一のものではないが、中止犯の立法根拠を補充性の原則に求める点では、本稿の立場も右の学説も一致しているということができるであろう。

第二項　わが国における中止未遂の刑の減免の根拠

前項において、私は、ドイツにおける中止未遂の不処罰の根拠を刑法に内在する補充性の原則に求めた。では、こうした考え方をわが国における中止犯の規定に応用できるか、それがここでの問題である。いうまでもなく、わが刑法典は、ドイツと異なって中止を不処罰ではなく刑の必要減免としている。したがって、右の考え方を応用するにしても若干の修正を必要とする。

一　まず、刑の免除から始めよう。補充性の原則とは、すでに観たように、刑罰は、これを科せられる者にとっては重大な法益侵害を伴うものであるから、できるかぎりかかる手段を用いることを避けようとすることを、その内容とするものである。もしそうであるならば、ドイツのように不処罰としないでも、わが国のように刑の免除、すなわち犯罪の成立を一応認めた上で、これに刑を科さないという方法によっても、補充性の原則の目的を果たすことができる。したがって、立法者はかかる方法で右の原則を実現しようとしたのである、と考えることも可能である。すなわち、中止未遂の規定を設けることによって、犯罪後にも、ドイツが「刑法の肥大化」の抑止を目指したものであるに対して、わが刑法典は、いわば、「処罰の肥大化」の防止を試みたのである。

二　次に、刑の減軽に移ろう。これに対しては、刑の免除の場合におけるほど説明は簡単ではない。けだし、たとえ減軽されるとはいえ刑が科せられることに変りはなく、そうである以上、刑罰の回避という補充性の原則の完全な実現はもはや期待されえないようにみえるからである。そこで以下、この問題についての考察を行なうことになるが、しかしその前に、なぜわが刑法典は、中止犯に対して刑の免除と並んで減軽までをも規定したかの理由について考えてみたい。なぜなら、ドイツやフランスでは中止を不処罰もしくは犯罪不成立としているのに対して、わが国では、刑の免除はともかく減軽までをも認めており、右の両国に比べて中止に対する扱いが厳しすぎるとの印象が拭い切れないからである。しかし、こうした立法者の態度には合理的根拠があり、結果において、右の両国とわが国の間には、中止に対する取扱いにつきそれほど大差はないのである。以下に、それを説明する。

まず、次のような設例を考えてみよう。Tが殺意をもってOにピストルを発射し彼に致命傷を負わせたが、その後に後悔したTはOに手当てを施し、それによって彼は一命を取り留めたが、重い後遺症が残ったとする。この場合、Tに任意性と中止行為とが認められる以上（これについては異論がないであろう）、彼には殺人罪の中止未遂が肯定される。しかし、ドイツやフランスでは、たとえ殺人罪については中止犯が認められたとしても、Oを負傷させた以上、Tは傷害罪の既遂の限度で責任を負わされる[113]こととなる[114]。いわゆる加重未遂（qualifizierter Versuch）の場合である。すなわち、重い罪の未遂の中にすでに軽い罪の既遂が成立している場合、右の設例では、殺人罪の未遂の中に傷害罪の既遂が成立している場合をいう。この加重未遂については、既遂となった軽い罪について、これを処罰できるかどうか、かつてのドイツで争われていたが[115]、今日ではこれに対する処罰を認めるのが一般的である[116]。

その理由は、三つ考えられる。すなわち、㈠法文上の理由、㈡理論上の理由、㈢刑事政策上の理由がそれである。

㈠の理由とは、中止犯の規定が、旧刑法（第四六条第二項）では「未遂それ自体としては不処罰である（Der Versuch als solcher bleibt straflos）」とされ、現行刑法（第二四条第一文）では「未遂のかどでは処罰されない（Wegen Versuchs wird nicht bestraft）」とされていることである。すなわち「未遂それ自体としては」あるいは「未遂のかどでは」処罰されないのであるから、未遂以外で処罰することは法文上妨げないということになる（今日のドイツの通説）。㈡と㈢の理由については、ヴェルツェルが次のように説明している[117]。㈡については「吸収力をもつのは、処罰される犯罪のみである」と。たとえば、殺人未遂が成立する場合には、その未遂によって相手に傷害を与えていても、この傷害は殺人未遂に吸収されて新たに傷害罪を構成するものではないが、その殺人未遂に中止が認められこれが不処罰となると、吸収されるべき殺人未遂は不成立で存在しないから、これに傷害罪が吸収されるということはありえず、したがって傷害罪が成立するというのである。㈢については「行為者が、より重い犯罪を意図したという理由で、既遂が不処罰となりうるものではない」と。たとえば、もし殺人未遂に中止が認められる場合には、たとえその未遂によって相手に傷害を負わせても傷害罪が成立しないとすると、初めから傷害の故意で傷害の既遂を行なった者は処罰されるのに、それよりも重い殺人罪を犯しこれを中止すれば処罰されないということになり、刑事政策上問題があるというのである。

　これに対して、わが国の場合、右のドイツやフランスとは状況が異なる。ここでは、先の設例の場合、Ｔに殺人未遂の中止が認められる以上、たとえＯに傷害の結果を負わせたとしても、Ｔに傷害罪の既遂を認めることはできない。では、右の両国とわが国とでの、こうしたＴに対する取扱いの差はいかなる理由によるものであろうか。それは、こういうことである。すなわち、殺人未遂と傷害罪とは法条競合の関係にあり、殺人未遂が認められるときは後者は前者に吸収されて傷害罪が成立する余地はない。わが刑法は中止犯を不処罰とはせず、刑の必要減免にとどめているにすぎないから、中止が認められても依然として殺人未遂は成立しており、傷害罪はこれに吸収されて存在しないことになる。それゆえ、右の設例におけるＴは殺人の中止未遂一罪となり、別に傷害罪で処罰されることはないのである[118]。

わが国において、科刑上一罪（観念的競合、牽連犯）の場合と法条競合との場合とを分け、後者にかぎって中止未遂一罪とするのもこうした理由による。けだし科刑上一罪の場合、一個の行為で生じた複数の行為もしくは目的・手段、原因・結果たる行為の中、一方が他方を吸収するということはありえないからである。

これに対して、ドイツやフランスでは中止は不処罰ないしは犯罪不成立であり、先の設例の場合殺人未遂罪は存在しないから、傷害罪がこれに吸収されるということはありえない。[119] それゆえ、独立して傷害罪でTを処罰する、ということも可能となってくる。先に挙げたヴェルツェルの㈡の理由がこれである。

そこで、もしわが刑法が中止未遂に対して刑の免除しか認めないとすると、困った事態が生ずることとなる。すなわち、先の設例のように、行為者が殺意をもって被害者に致命傷を与えても、その後の任意な中止によって命を助ければ中止犯が認められ、傷害はこの殺人未遂に吸収されて傷害罪が成立しなくなる一方、殺人未遂の中止犯は必ず刑の免除を受けることになるから、被害者は命を取り留めたはしたものの、どんなに重い後遺症が残ったとしても、行為者は決して処罰されることはない。さらにいえば、たんに暴行・脅迫を行なったにすぎない者は、これらの罪の既遂犯として処罰を受けるが、強盗や強姦の目的で右の行為を行ない、その後に奪取や姦淫行為を中止すれば、強盗罪や強姦罪の中止未遂として刑の免除を受け、既遂となった暴行・脅迫の点についても処罰を免れることになる。しかし、こうした結論は何としても不合理であろう。先のヴェルツェルの㈢の理由と同じである。[120]

そこで立法者が、かかる不都合を回避しようとするならば、右のような場合、中止者を依然として処罰できるような道を残しておくことが必要となる。そして、こうした方法としてとられたのが、刑の免除と並んで刑の減軽をも認めることだったのである。このようにすれば、先の設例のような場合、Tに対する量刑にあたって刑の減軽を選択することにより彼を処罰することができ、Tに全く刑が科せられなくなる、という不合理を避けることができる。したがって、立法者が中止犯に対して刑の免除と並んで刑の減軽をも認めたのは、右に述べたような政策的配慮からだったのである。

すると、このことから、中止者に対する刑の減免の基準が明らかとなる。すなわち、中止未遂は原則として刑の免除であるが、中止した未遂の中にすでに軽い罪の既遂が成立している場合（加重未遂）には刑の減軽となる。このように解すると、有罪・無罪の差を別にすれば、先に述べたように、ドイツやフランスとわが国とでは中止犯に対する扱いがそれほど異ならないということになる。なぜならば、右の両国において中止犯は処罰されないが、加重未遂が成立する場合にはその限度で処罰の対象となる一方、わが国においても中止者は刑の免除によって処罰を免れるが、加重未遂の場合には刑の減軽によって処罰を受けることとなるからである。

三　そこで、最後に問題となるのは、右のような政策的配慮から、わが刑法典が中止に対して刑の免除と並んで刑の減軽をも規定したことと、中止未遂の立法理由を補充性の原則に求める私見の立場とが矛盾しないか、ということである。決して矛盾するものではない。すなわち、中止犯の規定とは、行為者がみずから生ぜしめた違法な状態を再び消滅したことを理由として、補充性の原則からこの者に刑を科さない、というものである。したがって、これを逆にいうならば、違法な状態の消滅が認められないかぎり中止ということはありえず、行為者には刑が科せられるということになる。これを先の設例について観てみると、行為者は、被害者の命を助けるために相手に手当てを施すことによって、確かに、みずから生ぜしめた他人の生命に対する危険という違法な状態を消滅せしめた。その意味では、彼に殺人罪の中止未遂を認めることができる。しかし、相手に重傷を負わせた以上、この限度で、彼が違法な状態を消滅させたということはできない。換言すれば、殺人未遂の中に含まれている傷害罪についてまでも中止したとは言いえないのである。したがって、この範囲内で、彼は処罰に価するものである。殺人未遂は一般に傷害を伴うことが多く、このことを考慮して、立法者がかかる未遂罪の法定刑を定めたとするならば、右の中止者が刑の免除を受けるには、傷害罪における違法な状態をも消滅させたものであることが認められなければならず、そうでない以上、違法な状態の残滓があるとして刑の減軽を受けるにとどまるのである。かように解した場合、中止未遂の立法理由を補充性の原則に求める私見の立場と、わが刑法第四三条但書が刑の免除と並んで減刑をも規定していることの間には、何ら矛盾はないと考える。

以上のことから、中止犯における刑の減免の基準は次のようになる。すなわち、行為者がみずから実現した違法な状態をその後完全に消滅せしめた場合には刑の免除である。これに対して、行為者は彼の意図した犯罪の中止には成功したが、その犯罪に含まれる軽い罪の違法な状態までは消滅させるにはいたらなかった場合、その限度でかかる状態の残滓があったとして刑の減軽を受けるにとどまる。[121] こうした基準は、先に中止に刑の減軽を認める立法理由から示した減免の基準と一致するものであり、かつそれに理論的根拠を与えるものである。このように中止に対する刑の減免の区別を加重未遂の有無に求める考え方は、わが国における刑事政策説や法律説にも応用することができる。

刑事政策説については、この説を採ると刑の減免の区別がつかなくなる、という批判がある。しかし、この説においても減免の区別を加重未遂の有無に求めることができる。すなわち加重未遂の場合には、行為者が意図した犯罪（たとえば殺人罪）との関係では既遂防止の目的が達せられたが、その犯罪の中に含まれる軽い罪（たとえば傷害罪）との関係では既遂が成立した以上（したがって、犯罪防止の目的が、軽い罪との関係では達成られなかった以上）、刑の減刑にとどまるが、加重未遂が存在しない場合には、犯罪防止の目的が完全に達せられたのだから、刑の免除を認めてもよいと考えられる。

また、法律説の場合、減免の区別は違法性もしくは有責性の程度の多寡によって決せられるとするが、具体的にどの程度の違法性、有責性の減少があれば刑の免除とされ、もしくは減刑とされるのか必ずしも明瞭ではない。しかし、ここでの考え方を採れば、明確な区別を示すことができる。すなわち、加重未遂が存在しない場合には、中止者に対する違法性、有責性の程度は刑を免除させるまでに減少したと判断されるが、加重未遂が存在する場合には、軽い罪の結果が発生した限度で、彼に対する違法性、責任非難が肯定され、この意味において、中止者は刑の減軽を受けるにすぎない、と考えることもできるからである。

平野博士は、ドイツの場合、加重未遂を処罰しないと、かの国のように刑の免除（博士は、不処罰とは述べていない——筆者注）しか認めていない法制の下では、「軽い罪だけであれば処罰されるのにその後重い罪にとりかかったために、軽い罪まで処罰されなくなる」とした後、しかし、「わが国では減軽のばあいもあるから軽い罪では処罰できないとしても運用で不都合をさけることができる」[121-2]と述べているが、これは、本稿のようにはっきり区別はしていないものの、刑の減免の一応の基準として加重未遂の有無を考慮すべきである、ということを暗に示しているものではなかろうか。

第二節　中止未遂における不処罰・減免の法理論的根拠

前節における考察によって、中止未遂の立法理由は、中止者が未遂行為によって惹起した違法な状態を再び消滅させたことを理由として、犯罪後にも補充性の原則を実現しようとする、政策的根拠に由るものであることが明らかとなった。そこで、次に問題となるのは、こうした政策的根拠から設けられた中止犯の規定が、法理論的観点からも肯認されうるか否か、ということである。刑法理論上、ある行為もしくはある者に対する不処罰・刑の減免が認められるのは、原則として、それらに対する可罰性の消滅、減少がある場合でなければならない。したがって、中止犯の規定が刑法理論上肯認されうるためには、中止が行為や行為者の可罰性の評価に影響を与えうるものであることが証明されなければならない。

この問題は、ドイツでは、中止未遂における体系的地位、すなわち中止は刑法体系論上どの地位において論ぜられるべきか、の問題として扱われている。この場合、中止がある体系的地位に位置するというとき、その理由として、中止が、それに属するとされる体系的地位にある可罰性の要件に影響を与えるものであることが示される（たとえば、中止は行為者の責任に影響を与えるから、責任の領域に属するというように）。そして、これは中止未遂における不処罰・減免の法理論的根拠の問題と実質的に略ぼ同じである。したがって、以下ドイツの学説を中心にこの問題について観てみることとする。

第一款　未遂行為と中止行為との関係

もし中止が未遂の可罰性に影響を与えるものだとするならば、その中止行為と未遂行為との関係について、まず観てみなければならない。いうまでもなく、中止未遂とは、まず行為者が未遂行為を行ない、次いでこれを中止するということによって成立するものである。そこで問題なのは、最初の未遂行為とその後の中止行為とは一体どのような関係にあるのか、すなわち双方の行為は、それぞれ独立した二つの行為なのか、それとも一つの行為（正確には所為）なのか、ということである。

前者の見方を分割的観察方法（atomistische Betrachtung）といい、後者の見方を全体的観察方法（Ganzheitsbetrachtung, Gesamtbetrachtung）もしくは単一的観察方法（Einheitsbetrachtung）という。後者の観察方法はビンディングによって唱えられ（第三款第一項参照）、その後ラインハルト・フォン・ヒッペル等の支持を受けたが、さらにラング・ヒンリクゼンによってより明確な理論的支柱を与えられて以来、今日のドイツの学説において多くの支持を集めつつある[122]。

そこで、ラング・ヒンリクゼンの見解を紹介すると、以下のとおりである。彼は、従来の学説の誤りは、未遂行為と中止行為とを分離して観察した点にあるとして[123]、次のように述べている。「所為の概念（Tatbegriff）は、価値的視点の下に、行態の完全な評価を可能にするような全ての諸事情をこの概念の中に包含させることによって、把握されなければならない。中止犯の場合、初めの未遂の行態は一つの評価に対する断片にすぎないのである。価値的な把握を完璧なものとするには、それを補充するものとして、さらなる行動方式、すなわち中止が付け加えられなければならない。ここでもまた、所為は、それに事後的な中止行為が包含されることによって、構成要件に該当する行為の枠を越えて拡張されなければならないのである。……完全な評価の基礎となるのは、初め法益に対して向けられ行為に実現された意思を、法に忠実な意思へと任意に変更したという動的現象、すなわち法益侵害を阻止しようとする意思へ任意に変更したという動的現象なのである。こうした全ての事象が、単一の新らしい評価の基礎、すなわち新たな地位をもった単一の価値構成（ein einheitliches Wertgefüge neuen Ranges）を形造るのである。そして、このように形造られた新たな価値構成から、立法者は当罰性について異なった評価を下すのである。法に忠実な意思が、事後に新たに形成されたものであるからといって、このことを理由に、未遂と中止との単一性が損われるものではない。もしその点に単一性を阻む区切りをみるとするならば、それは、心理的――自然主義的観察方法であろう。規範的観察は完全な価値と意味内容（Wert-und Sinngehalt）との把握を目指すものであって、こうした観察にとって、意思の変更という事象も一つの評価の対象となる（eine Sinneinheit darstellen）のであり、またそれは新たな単一の評価の基礎を造り上げるのである。心理的には分離されるものであっても、評価的視点の下においては単一性を示し得るのである。したがって、事後の行態がそれ以前の行態を相殺したり、後に異なった印象を与えるというようなことはない。むしろ、以前の行態はネガティヴな性格を維持したままなのである。事後にポズィティヴなものが加わることによって、全行態に対して評価の新たな観点が生じるのである。未遂と中止という二つの行動方式は、いわばバランスシート（Bilanz）の損金と益金の関係なようなもので、これを全体として評価した場合には、当罰性に関して異なった帰結にいたるのである」(124)と。要するに彼によれば、未遂と中止とをそれぞれ独立した二つの行為として観察するのではなく、価値的視点の下に両者を「一つの所為」を構成する部分的要素として捉え、双方を包括的に評価すべきだというのである。

しかし、こうした観察方法は、次の三つの点から問題があるように思われる。その一は、理論的な点であり、その二は、中止未遂の構造からする点であり、その三は、刑法上の機能からする点である。まず第一の点とは、違法な未遂と合法な中止という全く対蹠的な性格をもった二つの行為を、たとえ「所為」という言葉を用いたとしても――Tat（所為）はHandlung（行為）よりも広い概念――、右のように一つのものとみることには理論上疑問がある、ということである。なるほど、複数の行為であっても、それらが法律的に同質のものであるかぎり、規範的観点からこれを一つの行為とみることができる。たとえば、行為者が殺意をもって相手に対しピストルを連続して三回発射したような場合がそれである。この場合、右の三つの行為は、主観的な故意の面においても客観的な行為の面においても共に背法的であり、したがって同質なものとして、規範的観点からこれらを一つのものとみることができる。

しかし、未遂と中止の場合には事情が異なる。両者は、主観的な意思の面においても客観的な行為の面においても、一方は違法、他方は合法という全く相入れない性格を有するものである。こうしたものを一つの所為とみることは困難であろう。けだし、違法な未遂と合法な中止という法律的に相反する二つの行為を、規範的（法律的）観点の下に一つのものとみることは自家撞着だからである。やはり、未遂行為と中止行為とは、それぞれ独立した二つの行為とみるべきである[125]。

次に第二の点とは、こういうことである。かりに中止が未遂の当罰性に影響を与えるとして、この当罰性の要素が違法性もしくは有責性であるとすると、中止未遂の性格につき、分割的観察方法と全体的観察方法とでは、次のような結論の差をもたらす。すなわち前者の方法によれば、未遂と中止とはそれぞれ別個の二つの行為であるから、まず未遂の違法性ないしは有責性が肯定されて、これが後の中止行為によって消滅させられるということになり、中止未遂は違法性もしくは責任消滅事由ということになる。これに対して、後者の方法は、未遂と中止とを一つの所為を構成するものとして理解するから、評価の対象となるのは未遂と中止とを含んだ一つの所為であり、これに対する評価の結果、この所為に違法性もしくは有責性が否定されると、一旦違法性等が成立してそれが後になくなるというのではなく、初めから所為全体の違法性ないしは有責性がないということになり、中止未遂は違法性もしくは責任阻却事由ということになる。[126] 全体的観察方法を採るロクシンも、この帰結を認める（彼は、中止をして責任阻却事由であるとしている）[127]。

すると、この観察方法によれば、中止犯は違法性阻却事由ないしは責任阻却事由であるから、それは正当防衛や緊急避難と同じ性質をもったものということになる。しかし、これは不当である。中止犯とは、まず未遂という可罰的な行為を行なった後、始めて中止という合法的な行為を行なうことによって成立するものであって、正当防衛や緊急避難のように、法的に許された、あるいは責任のない行為[128]を最初から行なうものではない。

これに対して、全体的観察方法の論者は、かような方法を採っても「事後の行態がそれ以前の行態を相殺したり、後に異なった印象を与えるというようなことはない。むしろ以前の行態は、ネガティヴな性格を維持したままなのである」から、最初から法的に許された行為を行なう正当防衛等と中止未遂とを同一視するものではない、と反駁するかもしれない。しかし、ネガティヴな性格が維持されたままだとしても、こうしたネガティヴな性格をもった未遂と中止とを包含する一つの所為に対して、違法等の評価が否定されるなら、その所為は、初めから違法ないしは有責ではないということになる。こうした観察方法は、中止犯と正当防衛もしくは緊急避難とを同一視する恐れのある点で問題がある。

第三の点とは、右の第二の点に関連してである。すなわち刑法は、可罰的な行為とそうでない行為とを示し、それによって国民に行動の指針を与える、という機能をもつ。しかし、中止未遂をして違法性阻却事由ないしは責任阻却事由であるとすると、こうした機能を害する恐れがある。けだし、未遂から中止にいたる一連の行為が一つの所為とされ、この所為に対して違法もしくは有責でないとの評価が下されると、全体的観察方法の下に、その所為の中に含まれる本来可罰的な未遂行為までもが不可罰な行為とみなされる危険があるからである[129]。次の款で検討する消極的構成要件メルクマール説に対しては、これが構成要件の提訴機能を害するという批判があるが、これと似たような批判がここでも当てはまるのである。こうした弊害を避けるためには、分割的観察方法の下に未遂と中止とを二つの行為とし、双方の行為の法的性質をはっきり際立たせ、可罰的な未遂が後の中止行為によって不可罰となることを、明確に示さなければならないのである。以上の点から、全体的観察方法は、これを支持することができない[130]。

二　最近わが国でも、ドイツの影響の下に全体的観察方法を採る学説が現われ始めている[131]。これらに対しては、しかし、右の批判の第一点はともかく、第二、第三の点については当てはまらないのではないか、という意見があるかもしれない。なぜならば、わが刑法は中止犯をして刑の必要減免としており、したがって違法性や有責性がないというわけではないから、全体的観察方法を採ったとしても、中止未遂が正当防衛や緊急避難と同じになる、というようなことはないからである。また、かかる観察方法によって、未遂と中止とを含む一つの所為に対する違法性等の僅少が認められることはあっても、その所為が依然として可罰的であるということに変りはないのであるから、所為の中に含まれる未遂が不可罰な行為とみなされる危険はないからである。

確かにわが国では、中止未遂が正当防衛や緊急避難と同じになるというようなことはない。しかし、全体的観察方法を採ると、行為者は、初めの未遂の段階では明らかに刑の減免に相当しない違法もしくは有責な行為を行なっているにもかかわらず、彼は最初から可罰性の低い行為をしたということになって不当である。また刑法が、行動の指針として、可罰性の有無による行為の是非だけでなく、その可罰性の高低によってその行為の重大性の程度をも示すものだとすると、右の観察方法によって、未遂の可罰性が低いものだと受け取られる危険があるから、こうした刑法の機能が害される恐れがある。

以上述べたことから明らかなように、未遂行為と中止行為との関係は、全体的観察方法のいうように一つの所為ではなく、分割的観察方法の下にそれぞれ独立した二つの行為とみられるべきであり、このことから次のような結論となる。すなわち中止未遂は、ドイツでは違法性等阻却事由ではなく違法性等消滅事由であり、わが国では、最初から違法性等が低いとする事由（Milderungsgrund）ではなく、一旦生じた違法性等が後に低くなるという事由

(Ermäßigungsgrund) ということになる[132](なお、これは単なる名称だけの問題ではない。実益のある議論である。それについては、第三款第一項―二参照)。そこで次に問題となるのは、かような中止行為が未遂の可罰性の如何なる要素に影響を及ぼすのか、ということである。以下、それについて検討しよう。

第二款　消極的構成要件メルクマール説

消極的構成要件メルクマール説は、未遂の可罰性は、一般に考えられているように、実行の着手をもって直ちに生ずるのではなく、着手後その未遂を変更する可能性、すなわち中止の機会を逸して始めて生ずるものであると考えるものであるから（この意味において、中止可能の不存在は未遂構成要件の消極的構成要件メルクマールとなる）、その機会を逸する前に中止を行なえば未遂の可罰性は発生せず、したがってこの説によれば、中止未遂を不処罰とする法律の態度は肯認されることとなる。

中止をして未遂の消極的メルクマールとする思想は、すでに一五三二年のカロリーナ刑事法典（ＣＣＣ）にもみられたが、その後、ライヒ刑法典の範となった一八五一年のプロイセン刑法典第三一条や現行フランス刑法典第一二一―五条によって継受された[133]。すなわち前者は、次のように規定している。「未遂は、それが実行の着手を含む行為によって表わされ、行為者の意思から独立した外部的な事情によってのみ妨げられ又は結果が発生しなかった場合にかぎり処罰される[134]」と。また後者は、以下のように述べている。「実行の着手によって表明され、行為者の意思とは独立した事情によってのみ、企てた行為が中断され又はその結果を欠いた場合は、未遂を構成する[135]」と。

これらの立法同様、中止を未遂構成要件の中に含ませることを学説において理論づけようとしたのは、特にラインハルト・フォン・ヒッペルである[136]。彼は、ラートブルッフ[137]によってなされた範疇的体系論（kategoriales System）と目的論的体系論（teleologisches System）の対置[138]の下、後者の立場に立って、刑法の目的とは法益の保護であるとし[139]、実行の着手をこの法益の具体的危殆化に求める(140)。そして、祖父ロベルト・フォン・ヒッペル等が支持した、中止は一身的刑罰消滅事由であるとする見解を範疇的未遂論であるとして斥け、目的論的未遂論においては、目的論的に構成された可罰的な未遂概念から出発しなければならず、「中止は未遂概念の内部において説明され、かつ正当化されなければならない(141)」とした後、中止が未遂の消極的メルクマールであることをだいたい次のように基礎づけている。

評価規範の対象となるのは、静的な客体（statische Objekte）のみである。所為がこうした静的な客体として評価の対象となるのは、その所為が行為者の手元から離れた場合だけである。なぜならば、所為が行為者の手から解き放たれた以上、彼はその所為をもはや変更することはできず、したがって所為は固定化され、動かしがたいもの、すなわち静的なものとなるからである(142)。

未遂にも、〝既遂〟を考えることができる。それは、具体的な法益の危殆化が発生した場合である。これが起こるのは、所為が行為者から完全に解放されたときである。このとき、その所為は〝既遂〟となり、未遂犯の構成要件に該当する。したがって、逆にいえば、実行行為がなされても、その行為がいまだ行為者の手元にあり、中止による行為の変更が可能であるかぎり、具体的な法益の危殆化が発生したとはいえないから、その行為はまだ未遂犯の〝既遂〟とはいえない。それゆえ、かかる場合、その後の中止によって、その行為の法益侵害性が消滅させられれば、その行為は未遂犯の構成要件に該当しないこととなる。可罰的未遂の存否を決定するにあたっては、その評価がなされる時点以前に生じた全ての出来事を考慮して、これがなされなければならないのである(143)、と。

ヒッペルは、この後、全体的観察方法をもち出して、みずからの理論のさらなる基礎づけを行なった後(144)、未遂構成要件の規範構造を殺人未遂罪を例にとって、次のように説明する。

まず、㈠刑法第二一一条（殺人罪）の規範の内容は「なんじ、殺すべからず」である。しかしこれに違反して、殺人罪の未遂の着手があると、㈡同法第二一一条、第四三条（未遂罪）、第四六条第一項（未終了未遂の中止）の規範が生ずる。その内容は「なんじ、殺意をもって他人の生命を具体的に危険にいたらしめたときは、殺人を行なわないよう中止せよ」である。しかし、これにも違反して、殺人罪の未遂の終了があると、㈢同法第二一一条、第四三条、第四六条第二項（終了未遂の中止）の規範が生ずる。その内容は「なんじ、他人を殺すのに必要なすべてを行なったときは、殺人を行なわないよう結果を回避せよ」である、⑽と。それゆえ、彼にしたがえば、未遂構成要件の構造は、禁止規範ではなく命令規範ということになる（未終了未遂の場合は中止命令、終了未遂の場合は結果回避命令）。

こうしたヒッペルの主張に影響を受けて、同じく中止を未遂の消極的構成要件メルクマールであると解したのはシヨイルである。まず彼は、刑法体系において「重要なのは刑罰を規定した不法であり、それは違法よりも狭いものである」として、不法と違法を峻別する（このように議論の出発点を彼は可罰的な不法に、ヒッペルは可罰的な未遂概念に求める点に双方の同一性が認められる）。そして、こうした刑罰を規定した不法、すなわち構成要件該当性が認められるためには、行為無価値と並んでもう一つの重要な要因が必要であるという。それは、行為を社会的に耐えられないものとし（刑法の断片性を示す――筆者注）、したがって行為を当罰的なものとするような要因である。これが認められるのは、行為者が中止の可能性を失ったときである。すなわち「未遂は、行為者がもはやそれを中止できなくなって始めて、当罰性の敷居を跨いだことになるのである」⑽。

「実行行為の着手とともに自動的に未遂の可罰性が生じ、その後、中止によってその可罰性が再び消滅しうるとする見解は、如何なるものによっても基礎づけられない準自然科学的な見解に基くものである」。「中止の場合に未遂が不処罰とされる理由は、行為者が所為からはっきりと目にみえるような形で遠ざかったがゆえに、法の平穏の侵害が持続しなかったからである。法の平穏の侵害が生ずるのは、行為が行為者の手から離れた場合にかぎってである。しかし、また〝法の平穏の侵害〟という視点は、行為無価値と結果無価値とを伝統的な意味での構成要件内において統合しうる唯一の視点でもある。それゆえ中止は、（消極的メルクマールとして）こうした構成要件の中に組み込まれるのである」⑽と。

畢竟、右の両説のいわんとするところは以下のようなことであろう。未遂の可罰性は実行行為の着手をもって生ずるのではなく、かかる行為が行為者の手を離れて、もはやそれを変更しうる可能性（中止の可能性）を喪失して始めて認められる。なぜならば、かかる場合においてのみ、処罰に値する「具体的な法益の危殆化」（ヒッペル）、「法の平穏の侵害」（ショイル）が生ずるからである。したがって、中止の可能性の不存在が未遂の構成要件に該当するための要件ということになり、中止は未遂の消極的メルクマールということになる。それゆえ、中止が行なわれた場合には、こうした要件が欠如することになるから、未遂の構成要件該当性も否定される、と。

これらの見解に対して、最初に向けられた批判は、中止を未遂の消極的メルクマールであるとすると、正犯が中止を行なった場合、彼の行為は構成要件に該当しないこととなり、共犯の従属性につき、たとえ最小限従属形式を採用したとしても、共犯は不処罰となるから、正犯の中止は共犯には及ばないとする、現行ドイツ刑法第二四条第二項[148]の規定に抵触する[149]というものであった。

確かに、ヒッペルは正犯の中止が共犯にも及ぶことを認める[150]（もっとも、彼によれば、こうした批判は彼の中止犯論ではなく、共犯の従属性に対して向けられるべきであるとする[151]）。しかし、彼と同じ立場に立つショイルは共犯の不処罰を認めず、その理由を次のように説明する。共犯にも行為無価値と結果無価値とがある。前者は、他人をして犯罪を実行せしめる目的をもって、それに適した行為を行なうことであり、後者は、正犯が既遂になったことである[152]。正犯が中止を行なった場合でも、全く不法がなくなるのではなく若干の不法は残る。この残存する不法（結果無価値）と行為無価値とが一緒になって、共犯の処罰が可能になる[153]、と。したがって、こうした理論の当否を別にするならば、中止を未遂の消極的メルクマールとしても、正犯の中止が必ずしも共犯に及ぶものではない、ということになる。

むしろ、ここでの説が問題であると思われるのは、以下の点においてである[154]。まずその第一点は、この説が、消極的構成要件要素の理論と同じ思考形式に依拠しているということである[155]。これとの関係において、ロクシンやウルゼンハイマーは、こうした説を採ると、構成要件の提訴機能[156]（Appellfunktion）[157]を害する恐れがあると指摘するが、ムニョス・コンデは、その点を次のように述べている。

すなわち、不法構成要件には、刑事政策的機能として、㈠罰刑法定主義の原則を実現する保証機能（Garantiefunktion）と、㈡刑罰の威嚇をもって国民に犯罪を犯させないようにする動機づけ機能（Motivationsfunktion）とがある。後者の場合「構成要件をもって、すなわち禁止の素材の記述と刑罰規定とによって、立法者は、法共同体員に、彼らが犯罪を行なわないような刺激を与えようとする。無価値を阻却するような事情がある場合には、不処罰を認めることによって、立法者は、すでに基礎づけられた無価値を例外的に許容するのである。しかし、不処罰それ自体は、行為者にとって何ら刺激となるものではなく、不法構成要件の動機づけ機能を果たさないのである」[158]と。先に私は、中止を違法性もしくは有責性の問題として扱う場合、全体的観察方法を採ると、可罰的な未遂行為が、そうでない不可罰の行為として受け取られる危険性を指摘したが、中止を未遂の消極的メルクマールとして扱うと、こうした危険が構成要件のレベルで生ずることとなり、未遂を行なっても後に中止した場合には、その未遂は構成要件に該当しないもの、すなわち処罰されないものとして国民に受け取られ、この限度で構成要件の提訴機能、動機づけ機能は作用しないこととなるのである。

　次に第二点は、これが最も重要なのであるが、私見によればこの理論の基礎をなしている考え方自体に問題があるということである。すなわち、この説の中核となっているのは、行為者が中止の可能性を失ったとき始めて、「具体的な法益の危殆化」が発生し（ヒッペル）、「法の平穏の侵害」が生ずる（ショイル）、とする思想である。しかし、はたして常にそう言いうるであろうか。二つの設例を考えてみよう。TがOから金員を詐取しようとして彼に欺罔行為を行なったが、これをOに見破られて失敗したとする（未終了未遂）。T′は、急用で先を急ぐため、未必の殺意をもって前方の歩行者O′を車ではね、致命傷を負わせたまま走り去ったが、しばらくして思い直しO′を救護するため現場に戻ったところ、O′はすでに通行人のDによって病院へ運ばれていたとする（終了未遂）。

　これらの場合、TもしくはT′にはもはや中止の可能性がないのであるから、ヒッペル等の考え方からすれば、具体的な法益の危殆化等が発生するはずである。しかし、かかる場合にそう考えることは無理であろう。なぜならば、前者の場合、Tが欺罔という実行の着手によって生ぜしめたOの財産に対する危険は、欺罔の発覚により中止が不可能になったことによって、具体化するどころか、かえって消滅しているからである（Oに見破られた以上、Tが彼の金員を詐取する危険は全くない）。同様に後者の場合も、DがO′を病院へ運んだことによってT′の中止の可能性はなくなったが、それによって、T′がO′に生ぜしめた生命の危険が具体化したということはできないからである（すでに病院へ運ばれている以上、O′の生命に対する危険は減少している）。

また、ここでの説は右とは反対の意味でも問題がある。すなわち、この説によれば、行為者が中止の可能性を失って始めて具体的な法益の危殆化等が発生するというのであるから、逆にいえば、それまでは、かかる危殆化等は存在しないこととなる。しかし、終了未遂の場合にまでそう言いうるかはきわめて疑問である。たとえば行為者が、殺意をもって相手にピストルを発砲し彼に致命傷を与えても、中心の可能性を喪失しないかぎり、被害者の生命に対する具体的な危殆化は存在しないといえるであろうか。相手は、致命傷を受けたことによって死の危険にさらされているのである。それにもかかわらず、中止の可能性を理由に、いまだ生命に対する危険が具体化していないというのは、被害者の保護に欠けるあまりにも非現実的な考え方である。このように観た場合、行為者が中止の可能性を失って始めて具体的な法益の危殆化等が生ずる、とする消極的構成要件メルクマール説の中核思想が必ずしも正しいものでないことが判る。

最後に、ヒッペルの未遂構成要件の規範構造に関する詳細な分析については敬意を表わすが、未遂の規定についてはかかる煩瑣な解釈は必要ではなく、単純に禁止命令と解すれば足りると思う。たとえば窃盗罪の場合には、「なんじ、他人の物を盗むべからず」と解すればよいであろう。ムニョス・コンデは、ヒッペルのような考え方を採ると「未遂が処罰されるのは、（未終了未遂の場合には）行為者が無為をしなかった（die von Täter unterlassendene Untätigkeit）（犯罪の中断という不作為をしなかったということ――訳者注）ためであり、（終了未遂の場合には）行為者が結果回避をしなかったためだということになり……実行犯は不作為犯に、不作為犯は実行犯になるということになるであろう」と述べている。[159]

さて、わが国についていうならば、ここでの説は採りえない。それはいうまでもなく、現行刑法が中止未遂を不処罰ではなく刑の必要減免にとどめているにすぎないから、中止をして未遂の消極的メルクマールであるとする理論構成が不可能なためである。

もっとも、旧刑法に目を向けた場合、それはフランス刑法の影響の下に未遂を次のように規定していた。「罪ヲ犯サントシテ已ニ其事ヲ行フト雖モ犯人意外ノ障礙若クハ舛錯《せんさく》ニ因リ未タ遂ケサル時ハ已ニ遂ケタル者ノ刑ニ一等又ハ二等ヲ減ス」（第一一二条）と。したがって、「犯人意外ノ障礙若クハ舛錯ニ因」らず、すなわち自分の意思で、「遂ケサル時ハ」未遂は成立しないこととなるから、中止は未遂の消極的構成要件メルクマールということになる。しかし、現行刑法が未遂についてかように規定していない以上、こうした解釈はやはり不可能である。

第三款　違法性阻却・消滅・減少説

第一項　ドイツにおける違法性阻却・消滅説

一　中止が未遂の違法性に影響を与えるとする学説は、わが国と異なり、ドイツでは非常に少ない。その数少ない学説の中から、代表的と思われるものをいくつか挙げる。

まずビンディングは、犯罪の中に「条件付犯罪（bedingtes Verbrechen）」なるものの存することを指摘する。[160]これには二種類あって、その一は停止条件付犯罪（suspensiv bedingtes Verbrechen）と呼ばれ、その二は解除条件付犯罪（resolutiv bedingtes Verbrechen）と呼ばれる。前者は、「その可罰性が、犯罪行為の外に存しつつ、将来発生するかもしれない未《いま》だ不確実な事象に左右されるような違法な行為である」[161]。この種の犯罪の例としては、客観的処罰条件等が挙げられる。しかし、ここで重要なのは後者であって、これは、「可罰的行為によって基礎づけられた国家と犯罪者との刑法上の関係が、ある事象によって事後に再び消滅する[162]」場合である。そして彼は、この例の一つとして中止未遂を挙げ次のように述べている。

「人間の活動を分割して観察することは、法律上全く耐え難いことである。行為者の行態は、発生した、もしくは発生しなかった法律上重要な結果と関連して単一性をなす。法律が右の結果の原因を与えることを禁じているにもかかわらず、私がその原因を与えることに着手したとき、私がすでに犯罪の実行を行なっていることは疑いない。しかし私は、与えた条件を無力なものとし、結果を生ぜしめないこともできる。私の行態を全体として観察するならば――また、そうしなければならないのであるが――有害な結果に対して原因を与えた、という性格に欠けるものなのである。違法の部分は、破片のごとく、健全な身体から排除されるのである。全体としての行態はもはや違法ではない。そして私は、与えた条件を再び無力なものとしたのだから、何ら部分的な犯罪――未遂――も残っていないのである[163]」と。

このように彼は、中止行為だけで未遂の違法性が欠如するものであることを説明した後、それにもかかわらず、さらに任意性が要求される理由を次のように述べている。「与えた条件を無力化する行為――いわゆる中止――が任意に行なわれたものでないかぎり、こうした真実（中止が行なわれたこと――訳者注）を無視すると法律が述べるならば、それは以下のことを宣言するものである。すなわち、かかる場合には、法律が、行態を全体として観察することを許さないということ、中止を無視しなければならないということ、法律は中止を中止者の自由な行為の一部としてみなすことはできず、それゆえ、未遂を行為者に帰せしめるということをである」と（要するに、任意性が欠如する場合は、その中止行為は本人の意思から出たものではないから、彼にその行為の効果、すなわち条件の無力化を帰せしめることはできない、とする趣旨であろう）。そして、刑法第四六条第二項（終了未遂の中止）が中止について任意性と不発覚とを要求するならば、それについても右と同様なことが妥当するという[164]。

またビンディングは、規範論の中で、「規範（Kanon）は、人間の行動は人間生活を破壊するような原因を設定してはならない、と命ずるものである[165]」とし、「任意な中止未遂が不処罰とされるのは、こうした法義務が履行されたからである。……すなわち中止の不処罰は、賢明さ（Klugheit）の要請ではなく、行為の違法性の欠如（wegfallende Rechtswidrigkeit）に根ざすものなのである[166]」としている。

以上のことから明らかなように、彼の理論の特色は、中止が未遂の違法性に影響を与える根拠につき、これを主として客観的な中止行為に求めている点にあり、ここにおいて、主客双方の観点から中止の違法性消滅事由を説明しようとする私見の立場とは異なるものである。

次に、刑法における主観的不法要素の発見に貢献したヘーグラーは、その主観的不法要素の理論をもって、中止が未遂の違法性を消滅させる理由を以下のように述べている。「私見によれば、中止未遂の不処罰は、いわゆる刑事政策的根拠ではなく、次の理由に由るものである。すなわち、犯罪を行なおうとする決意に対して、それが効を奏する前に、反対決意（contrarius actus）がなされ、その反対決意によって、全体が、違法性の主観的に条件付けられた性格、つまり反社会性の主観的に条件付けられた性格を失うということに由るのである[167]」と。

この説は、行為者の主観面から中止における違法性の消滅を基礎づけようとしているので、一見すると、主観的未遂論に立脚しているような観を与えるが、そうではない。彼が犯意の放棄によって違法性が消滅するとしているのは、その放棄によって法益侵害に対する危険性がなくなると考えているからであり、主観はあくまでも法益侵害との関係で間接的に違法性に影響を及ぼすにすぎないのである[168]。

右に挙げたように、以前の学説の中には、中止犯を違法性の問題として捉える見解も散見されたが、今日のドイツにおいて、こうした態度をとるものはほとんど見当らない。私の知るかぎり、わずかにブロイただひとりのみである。

彼は、次のように述べている。

不法な未遂行為と合法な中止行為という全く対蹠的な存在も、全体的に観察するならば、一つの事象を形成する部分的要素として認識され、単一なものとみなされる。そして、こうした二つの要素から成る事象は、二重の評価を受けなければならない。まず、未遂をそれ自体としてみた場合、たとえその後に中止がなされても、中止行為が行なわれなかったのと同様、消極的に判断されなければならない。しかし、その未遂を全事象の中に含ましめてみるならば、右の未遂の不法には刑罰が科せられるべきではない、との判断が下される。「すなわち、中止によって不法の減少が基礎づけられるものではなく、全事象の不法内容が刑罰に適したものではないことが判明するのである(169)」と。

二　以上、右に紹介した学説はそれぞれ異なった独自の理論展開を行なっているが、中止が未遂の違法性に影響を与えるという点では一致しており、この意味において正しい認識に立つものである。しかし、こうした考え方に対しては当然ながら批判もなされている。もっとも、ドイツではこうした説が少ないせいか、これに対して加えられる批判は、私の知るかぎり次の二つである。その一は、正当防衛に関連してなされるものであり、その二は共犯に関係してなされるものである。

前者の批判は、正当防衛は違法な行為に対してのみ許されるものであるが、中止によって未遂の違法性がなくなるとすると、中止未遂の行為者から攻撃を受けた相手や、この者を助けようとした第三者が正当防衛もしくは緊急救助を行なうことができなくなって、不都合であるというものである(170)。後者の批判は、わが国でもしばしばなされるものであるが、正犯が中止した場合に違法性がなくなるとすると、最小限従属形式を採らないかぎり、共犯を処罰できなくなって不当であるというものである(171)。

もっとも、これらに対しては、わが刑法はドイツと異なり中止犯を不処罰とはしないで、刑の必要減免にとどめているから、減少したとはいえ依然として違法性は残っており、そうである以上、正犯が中止しても共犯は処罰できるし(172)、また正当防衛も可能であるから、右の二つの批判はわが国には当てはまらず、したがって、あえて問題にする必要はない、とする意見があるかもしれない。しかし、こうした考えは、必ずしも適切ではないように思われる。すなわち、正犯の中止によって違法性が減少するとすると、共犯は、刑の減免に相当する程度の軽い正犯の違法行為にしか関与しなかったことになり、中止しなかった共犯にも刑の減免が及ぶ可能性があるし、また、正当防衛は、違法な行為であれば、どのような反撃も許されるわけではなく、その違法の程度に応じた相当性が要求されるものだとすると、後の中止によって、最初の未遂行為の違法性が減少するか否かは一つの問題だからである[173]。

まず、正当防衛についての批判から観てみよう。なるほど、未遂と中止との関係について、全体的観察方法の立場に立った場合[174]、中止未遂は、違法性阻却事由もしくは最初から違法性を減少させる事由であるから、中止に先立つ未遂は違法でないか、あるいは違法であってもその程度が軽い行為ということになり、これに対する正当防衛は不可能もしくは防衛行為の相当性が制限されることとなる。しかし、分割的観察方法の立場に立った場合、中止犯は、違法性消滅事由もしくは事後に違法性を減少させる事由であるから、右のような結論にはいたらない。すなわち、こうした観察方法によれば、初めの違法な未遂とその後の合法な中止とは一つの所為ではなく、それぞれ独立した二つの行為である。そしてこの中、防衛行為がなされるのは、最初の違法な、もしくは刑の減免に相当しない違法な行為に対してのみである。したがって、かかる防衛行為を正当防衛としても（ドイツ）、また刑の減免に相当しない違法な行為に対する正当防衛としても（わが国）、何ら差支えないこととなる。それゆえ、ここでの批判は当らない。

次に、より重要な共犯についての批判に移ろう。確かに、中止を違法性の問題とする学説の中には、かかる結論をとるものがある。たとえばビンディングは、正犯が中止した場合には共犯が不処罰となることを認める[175]。しかし、違法性説を採ったからといって、必ずしも共犯が不処罰となるものではない。中止未遂の場合に消滅する違法性を連帯的なものではなく、一身的なものと捉えれば、正犯の中止の効果は共犯には及ばないから、共犯を処罰することに何の支障もなく、したがって、ここでの批判は当らないこととなる。もっとも、これに対してウルゼンハイマーは、かかる主張は、なぜ違法性が一身的に消滅するのかについての根拠を必ずしも明確に示していない[176]、との批判を加える。なるほど、わが国でも同様に、中止犯における違法性の一身的減少作用を唱えながら、その理由を明示していない学説が一つならず見受けられる[177]。しかし、中止の違法性の一身的消滅・減少作用を説明することは、それほど難しいことではない。それは、共犯の処罰根拠との関係で基礎づけられる。

まず、共犯の処罰根拠につき可罰性借用説（Entlehnung der Strafbarkeit）[178]の立場に立った場合、ここでの批判が正しいものであることは認めなければならない。けだし、共犯はそれ自体可罰的ではなく、その可罰性を正犯から借りて来るものだとすると、中止によって正犯の違法性が喪失した場合、共犯の違法性もまた認められないからである。しかし、今日の刑法における個人責任の原則から、こうした共犯論は採ることができない。共犯が処罰されるのは、それ自体可罰的な行為だからである[179]。もしそうだとすると、中止によって正犯の違法性が喪失したとしても、それによって共犯独自の違法性の消失が認められないかぎり、中止の効果は共犯には及ばないこととなる。

そこで、教唆犯を例にとって、共犯の処罰を基礎づける違法性を考えてみよう。まず、共犯独立性説の立場からは、教唆行為それ自体が処罰を基礎づける違法であるのに対して、共犯従属性説では、教唆行為とそれに基く正犯の実行行為の着手があって始めて、処罰に値する違法性が生ずる（したがって、こうした事実が確認されれば教唆の違法性が認められ、責任を前提として処罰の対象となる）。

ところで、中止未遂とは、すでに述べたように、行為者みずから、一旦生ぜしめた違法な状態を再び消滅させたことである。したがって、中止によって違法性が喪失したというためには、行為者によるかかる状態の消滅が肯認されなければならない。そこで、もし教唆の違法性が喪失したというためには、教唆者みずから、自己の教唆行為によって生ぜしめた正犯の実行行為の着手という状態を再び消滅させたこと、換言すれば彼の正犯に対する教唆の効果を解消させた、という事実が認められなければならない。しかし、正犯が中止したにすぎない場合、教唆者に右の事実を認めることはできない。なぜならば、正犯が教唆によって着手した実行行為を放棄したのは、正犯じしんの意思に由るものであって、教唆者の行為に由るものではないからである。そうである以上、教唆者に違法性の喪失を肯認することはできない。幇助犯についても、右とパラレルに考えてよい。違法性説を採ると、正犯が中止した場合に共犯を処罰することができなくなるとする批判は、共犯の処罰根拠につき可罰性借用説に立つものであって、個人責任の原則を否定するものである。

なお、狭義の共犯については正犯の中止の効果を認めるビンディングも、共同正犯については、一方の正犯者の中止が他方の正犯者に影響を及ぼすことはないとして、中止の効果を否定するが[180]、これは、共同正犯には従属性を認めないからであろう。

第二項　わが国における違法性減少説

一　わが国において、中止未遂を違法性の問題として捉える学説は、ドイツとは反対にかなり多い[181]。たとえば、かなり早い時期において違法性減少説を唱えていた平野博士は、次のように述べている。「中止犯の要件として悔悟を必要とすれば別であるが、そうでないわが法においては責任消滅と解釈することは困難である。違法消滅説はこの点では採用できる。そうしてまた、刑の免除だけではなく、刑の減軽をも認めているのを説明することもできる。違法性は程度を附し得る概念だからである。しかし、違法性が消滅してしまうならば、犯罪自体が不成立となる筈である。しかるにわが法は、犯罪の成立を認め、刑だけを減軽免除するにとどめる。……わが法のもとでは違法性の消滅を認めることはできないのである。したがって違法性の減少と政策的理由との二元的な説明をする外はないように思われる[182]」と。

また最近では、野村教授がその独自の立場から、中止が未遂の違法性に影響を与える理由を次のように説明する。すなわち教授は、刑法規範は法益保護を任務とし、この刑法規範には、㈠犯罪避止義務、㈡犯罪中止義務、㈢結果発生防止義務があるとするが、中止は、着手未遂の場合には㈡の犯罪中止義務を、実行中止の場合には㈢の結果発生防止義務を尽くすことにより、それぞれの義務違反性が欠けることになり、右の義務を尽くさない障害未遂よりも違法性が軽くなる(183)、とする(184)。もっとも、教授の場合、義務の履行があったならば、違法性が軽くなるのではなく消滅するというべきであろう(185)。

当然のことながら、ドイツ同様わが国においても、こうした違法性説に対して批判がなされている。まずその一は、先に検討した共犯に関する批判である(186)。しかし、これについてはドイツの場合とパラレルに考えればよい。すなわち、共犯の違法性が減少したというには、正犯の中止によって共犯固有の違法性の減少が認められなければならないが、それが不可能であることはすでに述べた。

その二は、違法性説を採ると不能未遂に中止を認めることが困難になるというものである(187)。しかし、これについては、次章の「不能未遂と中止」の箇所で取り扱うのが適当と思われるので、そこに譲ることとしたい。ただ、結論だけを述べるなら、こうした批判は全く当らないということである。

その三は、「結果無価値論に立脚する違法減少説は、自己の意思により結果発生の危険を消滅させたことによって違法性を減少させた点に中止犯の本質的特徴を求めているが、外部的障害によっても同じように客観的危険を消滅させることはできるのである(188)」とするものである。

私は、前述のように、行為無価値と結果無価値との二元論者であって結果無価値論者ではないが、中止行為の本質を法益侵害に対する危険性の消滅と解する立場から、以下のようなことを述べておきたい。

確かに、結果発生の危険の消滅という観点からみれば、中止未遂も障害未遂も全く同じである。しかし、それにいたった過程の点に目を向けるならば、両者は明らかに異なる。例を挙げて説明しよう。Tが、殺意をもってOに毒薬を飲ませたとする。㈠しかし、その後Tが任意にOに解毒剤を飲ませたためにOの死の危険が回避された場合と、㈡Tとは無関係に、Oみずからが解毒剤を飲んだために彼の生命の危険が去った場合とを比較してみると、結果発生の危険の消滅という点では同一であっても、それにいたった過程という点では明らかに異なる。すなわち、Oの死の危険の消滅は、㈠の場合には、中止という法に即したTの行為に起因するものであるのに対して、㈡の場合にはそうではない。もしそうだとすると、危険消滅原因の観点から、中止未遂と障害未遂とを区別することも可能なのではあるまいか。[189]

その四は、違法性減少説は主観的違法要素の理論と関連させて論理を構成するが、主観的違法要素を認めることはできない[190]というものである。もっとも、主観的不法要素というとき、それには二つのものがあることに注意しなければならない。それというのも前述したように、主観的不法要素については、これが違法性に直接影響を与えるとするものと間接的に影響を与えるとするものとの二つの考え方があるからである。

主観的不法要素を認めるか否かは一つの大きな問題であり、これを論ずることは本稿のテーマから逸れるものであるから、これには深く立入らないが、前者の意味での主観的不法要素を認める立場から、これを否定する立場に対して一つの素朴な疑問を呈しておく（荘子博士の批判は後者を念頭においているようであるが、この批判は前者についても当てはまるであろう）。

すなわち、殺人罪と過失致死罪との法定刑を比較した場合、前者は死刑もしくは無期または三年以上の懲役であるのに対して、後者は五〇万円以下の罰金である。このように、両者の間には刑に大きな隔りがある。双方はともに人の死の惹起という結果の点では同じであるから、右の隔りを造り上げているのは故意の有無ということになる。そこで、もし故意を責任要素としてのみ捉えると、故意の有無によって、右の二つの犯罪の法定刑に大きな差異が設けられているのだから、ここでの立法者は、法定刑を定めるにあたって、違法性よりも責任をはるかに重視していることになる。こうした例は、放火罪や傷害罪にもみられる。すると、この立場では、現行刑法は違法性よりも責任を重んずる「責任刑法」ということになる。

これに対して、故意を主観的不法要素とすると、故意に法益を侵害した行為には、そうでない侵害行為よりも高い違法性が認められ、こうした高度な違法性をもった行為を行なったことに対する責任が重いから、右の刑の大きな格差が生じたことになる。したがって、この立場では、現行刑法は、「違法性と責任の調和のとれた刑法」ということになる。[191]

二　以上の考察によって、違法性説に対する種々の批判が、中止を違法性の問題として捉えることの妨げとは必ずしもならないことが判った。そこで、最後に問題となるのは、未遂と中止との関係を全体的観察方法の下に一つの所為とみるのではなく、分割的観察方法の下に独立した二つの行為とみた場合、事後の中止という一方の行為が、すでに成立した未遂という他方の行為の可罰性になぜ影響を与えうるのか、ということである。

私は、その理由を次のように考えたい。㈠まず、刑法の最も重要な目的は、違法な状態の発生の阻止である。中止者は、一旦はかかる状態を生ぜしめたが、中止によってみずからそれを再び消滅させた。これによって、一度は阻害された法の目的が再び達せられた。㈡しかも、それは実害の発生前、すなわち犯罪完成前の未遂の段階で行なわれた。㈢さらに、違法な状態の発生は短期間であった（中止は、実行着手後比較的早い時期に行なわれるのが通例であろう）。これらのことを斟酌して、未遂の違法性を評価した場合、定型的に、処罰する程度の違法性がない（ドイツ）、もしくは刑の免除に相当する程度の違法性しかない（わが国）という判断を下すことは、刑法理論上必ずしも許されないものではあるまい。したがって、犯罪後における補充性の実現という政策的根拠から設けられた中止犯の規定は、法理論的にもこれを支持しうるものなのである。[192]

そこで最後に、中止の不処罰・減免に関する政策的根拠と法理論的根拠とを綜合して中止犯を定義すると、以下のようになる。すなわち中止未遂とは、行為者が、未遂によって一旦は違法な状態を惹起したが、その後みずからかかる状態を消滅させたことを理由として、すでに成立した未遂の違法評価が修正され、この修正された違法評価を基に彼に対する可罰性の程度を考えた場合、刑法に内在する補充性の原則の観点から、彼の実現した違法性は行為を犯罪とするほど強いものではなかった（ドイツ）、あるいは犯罪とする程度の強さはあったが、刑を科するほどのものではなかった（わが国）ものなのである。これが。本章における結論である。そこで、さらにこの結論を基に、中止が違法性以外の可罰的要素に影響を与えるとする主張を観てみよう。

第四款　責任阻却・消滅・減少説

第一項　ドイツにおける責任阻却・消滅説

前款でみた違法性阻却・消滅説と異なって、ドイツでは、中止が未遂の有責性に影響を与えるという学説は、決して少ないものではない。もっとも、一口に責任といっても、その理解の仕方は一様ではなく、周知のように、いくつかの責任論がある。ここでは、その代表的なものとして、心理的責任論、規範的責任論、答責性論からする学説を紹介する。

古いところで、心理的責任論の立場から、中止による未遂の有責性の消滅を説く者にツァハリエがいる。彼は、次のように述べている。「未遂の可罰性にとって必要なのは、一方において法律に抵触する外部的な行動であり、他方において刑罰法規の違反に向けられた悪しき意思である。それゆえ、未遂の刑罰は、右の二つの本質的要件が一つの行為に統合されることによって条件づけられる。このことを前提とするならば、右の二つの要件の中、何れか一方が遡って廃棄されるや否や、可罰性は必然的に消えて無くな（tilgen）らなければならない。外部的行動に関して、もちろん、それは不可能である。人間の意思がその者の行動の目的であった目標を達成し、意思と、その意思から生じた外部的行動もしくはその結果とが、一つの、それ自体において完結し且つ完成した全体としての行為として成立した場合においては、意思の廃棄については語りえない。それは、一旦なされたものがなされなかった、とされえないようなものである。これに対して、行為者が踏み出した道の途中で立ち止まり、これまでの彼の歩みをみちびいた意思を変更し、もしくは放棄した場合には事情が異なる。かかる場合、既存の意思は遡って無意味なものになるのである」[193]と。すなわち、未遂の可罰性が認められるには反法的な外部行為と悪しき意思とが必要であるが、中止によって意思の変更、放棄があった場合には悪しき意思が遡って無意味となり、後者の可罰性の要件に欠けるから未遂は不処罰になるというのである。

今から一世紀半も前に、すでにドイツではかような見解が主張されていたのを考えると、些か驚嘆の念を禁じえないが、この説は決定的な謬論を犯している。すなわち、外部的な行動とは異なって意思は遡って廃棄されうる、と考えている点がそれである。これについて、小野博士は次のように批判している。「苟くも犯罪事実を経験的に考へる限り犯意は一の心理的事実である。而して一旦犯罪の著手ある限り、其の心理的・物理的事実は永遠に一の事実であつて、之を嘗て存在せざりしものと為すことは畢竟一の擬制にすぎない」[194]と。つまり、意思も一つの事実である以上、遡って廃棄されうることはないのである。

次に、規範的責任論の立場から、比較的最近、責任説を唱えるものとしてヴェルツェルがいる。彼は、中止未遂の不処罰の根拠を、「中止者の責任の僅少性が中止によって示された」[195]ためであると説明する。しかし、こうした見解は、彼が任意性の判断基準につきフランクの公式を採ることと矛盾する。すなわち彼は、発覚を理由として中止がなされた場合、フランクにならって、その発覚によって結果が阻止されるであろう場合にかぎって任意性を否定し、それ以外の場合にはこれを肯定するが[196]、発覚を恐れて中止したような場合に、責任の僅少性を認めることは困難であろう[197]。

右のヴェルツェルの見解が些か単調気味であったのに対して、彼の弟子であるウルゼンハイマーは、かなり詳細な理論展開を行なっている。少し長いが、責任説の中で最も精緻なものと思われるので、以下にそれを紹介する。

まず彼は、責任阻却事由（Schuldausschließungsgrund）と免責事由（Entschuldigungsgrund）とを峻別する。前

者は非難可能性の要素（責任能力と違法性の意識）に欠ける場合であるのに対して、後者は責任の存在は認められるが、その程度が低いために行為者に非難がなされえない場合（たとえば、ドイツ刑法第三五条の免責事由たる緊急避難）である。これは、また責任減軽（Schuldminderung）事由とも呼ばれる[198]。そして中止犯は、後者の免責事由の一つであるという。彼によれば、中止未遂とは、犯罪を中止した者に対して行なわれる二重の責任判断の結果、中止者に責任は認められるが、その程度が瑣末であるため刑法上の非難には当らず、それゆえ不処罰になる場合であるという[199]。

(一)第一の責任判断は、不法と責任との相互作用を基礎として行なわれる。これには、a結果の不発生を理由として責任が減軽する場合と、b行為無価値の減少を理由として責任が減軽する場合との二つがある。

aについて、行為者が意図的に（wissentlich und willentlich）法益を守ろうとした場合、こうした行態は「結果価値（Erfolgswert）」を生み出す。また、所為が未遂にとどまったのも、たんなる偶然ではなく、右の行態に由るものである。この点において、彼には「功労」が認められ、その責任が減軽される。また、不能未遂の場合には、結果の不発生と中止との間に因果関係は存しないが、「未遂の不能なことを知らないで、いずれにせよ発生することのない結果の阻止に真摯に努めた行為者の行態は、積極的に評価されなければならない。それゆえ、ここでもまた、彼の努力は責任を減軽させるものなのである[200]」。以上のことから、結果無価値の欠如を理由に責任の減軽を認める考え方に立って、中止の不処罰を基礎づけようとすることは無制限に妥当する。「なぜならば、意図された所為が既遂にいたらないことが旧四六条、現行二四条（ともに中止の規定――訳者注）の絶対要件だからである[201]」。

bについて、中止行為は被害法益を守ろうとする意思を常に伴う。また行為者は、消極的な目標設定を放棄した後、積極的な目的を主観的に追求するものである。それゆえ、規範的に観察した場合、行為者の全行態の中に、減少した行為無価値が認められる。未遂と中止とを単一のものとして評価した場合、右の法益を守ろうとする意思と積極的な目的の追求という結果価値は、構成要件的行為によって生み出された不法を減少させる作用をもつ。こうした結果価値が認められるには、外部的な、故意による転向行為（Umkehrakt）で充分であり、任意的である必要はない。なぜならば、行為者の犯罪エネルギーは既遂に比べて弱いものだからである。こうして減少された行為無価値に相応して、責任の内容も減軽されるのである[202]。

㈡次に、第二の責任判断は、任意性の要件に関連するものである。「責任判断を行なう場合、違法な所為に目が向けられねばならないが、その際、右の所為の中に現実化され、法的に否認された心情が考慮されなければならない。しかし、この心情の欠如が認められるのは、行為者がたんなる故意ではなく、〝任意に〟所為を放棄し、結果を阻止したときからである。すなわち、こうした中に……心情の転向（Gesinnungsumschlag）が潜んでいるのであり、この転向によって、行為者の法敵対的態度の終結と適法な行態への移向とがシグナルとして示されるのである。なるほど、行為者はその後に中止したとしても、非難されるべき行為を行なっている。……しかし彼は、その目標を〝任意に〟中止して、〝みずから法規範を尊重するものであることを所為を通じて証明したのである〟。これによって、結局、彼の内部において、法的心情が貫徹されたのである。その下に理解されうるのは、行為者の継続的な特性（Dauereigenschaft）ではなく、具体的な中止行為の中に示された、合法性に対する尊重的な態度である。……未遂と中止とを包括する全事象を規範的に観察した場合、右の心情の変化は、責任判断の枠内において、〝全所為〟の非難が軽く評価されうるような作用をもつものなのである」。そして、ここでの判断と先の第一の判断とをもって、中止者の責任を綜合的に評価した場合彼には責任がないとはいえないが、その程度が軽いため、立法者は彼に対する責任非難を完全に放棄し、ゆえに中止未遂は不処罰となるのである[203]。

このように、ウルゼンハイマーの見解はかなり複雑な理論構成をとっているので、これを簡単にまとめると次のようになる。まず、行為者の結果発生の阻止または（不能未遂の場合における）阻止に向けられた真摯な努力（一―a）と法益侵害という消極的な目的を法益保護という積極的な目的に転向させたこと（一―b）によって違法性が減少し、この減少した違法性に相応して責任も減軽される。次に、責任非難を基礎づける法敵対的心情が、〝任意な〟

中止を通じて法的な心情へと変化し、これによって責任が減少する(二)。そして以上のことを綜合的に考慮した場合、行為者に責任がないとはいえないがその程度が軽いため中止未遂は不処罰となる、と。しかしこうした考え方には次の観点から問題があるように思われる。

まず、第一の責任判断の中、ａの結果の不発生に基く責任減軽の判断についてである。これによれば、行為者の行態によって生み出された結果価値と、所為が未遂にとどまった原因が本人の行態に由るものであることによって、彼に功労が認められ、そのために中止者に対する責任が減軽するという。しかしその一方で、不能未遂の場合には、行為者の中止によって法益が守られたものではないにもかかわらず、結果の阻止に向けられた行為者の真摯な努力を理由に、責任の減軽が認められるともいう。すると、不能未遂の中止の場合において責任を減軽する事由は、右のような真摯な努力であるということになる。しかし、もしかかる努力だけで中止者の責任が減軽されるとするならば、不能未遂以外の場合においても、行為者が結果阻止のために真摯な努力さえ行なえば、結果発生の有無にかかわらず不能未遂の場合同様に責任が減軽されてもよいはずである。けだし、努力の真摯性という点では全く同じだからである。それにもかかわらず、彼は「意図された所為が既遂にいたらないことが、旧四六条、現行二四条の絶対要件」だとして、それを認めない。しかし、これは理論的矛盾であろう。

次に、第一の責任判断の中、ｂの行為無価値の減少に基く責任減軽の判断についてである。ここでは、行為無価値の減少に相応して責任の程度も減軽する、とされる。すなわち責任判断は、行為者が違法な行為を行なったことに対して彼を非難するものであるから、その行為の違法性が減少すれば、彼に対する非難可能性の程度も減軽する、と考えるのであろう。しかし、責任減軽の基礎となる行為無価値の減少とは、まさに違法性の減軽のことであるから、こうした減少が中止によって生ずるとするならば、中止未遂とは、責任を減軽する事由である前に、まず違法性を減軽する事由ということになる。したがって、彼の見解に忠実に従うかぎり(204)、中止犯は、まず違法性の問題なのである（元もと彼は、責任の程度は違法性の程度によって決せられるという考え方を採っているようである。しかしもしそうならば、中止によって責任が減軽するということは、その前提として違法性も減少するということなのであるから、まず中止は違法性を減少させる事由ということになる。つまり中止は、違法性の減少を通じて間接的に責任の減軽に影響を与えるということになる）。

最後に、第二の責任判断についてである。ここにおいて彼は、さらなる責任の減軽が認められるためには、「違法な所為の中に現実化され、法的に否認された心情」の欠如が肯認されなければならないとする。そして、この欠如が認められるのは、中止が任意になされたときである。ところで、彼によれば、この任意性とは「行為者の法の軌道への回帰（Rückkehr des Täters in die Bahnen des Rechts）」であるという[205]。おそらく、行為者が再び合法な世界へ立ち戻ろうとする意思といった内容のものであろう。すると、ウルゼンハイマーの見解にしたがえば、任意性は、責任の前に、すでに行為無価値に影響を与えうるものではなかろうか。すなわち、行為無価値の主観的内容については、論者によって表現に多少のニュアンスの差こそあれ、畢竟、反規範的な意思と解して差支えないであろう。もしそうならば、任意性が認められるとき、行為者の意思は再び合法な世界へ立ち戻ろうとしているのだから、反規範的な意思が消えて、行為無価値の主観面それ自体が欠如するということになる。つまり任意性は心情無価値の前に、主観的行為無価値をも消滅させる事由なのである。すると、第一の責任判断のｂ同様、ここでもまた中止犯は責任減軽事由である前に違法性減軽事由である、ということになる。

このように観た場合、中止未遂の不処罰をもっぱら責任の平面からのみ基礎づけようとしたウルゼンハイマーの理論的試みは、失敗したもの[206]といわなければならない[207]。

右にみた伝統的な責任概念からする説明とは別に、近時ドイツにおいて有力となりつつある答責性論[208]の立場から、中止犯の問題を論ずるのはロクシンである。彼は中止をして責任阻却事由であるとするが、それには二つのことを前提にするという。まず第一に「未遂行為とその後の中止行為とは別個の現象としてではなく、単一の評価の対象として観察しなければならない。裁判官は、任意な中止を判断する際、刑罰を消滅させるのではなく、そもそも制裁が科されるべきか否かを決定しなければならないのである。制裁を科すべき理由がない場合には、行為者の行態は――全体として観察して――有責な可罰的不法（Strafunrecht）を何ら示すものではない」（第一の要件として、全体的観察方法採用）。

第二に「責任という犯罪カテゴリーは、もっぱら他行為可能性（Andershandelnkönnen）の視点の下に観察されるのではなく、刑罰目的論から解釈されなければならない。もちろん、任意に中止した行為者は、初めから行為しないにこしたことはなかった。そのかぎりでは、適法に行為する可能性があった。しかし、刑罰目的論から制裁を科すべき事由がない場合には、すでに刑法上の答責性は消滅するのである」（第二の要件として答責性論採用）、と。[209] すなわち、彼の主張する刑罰目的説にしたがえば、中止未遂は処罰の必要性がないのであるから、当然、中止者の答責性（処罰の必要なときに認められる責任）も消えて無くなるというのである。[210]

こうした見解に対しては、ムニョス・コンデとブロイの次のような批判がある。「なるほど、中止は固有の刑事政策上の問題である。しかし、そのことは中止を責任の平面で論ずべき充分な理由となるものではない。責任が刑事政策的に刑罰論から形成されるのは正しいことである。しかし、刑罰論と関係する一切のものが、責任に属するというものではない[211]」。したがって、ある行態が刑罰に値するか否かという視点によって、不法と責任とが画定されうるものではないのである、と。[212]

しかし、こうした批判は必ずしも正しいものであるとは思われない。けだし、責任のみならず不法も刑罰論に関係するといっても、その関係の仕方が両者では異なるからである。すなわち、刑罰論の観点から双方を観た場合、不法とは、その行為が刑罰によって禁圧しなければならないほどの社会的有害性をもったものであるか否か、ということが問題であるのに対して、責任とは、一般予防、特別予防の視点の下に、その行為者に刑罰を科する必要があるか否か、ということが問題だからである。[213] そしてロクシンは、中止犯の場合には、犯罪予防の観点からその者に対する処罰は不必要であるとしているのであるから、彼に対する右の批判は当らない。

むしろ、ここでの説の欠陥は、この説が刑罰目的説をその前提としていることである。しかし、この説が誤りであることはすでに前節において詳しく述べた。したがって、その誤った刑罰目的説を前提として中止を責任の問題とする彼の主張は、理論的に成りたたないといわなければならない。

第二項　わが国における責任消滅・減少説

わが国では、かつて、中止未遂を違法性の問題であるとする説が通説であるとされたが、今日では責任説と違法性説とが拮抗する状態にあるといってよいであろう[214]。

まず、わが国において最初に中止犯についてのモノグラフィーを著わした香川博士は、次のように述べている。「たとえ一度は法的義務に違反して犯罪的意思決定をなしたのであつても、したがつてために有責との非難がさけられえないばあいであつても、行為者の主体的な介入によつて、すなわち許されないという意識のもとに、換言すればすでに破つた法的義務にふたたび合致しようとする意欲――それが規範の要求に合致するという意味において規範的意識と名づけるならば、そうした規範的意識の具体化としての中止未遂は、たとえ事後的ではあるにせよ積極的、直接的に法的義務の要求に合致したばあいと認められるのであり、ために責任の消滅を認めてよいはずである。ケムジースが意思決定という歴史的事実は事後的に変更することは許されないが、行為者の意欲に対する評価は事後的に変更することも可能であるといつているように……行為者の意欲すなわち義務に違反した意欲そのものの変化にともなう評価の変動を基礎に、中止未遂が責任消滅事由である根拠を求めてゆくのが妥当なのではなかろうか」と[215]。

また、最近では、可罰的責任概念の下に、山中教授が、中止の減免事由を次のように説明している。「行為者は、任意の中止によって、犯罪遂行に対する意思力の減退または喪失を示し、法秩序の枠内に再び立ち帰ったのであるが、これによって、範疇論的意味における責任が減少する。しかし、他方、任意に法秩序の枠内に復した者を、責任の程度に応じた刑罰をもって処罰することが刑事政策的に合目的かどうか、あるいは、刑法の謙抑性という観点から刑罰という重大な手段を行使することがそもそも必要かどうかが、目的論的に考慮されなければならない。この考慮は、可罰的責任という範疇において行なわれる。すなわち、任意の中止によって、処罰に値する、あるいは刑法上重要な責任は極めて減少するのである。かくして、中止未遂は、可罰的責任減少事由として位置づけることができる(216)」、と(217)。

これらの見解に対して、私は、中止が未遂犯の責任判断に影響を与えうるものである、とする考えを決して否定するものではない。倫理的動機から中止に及んだ場合は、とくにそうである。違法性説の代表的論者である平場博士も、すでにこのことを認めている。すなわち博士は、「違法性においても責任においても中止犯の刑の減免を理由付けうる」が、違法問題の責任問題に対する論理的先行性等の根拠から、中止を違法性の段階で基礎づけようとしたのである(218)。

また、中止を違法性と責任との二つの領域にまたがる問題として捉える学説が存在するのも、この故であろう。たとえば佐伯博士は、次のように述べている。「けだし、それ（広義の後悔――筆者注）が説くような中止にあっては、行為者はみずから正道に立ち戻るための努力を示しているのであって、法的には、着手によって一度は生じた違法（法益侵害の危険）および責任が中止行為によって減少または消滅させられることになり、また主観主義的に考えても行為者の反社会的性格（悪性）が消滅または減少するとみうるからである(219)」、と。同じく藤木博士も、中止行為によって被害が防止され、かつ、行為後の行為者の態度の変化により、行為に対する社会的評価が寛容化するという点で、まず違法性が微弱化し、それにともない責任も微弱化する、とする併合説が法律説の説明としては妥当な方向である(220)、としている(221)。

実は、当初私も、中止未遂とは、違法性と責任との双方に関連する問題ではないかと考えた。すなわち、中止行為は結果の阻止に貢献したという意味で違法性に、任意性は行為者に対する非難を和らげるという意味で責任に、それぞれ影響を与え、この影響が競合的に作用して未遂の可罰性を消滅・減少させるのではないかと考えた。しかし、理論の純化という点から観た場合、違法性もしくは責任の何れかで中止の法理論的根拠を説明する方が、はるかに優れている。そして結局、すでに述べたとおり、中止が未遂の違法性に与える影響だけで、中止犯の不処罰・減免根拠を理由づけることができるという結論にいたったのである。したがって、あえて中止を責任の領域で論ずる必要はない。

ちなみに、責任説には、次のような欠点がある。

㈠まず、中止を責任の視点からのみ理論づけようとすると、すでに指摘されている[222]ように、中止未遂における結果の不発生という要件を説明できなくなる。けだし、責任判断の対象となる中止者の主観は、結果が発生したと否とで、全く異なるものではないからである。もっとも香川博士は、こうした批判をいわば逆手にとる形で、行為者が中止した以上、結果が発生しても中止犯を認めてよいとする[223]。しかし、中止未遂というのは、未遂の可罰性を消滅・減少させるものであって、既遂のそれまでをも消滅・減少させるものではないのである。

㈡次に責任説は、私見によれば、中止行為の適性（Tauglichkeit）を説明することができない。すなわち、中止行為というのは、どのような行為でもよいというのではなく、一般的にみて結果を阻止するのに適したものでなくてはならない（このことは、責任説の論者も認める）。しかし、実行の着手の問題で、主観説が客観的行為を行為者の犯意を認定するための手段としてしか考えないように、責任説にとって重要なのは中止者の主観であるから、中止行為は、彼に任意な中止の意思があったことを認定するための手段であり、したがって、かかる意思を推測せしめるものであれば足り、それが、一般に結果を回避するに適したものであるか否かは問題ではないから、たとえば加持祈とうのような行為でも、場合によっては、中止行為となりうる。それゆえ不能未遂で、そうとは知らない行為者が、結果を阻止するため加持祈とうを行なった場合でも、彼がそれを実際に有効なものであると信じていたかぎり、中止犯が認められることとなる（なお、右の二つの批判については、次章で再び詳論することとする）。

㈢最後に、平野博士が指摘する[224]ように、中止を責任の問題であるとすると任意性に倫理的なものが要求されることになるが、これは、任意性は倫理的なものである必要はない、とする圧倒的通説の立場と矛盾することとなる。もっとも、この批判は責任概念の理解の仕方で当てはまらないこともある[225]。

第五款　当罰性・可罰性阻却説

この説は、これまで検討した見解とは異なり、中止は未遂の一般的犯罪成立要件、すなわち構成要件該当性、違法性、有責性に影響を及ぼしうるものではないが、当罰性もしくは可罰性に影響を与えうるものであり、ために中止未遂は不処罰になるとするものである。

まず、当罰性阻却説を唱えるのはラング・ヒンリクゼンである。彼は、全体的観察方法の下に未遂と中止とを一つの事象として捉えた場合、立法者は、中止犯には当罰性もしくは要処罰性（Strafbedürftigkeit）が欠けると判断したために中止を不処罰としたのである、[226]と説明する。そして、「問題の解決は、……構成要件の平面でもなければ、……違法性の平面でもなく、さらに……責任の平面でもなければ、（発生して再び消滅する）刑罰請求権の平面でもなく、価値単一的に観察した場合における全所為という意味での〝所為〟の当罰性の平面に求められなければならないのである[227]」とする[228]。

次いで、可罰性阻却説を主張するムニョス・コンデは次のように述べている。「私見によれば、中止未遂は、犯罪カテゴリー、すなわち構成要件該当性、違法性、有責性とは無関係である。しかし、それが意味するのは、中止が例外的に未遂概念の外に存するとか、すでに発生した当罰性を消滅させるとか、をいうのではなく、中止は、未遂そのものの当罰性のメルクマールとしてみなされなければならないということである」。

「所為の当罰性は、所為の要処罰性を前提とする。中止の場合に未遂の処罰が不必要ならば、それはまた当罰性もない。ある行態の当罰性の確定とは、その行態を犯罪ならしめるすべてのメルクマールが存在する、という判断なのである。当罰性を基礎づけるのに必要な要因として、不法と責任とは常に存在しなければならない。しかし時として、当罰性の判断を下すのに、不法と責任以外のものが要求されることがある。所為の当罰性を基礎づける、さらなるメルクマールが必要とされるのである。こうしたメルクマールは、不法や責任の中には組み入れられえない。なぜならば、それは、その教義学的、刑事政策的機能を不法や責任のそれとは異にするからである」。そして、右のメルクマールは、「合目的性」からみちびき出されるものであり、「可罰性」と名付けられる。中止犯は、こうした可罰性を阻却するものであるから、可罰性阻却事由である(229)。

まず、これらの説に共通していえることは、中止は未遂の違法性や責任に一切影響を与えない、としていることである。だからこそ、それ以外の犯罪メルクマールを認め、その不存在の中に中止犯不処罰の根拠を見出そうとしているのである。しかし、中止が違法性に影響を及ぼしうることはすでに述べた。したがって、かような見解には左袒することができない。

次に、もし中止犯の不処罰が、不法や責任に次ぐさらなる犯罪メルクマールである「当罰性」や「可罰性」の欠如に由るものだとしても、その具体的内容については、何ら明らかにされていない。ウルゼンハイマーも、ラング・ヒンリクゼンに対して、「当罰性」の概念が曖昧であると批判している(230)。ムニョス・コンデの場合、「可罰性」の有無は、要処罰性の観点から決定されるのであろうが、これだけでは可罰性の内容は明らかとはならない。

最後に、ムニョス・コンデは、「可罰性」のメルクマールに関し、犯罪成立要件として、「これは必ずしも存在する必要はないが、当罰性を基礎づけたり阻却するために、立法者は、合目的性の根拠からそれを要求することができる。すなわち、ここでもまた、可罰性を基礎づける要因（いわゆる客観的処罰条件）や可罰性を阻却する要因（いわゆる刑罰阻却・消滅事由）が存在するのである(231)」としている。すると、犯罪成立要件として「可罰性」が要求されるのは、すべての犯罪ではなく、未遂を含む一部の犯罪だということになる。しかし、未遂犯に対しては、なぜ不法と責任の他に可罰性が必要とされるのであろうか。合目的性の根拠を持ち出すだけでは、あまりにも曖昧である。

一つの考え方として、既遂犯は法益侵害を惹起するものであるのに対して、未遂犯はその危険性を生ぜしめるものにすぎず、いまだ実害が発生していないから、処罰の慎重性を期するため、未遂犯には「可罰性」が必要である、と考えることもできる。しかし、もしそうであるならば、他の危険犯に対しても「可罰性」が要求されるはずであるが、彼はそこまでは述べていない。いずれにせよ、未遂犯について、「可罰性」が求められる理由が明らかではないのである。このように、その概念内容、存在理由がはっきりと示されていない「当罰性」や「可罰性」の観念を持ち出して、中止犯の不処罰の根拠を説明しようとする態度には、疑問を感ぜざるをえない(232)。

第六款　刑罰阻却・消滅説

最後に、中止は犯罪成立要件の要素とは無関係に刑罰を阻却・消滅させるものである、とする説(233)を観てみることとしよう。こうした考えは、中止の不処罰の政策的根拠につき嘗て黄金の架橋説と結びついて唱えられたもので、リストによって主張(234)されて以来、今日にいたるまでドイツにおける略ぼ通説といってよい(235)。元もと、かかる見解が唱えられた背景には、二つの理由があったように思われる。その理由の一つは理論上のそれであり、他の一つは刑事政策上のそれである。

理論上の理由とは、もし中止未遂を違法性、責任の平面で扱おうとすると、中止によってそれらが事後に阻却・消滅するものであることを理論的に証明しなければならないが、それが困難であると考えたのではないか、ということである。前期法律説がそれを試みて失敗したことを、彼らは知っている。刑罰阻却・消滅事由として処理すれば、かかる証明は不要である。

刑事政策上の理由とは、もし中止が違法性(236)もしくは責任を阻却・消滅させるものだとすると、正犯が中止した場合、その共犯者も不処罰とせざるをえなくなって、妥当性を欠くということである(237)。このことは、リストが、刑罰消滅事由はすでに発生した刑罰を消滅させるが、未遂行為の犯罪性を何ら変えるものではないから、正犯の中止は他の共犯者を不処罰とするものではない(238)、と述べていることからも容易に推察される。あるいは、今日のドイツにおいて、中止犯を違法性の問題である、とする説が少ないのもこのためかもしれない。

しかし、ここでの説に対しては、まず、この説の刑罰阻却・消滅事由という概念の用い方に対して批判が加えられている[239]。ラートブルッフによれば、「犯罪のメルクマールはすべて刑罰の目的から引き出されるものであり、犯罪概念は、刑罰目的から構成されるものである[240]」。したがって、可罰性の条件や一身的刑罰阻却事由という概念が認められるのは、その可罰性が、当罰性、すなわち行為や行為者の犯罪性とは無関係に決定されるような場合（たとえば治外法権）のみであり、それ以外の場合は、すべて犯罪のメルクマールとして処理されることになる[241]。

こうしたラートブルッフの考えの上に立って、ロクシンは、中止を刑罰阻却・消滅事由であるとする説を次のように批判する。「裁判官は、中止の場合に、刑罰が科せられるべきか否かについて決定しなければならない。しかし、中止した行為者の行態が制裁を必要とするか否かは、本来的に刑法上の問題であり、それゆえ、この問題は、正しくは責任の領域において取り扱われなければならない。それに対して、客観的処罰条件や一身的刑罰阻却・消滅事由といったようなカテゴリーは、その内容を、刑罰政策的な考慮からではなく、それとは無関係な一般的法政策的な考慮から得るものなのである[242]」と。すなわち、中止未遂の規定が刑事政策的考慮から設けられたものであるとするならば、それは刑法の領域で論ぜられるべきであって、一般法政策的な刑罰阻却・消滅事由といった概念をもって説明されるべきではないとするのである（もっとも、中止が責任の領域で扱われるべきであるとしている点は、問題である）。

かかる批判とは別に、私は、ここでの説に対して次のことを指摘しておきたい。まず、中止を刑罰阻却・消滅事由と解するにいたった刑事政策上の理由について、制限従属性説が通説である今日においては、正犯に責任の欠如を認めても共犯を処罰することができるし、また違法性の問題であるとしても、前述のように、違法性の一身的消滅を認めて、正犯の中止の効果が共犯に及ばないようにすることもできるから、この説を採る刑事政策上の実益は乏しい。

むしろ逆に、ここでの説を採用することによって、刑事政策上困った場合が生ずることとなる。すなわち、加重未遂が処罰の対象となる理論的根拠は、先に述べたように、すでに成立した軽い既遂を吸収すべき重い未遂が中止によって犯罪不成立となるために、軽い既遂犯はこうした未遂に吸収されず、したがって、独立して処罰の対象になるとするものであった。しかし、ここでの説のように、中止は、犯罪の成立とは無関係に、刑罰を阻却・消滅させる事由にすぎないとすると、未遂犯は成立することになるから、既遂がこれに吸収される結果、加重未遂を処罰することができないことになる。しかし、これは刑事政策的にみて問題であろう[243]。

次に理論上の理由について、ここでの説のように、中止は未遂の可罰性に影響を与えるものではなく、全く政策的根拠から認められた刑罰阻却・消滅事由であるとしてしまえば、確かに、中止の不処罰の理由につき厄介な理論構成をする手間が省ける。しかし、政策的な目的で立法化された規定を法理論的観点から考察し、その立法の是非を問うこと、またそれに法理論的根拠を与えることも研究者の重要な使命ではなかろうか。かように考えた場合、私はこの説に些か安易さを感じる。これに対して、わが国では、中止の必要減免の理由を法理論的に基礎づけようとする試みが長い間なされて来た[244]。この意味において、少なくともこの問題に関するかぎり、ドイツよりもわが国の方が勝っているといえよう。

小括

本章では、中止未遂の不処罰・減免の根拠について、これを政策論的観点と法理論的観点の双方からする検討を行なった。

そして、前者に関する学説について、黄金の架橋説は、中止の規定を知って犯罪を止めた事例が存在しないという意味で「非現実的」であり、褒賞説は、中止に褒賞を与えることによって如何なる目的を達成しようとするのか、という肝心なことを述べていないという意味で「説明不足」であり、刑罰目的説は、行為者が中止を行なったからといって、将来再び犯罪を犯さないという保証がないにもかかわらず、これに刑罰を科さないという意味で「大胆な刑事政策」であり、責任履行説は、問題の解決を刑法にではなく、法に内在する一般的な原則の中に求めようとした意味で「方法論的誤り」であることが判った。

次に、後者に関する学説について、消極的構成要件メルクマール説は、その説の中核思想である、行為者が中止の可能性を失って始めて具体的な法益の危殆化が発生するという考え方自体が疑わしいものであり、責任説は、中止が未遂の有責性に影響を与えるものであることは否定できないものの、あえて責任の問題とするまでもなく、すでに違法性の段階で説明がつくものであり、当罰性・可罰性阻却説は、その当罰性・可罰性の概念が曖昧であり、刑罰阻却・消滅説は、中止の不処罰・減免についての法理論的説明を放棄するもので正しくないことが判った。

結局、ここでいたった結論は、中止未遂の不処罰・減免の政策的根拠については、これを構成要件定立後における補充性の原則の実現に、またその法理論的根拠については、中止による違法な状態の消滅を理由としての未遂の違法性の減少に求めるべきである、ということであった。そして、かように明らかにされた二つの根拠を綜合して中止犯を定義すると、以下のようになる。

中止犯とは、行為者が、未遂によって一旦は違法な状態を惹起したが、その後みずからかかる状態を消滅させたことを理由として、すでに成立した未遂の違法評価が修正され、この修正された違法評価を基に彼に対する可罰性の程度を考えた場合、刑法に内在する補充性の原則の観点から、彼の実現した違法性は行為を犯罪とするほど強いものではなかった（ドイツ）か、あるいは犯罪とする程度の強さはあったが、刑を科するほどのものではなかった（わが国）ものである、と。

そして、中止を右のように違法状態の事後消滅と解すると、中止犯に対する刑の減免の基準は次のようなものとなる。すなわち、加重未遂の場合には刑の減軽に止るのに対してそうでない場合には刑の免除である。けだし前者においては、既遂となった軽い罪の限度で違法な状態の消滅が認められないからである。そして、こうした考え方は刑事政策説や法律説にも応用できる。

（1）マウラッハは、中止未遂の不処罰の根拠をめぐる議論は重要な意味をもたないという（Maurach, Deutsches Strafrecht, Allgemeiner Teil, 4. Aufl., 1971, S. 518）。しかし、中止に関する諸問題は、かかる思想を明らかにすることによって始めて解決が可能となるのである。したがって実益のない議論ではない（同旨、Roxin, Über den Rücktritt vom unbeendeten Versuch, in : Festschrift für Henitz, 1972, S. 251）。

（2）これに対して、本稿と異なる分類を行なうものとして、Ulsenheimer, Grundfragen des Rücktritts vom Versuch in Theorie und Praxis, 1976, S. 36f.（本書の紹介として、虫明満・法政論集・七八号・昭五四・四二七頁以下）がある。ウルゼンハイマーは、中止未遂の不処罰の根拠を次の五つに大別する。すなわち、㈠犯罪防止の目的から説明する説、㈡行為者の中止に対する報償（Belohnung）として説明する説、㈢中止によって明らかとなった行為者の犯罪意思の弱さを理由として説明する説、㈣中止者に対する処罰の必要のなさを根拠として説明する説。そして、㈤最後の説は方法論的なもので、未遂行為と中止行為を二つの独立した行為としてみるのではなく、両者を全体的に観察して一つの所為（eine Tat）とみなし、そこから中止の不処罰を基礎づけようとするものである。彼によれば、右の各おの説は、それ自体単独でまたは他の説と結びつけられて主張されて来たという。詳しくは、vgl. a. a. O., S. 42ff. わが国で右の区別にしたがうものとして、斉藤（誠）「中止未遂の法的性格をめぐって㈠」（筑波法政・九号・昭六一）五頁以下。

（3）この説が刑事政策説と呼ばれる所以は、いうまでもなく、刑事政策的な視点から中止未遂の規定を説明しようとするからであるが、第一説以外の他の説にも同じ視点に立つものがあり、彼此混同するのを避けるため、現在のドイツでは黄金の架橋説という名称が一般に用いられている。

（4）以下において、一方の説の支持者として挙げられたものが、他方の説の支持者として再び登場するのはこの故である。

（5）刑事政策説に代えて、黄金の架橋説という名称を最初に用いたのは、おそらくボッケルマン（注17の論文）であろう。

（6）Feuerbach, Kritik des Kleinschrodschen Entwurfs, 2. Teil, 1804, S. 103. zit. Ulsenheimer, a. a. O. S. 42, Anm. 57.

（7）Bloy, Die dogmatische Bedeutung der Strafausschließungs-und Strafaufhebungsgründe, 1976, S. 150.

（8）v. Liszt/Schmidt, Lehrbuch des deutschen Strafrechts, 26. Aufl., 1932, S. 315.

（9）なお、ウルゼンハイマーによれば、こうした見解は、すでにリスト以前においてラムやフーゴ・マイヤーによって主張されていたという。Ulsenheimer, a. a. O. S. 42, Anm. 60.

(10) かかる説を採るものとして、Maurach, a. a. O. S. 518 ; Maurach/Gössel/Zipf, Strafrecht, Allgemeiner Teil, Teilband 2, 7. Aufl. 1988, S. 57, Rn. 12～14 ; Finger, Das Strafrecht, 1912, S. 493 ; Allfeld, Der Rücktritt vom Versuch, in : Festgabe für Frank, Bd. I, 1930, S. 76 ; Meyer/Allfeld, Lehrbuch des Deutschen Strafrechts, 9. Aufl. 1934, S. 201 ; v. Hippel, Deutsches Strafrecht, Bd. II, 1930, S. 411 ; Mezger, Strafrecht, Ein Lehrbuch, 2. Aufl. 1933, S. 403 ; Dohna, Die Freiwilligkeit des Rücktritts vom Versuch im Lichte der Judikatur des Reichsgerichts, ZStW, Bd. 59, 1940, S. 548 ; Kohlraush/Lange, Strafgesetzbuch, 43. Aufl. 1961, S. 153 ; Grünwald, Zum Rücktritt des Tatbeteiligten im Künftigen Recht, in : Festschrift für Welzel, 1974, S. 711 ; Stratenwerth, Strafrecht, Allgemeiner Teil I, 2. Aufl. 1976, S. 260, Rn. 705 ; derselbe, Schweizerisches Strafrecht Allgemeiner Teil I, 2. Aufl. 1995, S. 324, Rn. 62 ; Rudolphi : SK. Bd. I, Allgemeiner Teil, 1. Aufl. 1975, S. 185, Rn. 4（補充的）。フォイエルバハの説を採るものとして、Jakobs, Strafrecht, Allgemeiner Teil, 2. Aufl. 1991, S. 742, Rn. 2.

(11) RGSt. 6, S. 341ff.（事案は堕胎罪）

(12) リストが第一版の教科書でこの説を唱えたのは一八八一年であるから、その翌年にはすでにこうした考えがRGで採用されたことになる。もっとも、注9で述べたように、彼以前にもこうした見解があったとすると、これらの影響をも受けたのかもしれない。

(13) この判例（BGHSt. 9, S. 48ff）の詳細については、本節第三款参照。

(14) これはおそらく、ツァハリエが中止を責任の消滅として捉えていたことを念頭に置いているのではないかと思われる（彼の説の詳細については、第二節第四款第一項参照）。

(15) ドイツでは既遂についても一部これに対する中止犯を各則で認めている。第一六三条第二項は偽証罪についての、第三一〇条は放火罪についての中止に関する規定である。詳しくは第二章注119参照。

(16) RGSt. 6, S. 342f.

(17) Bockelmann, Wann ist der Rücktritt vom Versuch freiwillig ? in : Strafrechtliche Untersuchungen, 1957, S. 179f.

(18) Ulsenheimer, a. a. O. S. 70. vgl. S. 274.

(19) 中でも、M・E・マイヤーの、この説は「法学を学んだ者の数を過大評価するものである」（M. E. Mayer, Der Allgemeine Teil des Deutschen Strafrechts, 2. Aufl. 1923, S. 370, Anm. 7）とする批判が有名である。その他、同趣旨の批判として、Roxin, a. a. O. S. 272. Bloy, a. a. O. S. 154f ; Rudolphi, a. a. O. S. 184, Rn. 2 ; H. Schröder, Grundprobleme des Rücktritts vom Versuch, Jus 1962, S. 31, l. Sp.; H. Mayer, Strafrecht, Allgemeiner Teil（Studienbuch）, 1967, S. 146, Anm. 3 ; Lang-Hinrichsen, Bemerkungen zum Begriff der "Tat" im Strafrecht in : Festschrift für Engisch, 1969, S. 368 ; Welzel, Das Deutsche Strafrecht, 11. Aufl. 1969, S. 196 ; Scheurl, Rücktritt

vom Versuch und Tatbeteiligung mehrerer, 1972, S. 22 ; Muñoz-Conde, Theoretische Begründung und systematische Stellung der Straflosigkeit beim Rücktritt vom Versuch, ZStW, Bd. 84, 1972, S. 758 ; Lenckner, Probleme beim Rücktritt des Beteiligten, in : Festschrift für Gallas, 1973, S. 306 ; Bottke, Zur Freiwilligkeit und Endgültigkeit des Rücktritt vom versuchten Betrug, JR 1980, S. 444, Aum. 41 ; Schmidhäuser, Strafrecht, Allgemeiner Teil, Studienbuch, 1982, S. 359, Rn. 70 ; Jescheck, Lehrbuch des Strafrechts, Allgemeiner Teil, 4. Aufl., 1988, S. 485 ; Bergmann, Einzelakts-oder Gesamtbetrachtung beim Rücktritt vom Versuch ? ZStW, Bd. 100, 1988, S. 334 ; Lampe, Rücktritt vom Versuch "mangels Interesses", Jus 1989, S. 610f ; Baumann/Weber/Mitsh, Strafrecht, Allgemeiner Teil, 10. Aufl., 1955, S. 564, Rn. 7.

(20) こうした批判は、すでにブライデンバハによって（vgl. Ulsenheimer, a. a. O. S. 66)、最近ではエーザーによって（Eser in : Schönke/Schröder/Lenckner, Strafgesetzbuch, 25. Aufl., 1996, S. 363, Rn. 2）なされているが、これについてウルゼンハイマーは、かかる主張は、行為者が中止の規定を知っていることを前提とするもので正しくないとする（a. a. O. S. 72)。しかし、右の批判は、かりに行為者がその規定を知っていたならば、そうした可能性もあるということであるから、彼の指摘は正確ではない。

(21) Roxin, a. a. O. S. 272.

(22) なお、黄金の架橋説に対する批判の総合的検討として、Ulsenheimer, a. a. O. S. 64〜74.

(23) Geilen, Zur Abgrenzung zwischen beendeten und unbeendeten Versuch, JZ 1972, S. 338, r. Sp.

(24) なお、ショイルによれば、中止未遂に不処罰もしくは刑の減軽を認めることは、遅くともイタリア後期注釈学派以来ほとんど一般に認められていたが、そこでは刑事政策的な解釈については語られていなかったという。Scheurl, a. a. O. S. 23.

(25) Merle et Vitu, Traité De Droit Criminel, 5°éd., 1984, p. 587 et s., n°468.

(26) Garraud, Précis de droit criminel, 13^{e}éd., 1921, p. 162, n°67.

(27) Pradel et Varinard, Les grands arrêtes du droit criminel, TOME 1, 1995, p. 357.

(28) Vouin et Léauté, Droit pénal et procédure pénal, 3^{e}ed., 1967, p. 43.

(29) その他、刑事政策説を採るものとして、Garçon, Code pénal annoté, p. 22 ; Vidal, Cours de Droit criminel, 6^{e}éd., 1924, p. 152, n°95 ; Levasseur et Chavanne, Droit pénal et procédure pénal, 1963, p. 35 ; Bouzat et Pinatel, Traité de droit penal et de Criminologie, Tome I, Droit pénal général, 1963, p. 214, n°210 ; Stefani et Levasseur, Droit pénal général, 9^{e}ed., p. 196, n°178 ; Conte et du Chambon, Droit pénal général, 5^{e}ed., p. 180, n°339 ; Rassat, Droit pénal général, 2^{e}ed., p. 336, n°238 ; Stefani, Levasseur et Bouloc, Droit pénal général, 17^{e}ed., 2000, p. 217, n°239 ; Soyer, Droit pénal et procédure pénal, 15^{e}ed., 2000, p. 87, n°148 ; Larguier, Droit pénal général, 18^{e}ed., 2001,

p. 37.

(30) かような立場として、滝川『犯罪論序説』（滝川幸辰刑法著作集、第二巻〔昭五六〕所収）一六八頁、小野『新訂刑法講義』（昭二三）一八五頁、平野「中止犯」（刑事法研究第二巻——一（昭五六）所収）一四五頁、木村（静）「中止犯」（刑法講座四巻所収）二六頁、植松『再訂刑法概論Ⅰ　総論』（昭四九）三二三—三二四頁、大塚『刑法概説総論』（昭五〇）一七四頁、西原『刑法総論』（昭五二）二八七—二八八頁、大谷『刑法講義総論（第三版）』（平三）三八四頁、中山『口述刑法総論（第三版）』（平六）二九七頁、福田『全訂刑法総論（第三版）』（平八）二二八頁、荘子『刑法総論（第三版）』（現代法律学全集二五、平八）四三〇—四三一頁、『前田刑法総論講義（第三版）』（平一〇）一六五頁。

(31) 山口『刑法総論』（平一〇）二二四頁。この見解は、危険消滅説とも呼ばれる。

(32) 中野『刑法総論概要（第三版）』（平四）一三二頁。

(33) 起訴便宜主義を採るわが国において、かかる事例があったにもかかわらず、不起訴となったために裁判とならなかった場合が皆無であるとはいえないかもしれない。しかし、かりに若干例あったとしても、一般的な効果が認められない以上、有効に機能しているとはいえないであろう。宮本博士も、「仮ニ稀ニ右ノ如キ特別ナル政策的効果アリトスルモ、是レ唯中止犯ニ関スル取扱ノ附随的作用ニ過キスト見ルヘシ」と述べている。宮本『刑法学粋』（昭六）三七頁。

(34) なお、わが国で注19と同趣旨の批判をするものとして、西原・前掲教科書二八七頁、宮本『刑法大綱』（昭五）一八五頁、香川『中止未遂の法的性格』（昭三八）四五頁、藤木『刑法講義総論』（昭五〇）二六二頁、福田・前掲教科書二二八頁。中『講述犯罪総論』（昭五五）二一一頁、野村『刑法総論』（平二）三五〇頁。

(35) なお、これとの関係で、刑法各則に規定されている内乱予備罪等の自首に対する刑の必要免除（同法第八〇条）、偽証罪、誣告罪等の自首に対する刑の任意減免（同法第一七〇条、第一七一条、第一七三条）の立法理由についても考え直すべきではあるまいか。けだし、中止未遂同様、これらの規定も犯罪防止を目的としたものであると一般に説明されているが、中止犯の規定にかかる効果がないとすると、後者にもその効用が疑わしいからである。

(36) ヤコブスも、黄金の架橋説は不能未遂の中止犯を説明することができないとする。Jakobs, Rücktritt als Tatänderung versus allgemeines Nachtatverhalten, ZStW, Bd. 104, 1992, S. 84 ; derselbe, a. a. O. S. 743, Rn. 5. 同様の指摘として、Heintshel-Heinegg, Versuch und Rücktritt, ZStW, Bd. 109, 1997, S. 40.

(37) Bockelmann, a. a. O. S. 184 ; Ulsenheimer, a. a. O. S. 44 ; Bloy, a. a. O. S. 155. これに対して、H・マイヤーは、その淵源をフォイエルバハに求める。H. Mayer, Strafrecht, Allgemeiner Teil, 1953, S. 294 ; derselbe, a. a. O. S. 145.

(38) Derjenige, der, , aus eigener Bewegung von der Ausführung des Verbrechens absteht und dabey solche Anstalten trifft, daß die gesetzwidrige Wirkung gar nicht erfolgen kann, “sogar bloß einen„ Anspruch auf Begnadigung “hatte （zit.: Ulsenheimer, a. a. O. S. 27).

(39) Bockelmann, a. a. O. S. 182 ; vgl. derselbe, Strafrecht, Allgemeiner Teil, 3. Aufl., 1979, S. 212.

(40) 名称の相違はあれ、かかる説を主張するものとして、H. Mayer, a. a. O. （Lb） S. 294f ; derselbe, a. a. O. （Stub） S. 145 ; H. Schröder, a. a. O. S. 81 ; Ulsenheimer, a. a. O. S. 105 ; Jescheck, a. a. O. S. 486 ; Maurach/Gössel/Zipf, a. a. O. S. 57, Rn. 12～14 ; Baumann/Weber, Strafrecht, Allgemeiner Teil, 8. Aufl., 1977, S. 531 ; Otto, Grundkurs Strafrecht, Allgemeine Strafrechtslehre, 4. Aufl., 1992. S241 ; Wessels Strafrecht, Allgemeiner Teil, 24. Aufl., 1994, S. 190.但し、右のマイヤーは、実質的には黄金の架橋説の疑いがある。

(41) Jescheck, a. a. O. S. 486.

(42) Ulsenheimer, a. a. O. S. 76（もっとも彼は、注40で挙げたように、ここでの説を採用するものである）。同様の指摘として、Bloy, a. a. O. S. 155.

(43) Schmidhäuser, Strafrecht, Allgemeiner Teil, Lehrbuch, 2. Aufl., 1975, S. 625, Rn. 13. 同様の批判として、Roxin, a. a. O. S. 272 ; Muñoz-Conde, a. a. O. S. 759.

(44) Herzberg, Grund und Grenzen der Strafbefreiung beim Rücktritt vom Versuch, Festschrift für Lackner, 1987, S. 343f.

(45) ベルクマンも、この説は、「規範綱領（Normprogramm）の目的論的説明としては役立たない」としている。Bergmann, a. a. O. S. 334.

(46) A. Merkel, Die Lehre von Verbrechen und Strafe, 1912, S. 157.

(47) こうした誤解の原因は、Prämieの二義性にあると思われる。ウルゼンハイマーによれば、Prämieは二つの方向において解釈されるという。その一つは、将来に向けられた（zukunftsorientiert）もので「奨励」といったような意味であり、他の一つは、過去に遡る（retrospectiv）もので、「褒賞」といったような意味である。褒賞説の淵源をフォイエルバッハに求める見解は、Prämieを前者の意味にとったのであろう。詳しくは、vgl. Ulsenheimer, a. a. O. S. 75.

(48) Roxin, a. a. O. S. 271 ; Muñoz-Conde, a. a. O. S. 759 ; Baumann/Weber/Mitsh, a. a. O. S. 564 ; Heintshel-Heinegg, a. a. O. S. 40.

(49) Roxin, a. a. O. S. 271.

(50) なお、恩典・褒賞説の批判的検討として、Ulsenheimer, a. a. O. S. 74～78.

（51）　わが国でこの説を採るものとして、城下「中止未遂における必要的減免について」（北大法学三六巻四号・昭六一）二〇七頁以下。前田・前掲教科書一六五頁。
（52）　この説は、また徴憑説（Indiztheorie）と呼ばれることもある（たとえば、Lang-Hinrichsen, a. a. O. S. 368）。
（53）　Zachariae, Lehre vom Versuch der Verbrechen, 1836-1839, S. 241.
（54）　この呼名は、香川・前掲論文三九頁にならった。
（55）　これらの説については、香川・前掲論文四一―六五頁に詳しい。
（56）　M. E. Mayer, a. a. O. S. 370, Anm. 7.
（57）　BGHSt. 9, S. 48ff.（事案は強姦罪）
（58）　BGHSt. 9, S. 52.
（58-2）　それ故、ツァハリエの説はもはや学説史的意味しかもたないとする一部の意見は明らかに誤りである。
（59）　この説を採るものとして、Roxin. a. a. O. S. 270 ; Ulsenheimer, a. a. O. S. 105 ; Rudolphi, a. a. O. S. 184f ; Baumann/Weber/Mitsh, a. a. O. S. 565, Rn. 8 ; Eser, a. a. O. S. 363, Rn. 26 ; Triffterer, Österreichisches Strafrecht, Allgemeiner Teil, 2. Aufl., 1993, S. 368, Rn. 50.
（60）　この説を採るものとして、Bloy, a. a. O. S. 160 ; Krauß, Der strafbefreiende Rücktritt vom Versuch, Jus 1981, S. 88, l. Sp ; Lackner/Massen, Strafgesetzbuch, 21. Aufl., 1995, S. 161, Rn. 2. なお、行為者の犯罪意思の弱さを挙げるKohlrausch/Lange, a. a. O. S. 153. とMaurach, a. a. O. S. 518もここに含める。また、判例で特別予防を強調するものとして、BGHSt. 14. S. 80.
（61）　この説を採るものとして、Schmidhäuser, a. a. O.（Lb）S. 623f, Rn. 69 ; derselbe, a. a. O.（Stub）S. 358f, Rn. 68 ; Bergmann, a. a. O. S. 334ff ; Lampe, a. a. O. S. 616, l. Sp.
（62）　その他、刑罰目的説を採ることは明らかであるが、右の三説の何れに属するか不明なものとして、Otto, a. a. O. S. 241 ; Stratenwerth, a. a. O.（Deutsch）S. 206, Rn. 705.
（63）　Roxin, a. a. O. S. 270.
（64）　Bloy, a. a. O. S. 160.
（65）　Schmidhäuser, a. a. O.（Lb）S. 625, Rn. 13.
（66）　このシュミットホイザーに対する反論として、Ulsenheimer, a. a. O. S. 87.
（67）　Schmidhäuser, a. a. O.（Lb）S. 623f, Rn. 69. 元もと、彼は刑罰に一般予防の効果しか認めてない。
（68）　Lang-Hinrichsen, a. a. O. S. 369. 同趣旨の批判として、Scheurl, a. a. O. S. 23f.

(69) ここでの反論は、Ulsenheimer, a. a. O. S. 85に示唆を受けたものである。
(70) ただし、後述するように、私じしんはこうした観察方法を採るものではない。しかし、刑罰目的説の多くはこうした方法を主張している。
(71) ヘルツベルクも、教会の鐘の音を聞いて、あるいは羞恥心から中止した者が、次の犯罪のとき再び鐘がなったり羞恥心が生ずるとはかぎらない旨述べている。Herzberg, a. a. O. S. 364.
(72) Lang-Hinrichsen, a. a. O. S. 370. 同様のものとして、Scheurl, a. a. O. S. 23f; Bergmann, a. a. O. S. 336.
(73) Jescheck, a. a. O. S. 486. 同様の批判として、Muñoz-Conde, a. a. O. S. 759f.
(74) ドイツでは、任意性についてこれを心理的に判断すべきか規範的に判断すべきかの争いがあるが、ロクシンは後者の立場に立っている（第三章第二、三節参照）。
(75) ロクシンによれば、犯罪者の理性とは、「具体的な所為計画のリスクとチャンスとを冷静に比較考量する、狡猾な犯罪者の理性」をいうとされる（詳しくは、第三章第三節第二款頁以下）。
(76) Roxin, a. a. O. S. 271.
(77) 刑罰目的説に対する批判の検討として、Ulsenheimer, a. a. O. S. 78～88.
(78) なお、フランスにおいては前述のように刑事政策説が通説であるが、その中にあってラサは、客観的に考えて未だ社会的損害が発生していないこと、また主観的に考えて行為者が自ら中止したという事実によって彼の危険性が制限されていることの証明があったとの理由から、中止犯の規定を支持できる旨述べている（Rassat, op. cit., p. 336, n°238）が、これは特別・一般予防説に近い考えと思われる（もっとも、彼女は刑事政策説も否定するものではない）。
(79) 小野「刑法総則草案と中止犯」（刑罰の本質について、その他・昭三〇・所収）二八八頁（ただし、特別予防の考え方については後に放棄）。なお、二八〇頁参照。
(80) 木村（亀）「中止未遂の概念」（刑法の基本概念・昭二四・所収）二七七―二七八頁。
(81) その他木村博士の見解と同じものとして、宮本・大綱一八四頁、牧野『刑法総論下巻（全訂）（昭三四）』六四三―六四四頁、佐伯『刑法講義総論（四訂）（昭五九）』三二三頁。
(82) 城下・前掲論文二二四頁、斉藤（誠）「中止未遂を寛大に扱う根拠」（刑法の争点・昭五二）九七頁以下。伊東研祐「積極的特別予防と責任非難」（香川古稀祝賀・平八）二七五頁。
(83) 小野・前掲論文二八〇頁。

(84) この説は、贖罪説（Versöhnungstheorie）とも呼ばれる（Lampe, a. a. O. S. 615, r. Sp.)。

(85) この説を採るものとして、Lampe, a. a. O. S. 616, l. Sp.

(86) Herzberg, a. a. O. S. 345.

(87) Herzberg, a. a. O. S. 349.

(88) Herzberg, a. a. O. S. 350.

(89) もっとも、ヘルツベルクは刑事政策的な体系論に批判的である。Herzberg, a. a. O. S. 342.

(90) Herzberg, a. a. O. S. 364f.

(91) Herzberg, a. a. O. S. 352.

(92) これについては任意性にも関連する問題なので、第三章で再び取り上げる。

(93) ここでの説に批判的なものとして、Bergmann, a. a. O. S. 336f.

(94) vgl. Lenckner in : Schönke/Schröder/Leckner, StGB, 25. Aufl, 1996, S. 148, Rn. 52.

(95) アルミーン・カウフマンが、「どのくらい未遂が結果を惹起するのに（客観的に）適しているかということは、行為無価値の程度を計る上で重要ではない。人的不法観（そしてまた主観的未遂論）を徹底した場合、反規範性を判断する評価の土台を決定するのは、行為者が事実的故意を通じて彼の所為に与えた意味のみなのである。それゆえ、迷信犯の未遂さえ不法なのである」（Armin Kaufman, Zum Stande der Lehre vom personalen Unrecht, in : Festschrift für Welzel, 1974, S. 403）と述べているのが、これに当るであろう。

(96) わが国で野村教授が、行為無価値をして、法益侵害の危険性（行為の属性としての危険性）を帯びていることが標準になる（野村・前掲教科書七〇頁、一四六次頁）、としているのがこれに当るであろう。

(97) ガラスが行為価値を、目的性とそれを実現する可能性をもった行為として理解する（Gallas, Zur Struktur des strafrechtlichen Unrechtsbegriffs, in : Festschrift für Bockelmann, S. 159.）のが、これに当るであろう。その他、Krauß, Erfolgsunwert und Handlungsunwert im Unrecht, ZStW, Bd. 76, 1964, S. 57~59, S. 65~68.

(98) この意思には、それを実行に移すだけの強さが求められるが、それは犯実を実現する目的で何らかの行為を行なえば足り（したがって迷信的方法でもよい）、刑罰目的説のいうように、犯罪を貫徹する程度に強いものである必要はない。

(99) この場合、違法性の検討の順序としては、まず行為の客観的危険性の有無を調べ、それが肯定された後に始めて、主観的検討に入るべきである。順序を逆にすると、行為者の悪しき意思に目を奪われて、行為の危険性判断が疎かになる恐れがある。

(100) したがって、私見によれば、未遂とは、犯罪を犯す意思をもって、その意思を実現する客観的可能性をもった行為を行なうこと、ということになる。これは、結論的には、ドイツの印象説（Eindruckstheorie）に近いものになると思う。

(101) たとえば平野博士は、未遂において故意を主観的違法要素とする（平野・刑法総論Ⅰ〔昭四七〕一二四頁）一方、未遂の処罰根拠については、これを法益侵害の危険性の発生に求めている（同・刑法総論Ⅱ〔昭五〇〕三一一頁）。

(102) ムニョス・コンデは、未遂の処罰根拠をして、「行為によって示された行為者の悪しき意思」と「保護法益の具体的もしくは抽象的な危殆化」であるとし、中止行為によって、それらが将来に向って消滅させられるとしている（Muñoz-Conde, a. a. O. S. 761）。また、ボットケは次のように述べている。「所為の決意（〝……を開始したる者〟、刑法第二二条――未遂の規定、訳者注）に相応するのは、中止の決意（〝……を放棄しまたは……を阻止したる者〟、同法第二四条第一項第一文）である。所為の決意の〝法敵対性（Rechtsfeindlichkeit）〟は、中止の決意の〝任意性〟に相応する。未遂の行態（……）には、中止の行態（……）が対置されうる。そして、〝成立した中止〟とは、実現された法益の危殆化を〝無に帰せしめる（paralysieren）〟ものでなければならない。すなわち……未遂と中止とを、一つの過程の二つの〝対立した断面とみなす者は次の推定を行なってよい。つまり、不処罰の中止は、未遂の客観的かつ主観的処罰根拠、すなわち、実行行為の中に（im unmittelbaren Ansetzen）示された行為者の意思の法敵対性ならびに実現された法益の危険を、危険を廃棄しつつ（……）、法に忠実な（〝任意な〟）行態に立ち返ること（eine gefahrannullierende…Rückkehr zu rechtstreuem (das heißt : freiwilligem) Verhalten）によって、無に帰せしめなければならない、という推定を」と（Bottke, a. a. O. S. 441）。これらの見解は、本文で述べた私見の立場と軌を一にするものである。

(103) Osenbrüggen, Abhandlungen aus dem deutschen Strafrecht, 1857, S. 38. zit.: Ulsenheimer, a. a. O. S. 54.

(104) これについては、後述のツァハリエに対する批判参照。

(105) こうした補充性の原則の起源は、アルトゥール・カウフマンによれば、「社会秩序が及ぶ範囲についての規則（Zuständigkeitsregel der gesellschaftlichen Ordonung）」として、はるか紀元前にまで遡るという。それが補充性の原則と呼ばれ特に注目されるにいたったのは、比較的近年のカトリックの社会理論、とりわけ一九三一年のローマ教皇ピウス一一世の回勅（Enzyklika）においてであるという。Arthur Kaufmann, Subsidiaritätsprinzip und Strafrecht, in : Festschrift für Henkel, 1974, S. 89.

(106) Roxin, Sinn und Grenzen staatlicher Strafe, Jus 1966, S. 382, l. Sp.

(107) 中止と結果不発生との関係については次の三つが考えられる。㈠中止がなければ、結果の不発生もありえなかった場合、㈡中止がなくても、結果の不発生がありえた場合（たとえば、中止者が被害者を病院へ運んだが、彼には自力で病院へ行く力が残っていた）、㈢中止がなくても、結果の不発生が確実であった場合（不能未遂）である。

(108) Kaufmann, a. a. O. S. 103.

(109) 私見によれば、執行猶予もこれに当る。執行猶予の立法目的については、短期自由刑の執行による弊害や前科のもたらす弊害の回避等がその理由として挙げられることが多い。しかし、犯罪の成立する場合でも、刑を科すことなしに刑罰の目的が達せられるときには、この制度を利用することによって、立法者はできるかぎり刑罰を用いることを避けようとしたのである。

(110) Scheurl, a. a. O. S. 27f.

(111) 詳しくは、vgl. Scheurl, a. a. O. S. 26〜29.

(112) 山中「中止犯」（現代刑法講座第五巻・昭五七・所収）三六九頁。

(113) Garraud, op. cit. p. 163 ; Vidal, op. cit. p. 156, note 2. ドイツについては後述。

(114) かつてドイツでは殺人の故意に傷害の故意が含まれるか否かについて争われた（もし含まれないとすると、傷害の成立が否定される）。しかし、今日の判例・学説は含まれると解している。Allfeld, a. a. O. (Frank-FG) S. 98, Anm. 2 ; H. Schröder, a. a. O. S. 82, r. Sp ; H. Mayer, a. a. O. (Stub) S. 147 ; Rudolphi, a. a. O. S. 193, Rn. 37 ; Triffterer, a. a. O. S. 373, Rn. 67 ; Maurach/Gössel/Zipf, a. a. O. S. 88f. Rn. 132 ; Eser, a. a. O. S. 363.

(115) 加重未遂について詳しくは、香川・前掲論文一三一頁以下参照。

(116) したがって、刑の必要減免にとどめているわが国の中止未遂の規定は、不処罰である独仏に比べて、その効果があまり期待できない旨の意見があるが（古くは、宮本・大綱一八五頁）、これらの国の場合においても、加重未遂についてはこれを処罰するのであるから、かような場合にかぎっていうならば、この意見は当らない。

(117) Welzel, a. a. O. S. 199.

(118) わが国で加重未遂が処罰されない理由につき、略ぼ同様に考えるものとして、小野・前掲論文二九二頁以下、宮本・学粋三八〇頁、同・大綱一八六頁、平野・前掲論文一五七次頁、木村（静）・前掲論文（結合犯についても）三四頁、中・前掲教科書二一六頁。

(119) もっともゲセルは、この場合吸収関係ではなく、択一もしくは特別関係であるとしている。Maurach/Gössel/Zipf, a. a. O. 88, Rn. 132.

(120) またシュトラーテンヴェルトも、より重い犯罪を行なおうとしたという理由で、すでに成立した既遂犯を不処罰とするのは不合理である旨述べている。Stratenwerth, a. a. O. (Deutsch) S. 212, Rn. 729.

(121) それ故、軽い罪の既遂が成立したにもかかわらず刑の免除を認めた、わが国の幾つかの判例には疑問がある。すなわち、昭三〇・三・一二の東京高裁は、殺人未遂で実母に傷害を負わせた事案につき（この事件については（二七二頁）以下で詳論）、昭三五・八・八の和歌山地裁は、強姦未遂で相手に対する強制猥褻罪が成立する事案につき（下刑集・二・一一〇九）、昭三八・七・二二の同地裁は、非現住船舶放火未遂で機関室内の床板等一部を燻焼した事案につき（下刑集・五・七五六）、それぞれ中止未遂を認めて刑の免除を言い渡している。この中、二番目の判決が被害者にも落度があったことを理由として刑の免除を認めているのは、中止と単なる量刑事情との混同である。また最後の判決については、裁判所が認定するように、本件では「殆ど実害が発生しなかった」ならば、刑の免除を認めたことは結論的には正しかったのかもしれない。

（121-2）平野・前掲論文一五七次頁。

（122）今日、こうした観察方法を採るものとして、Roxin, a. a. O. (Heinitz-FS) S. 276, Anm. 56 ; derselbe, Kriminalpolitik und Strafrechtssystem, 2. Auful, 1973, S. 35 ; Scheurl, a. a. O. S. 17ff ; Muñoz-Conde, a. a. O. S. 778 ; Schmidhäuser, a. a. O. (Lb) S. 623, Rn. 69 ; derselbe, a. a. O. (Stub) S. 359, Rn. 69 ; Bloy, a. a. O. S. 168ff ; Bottke, a. a. O. S. 411, l. Sp.

（123）Lang-Hinrichsen, a. a. O. S. 370.

（124）Lang-Hinrichsen, a. a. O. S. 371f.

（125）ルーデンの無効説に対する香川・前掲論文六一次頁の批判も参照。博士も、全体的観察方法に対しては批判的である。

（126）いうまでもなく、違法性の阻却とは、初めから行為に違法性がない場合をいうのに対して、違法性の消滅とは、一旦違法とされた行為が、後になってその違法性を喪失する場合である。木村（亀）「中止未遂と悔悟」（刑法の基本概念・昭二四・所収）三〇七頁参照。責任阻却・消滅も同様。

（127）Roxin, a. a. O. (Heinitz-FS) S. 273f ; derselbe, Zur jüngsten Diskussion über Schuld, Prävention und Verantwoltlichkeit im Strafrecht, in : Festschrift für Bockelmann, 1979, S. 285.

（128）私は、緊急避難を違法性阻却事由と解するものであるが、ドイツでは、正当化事由たる緊急避難（第三四条）と免責事由たる緊急避難（第三五条）との二つがある。

（129）ドイツ刑法は、その第二二条に未遂を、第二四条に中止を規定することによって両者をはっきりと区別している。しかし、未遂と中止とを一つの所為に含めて解釈することによって、こうした区別が曖昧になる恐れがある。

（130）全体的観察方法に批判的なものとして、Jescheck a. a. O. S. 486, S. 494 ; Maurach/Gössel/Zipf, a. a. O. S. 56, Rn. 9.

（131）わが国でこの観察方法を採るものとして、山中・前掲論文三六二頁、清水「中止未遂における『自己ノ意思ニ因リ』の意義」（上智法学二九巻二＝三号・昭六一）二六三頁。なお川端『刑法総論講義』（平七）四六四頁。

（132）ザウアーは、初め完全な可罰性が生じそれが事後の事情によって減じた場合をErmäßigungと呼び、最初から可罰性が小さい場合をMilderungと呼んでいる（Sauer, Grundlagen des Strafrechts, 1. Aufl., 1921, S. 637）。本稿はこれにならったものであるが、適当な訳が思い浮かばないため原語をそのまま使用した。

(133) なお、ムニョス・コンデによれば、スペインでは消極的構成要件メルクマール説が判例・通説であるという。Muñoz-Conde, a. a. O. S. 764.

(134) Der Versuch ist nur dann Strafbar, wenn derselbe durch Handlungen, welche einen Anfang der Ausführung enthalten, an den Tag gelegt und nur durch äußere, von dem Willen des Täters unabhängige Umstände gehindert worden oder ohne Erfolg geblieben ist. zit.: Scheurl, a. a. O. S. 16.

(135) 「フランス新刑法典」（フランス刑法研究会訳）からの訳（青木人志担当）による。

(136) Reinhard von Hippel, Untersuchungen über den Rücktritt vom Versuch, 1966.

(137) Radbruch, Zur Systematik der Verbrechenslehre, in : Festgabe für Frank, Bd. 1, 1930, S. 158ff. なお、この論文の影響の下に同様の体系論を試みたものとして、Schmidhäuser, Zur Systematik der Verbrechenslehre, in : Gedächtnisschrift für Radbruch, 1968, S. 268ff.

(138) ヒッペルは、範疇的刑法体系とは、「法に先立ってアプリオリに与えられたと考えられる最上位概念から出発する」ものであるのに対して、目的論的刑法体系とは、「アポステリオリに（法律上の経験にしたがって）始めて生じ、刑を科せられた行為、すなわち各論のそれぞれの構成要件から出発するものである」とする。v. Hippel, a. a. O. S. 6f, Anm. 50. またラートブルッフは、「犯罪の範疇的体系は、すべての犯罪上の不法（deliktisches Unrecht）の上位概念、すなわち行為の概念から出発する」ものであるのに対して、「目的論的体系は、犯罪定義の出発点として可罰的不法という特別なメルクマールを択ぶ」ものであるとしている。Radbruch, a. a. O. S. 160.

(139) v. Hippel, a. a. O. S. 15.

(140) v. Hippel, a. a. O. S. 26, S. 58.

(141) v. Hippel, a. a. O. S. 33.

(142) v. Hippel, a. a. O. S. 59〜61.

(143) v. Hippel, a. a. O. S. 62〜65. なお、この箇所では、理解を助けるため補充的説明を加えた。したがって、表現が原文と若干異なっている。

(144) v. Hippel, a. a. O. S. 65〜68.

(145) v. Hippel, a. a. O. S. 73.
(146) Scheurl, a. a. O. S. 18f.
(147) Scheurl, a. a. O. S. 35. 同様の記述、S. 28, S. 62.
(148) ドイツ刑法第二四条第二項は、「数人の者が行為に加わつているときは、自由意思に基づき行為の完成を妨げた者は、未遂犯として処罰しない」として（ドイツ刑法典——宮沢浩一訳からの引用）、みずから中止した者だけを不処罰としている。
(149) Bloy, a. a. O. S. 176. その他、同趣旨の批判として、Roxin, a. a. O. (Heinitz-FS) S. 275, Anm. 77 ; Ulsenheimer, a. a. O. S. 124 ; Lampe, a. a. O. S. 612, r. Sp.
(150) ヒッペルの当時、現行刑法第二四条第二項に相当する規定はなかった。もっとも、判例（RGSt. 6, S. 343）・通説は、正犯の中止が共犯に及ぶことを否定していた。
(151) v. Hippel, a. a. O. S. 71f.
(152) Scheurl, a. a. O. S. 38.
(153) Scheurl, a. a. O. S. 39f.
(154) 消極的構成要件要素については、川端「消極的構成要件要素の理論の再検討」（団藤古稀祝賀第一巻・昭五八・所収）一七九頁以下。
(155) Roxin, a. a. O. (Heinitz-FS) S. 275, Anm. 77 ; Ulsenheimer, a. a. O. S. 127f.
(156) 提訴というと裁判所に訴えるという印象を与えるので、語感からするとこの訳は必ずしも適切でないように思われる。動機づけ機能と訳すのがよいと思うが、すでにムニョス・コンデがMotivationsfuktionという表現を用いており、他に適訳が見当らないのでとりあえずこの訳語にしたがった。
(157) 構成要件の提起機能については、Naka, Die Appellfunktion des Tatbestandesvorsatzes, JZ 1961, S. 210f.
(158) Muñoz-Conde, a. a. O. S. 768f.
(159) Muñoz-Conde, a. a. O. S. 771.
(160) Binding, Das bedingte Verbrechen, in : Strafrechtliche und strafprozessuale Abhandlungen, 1951, S. 97ff.
(161) Binding a. a. O. S. 98.
(162) Binding a. a. O. S. 124.
(163) Binding a. a. O. S. 125.

(164) Binding a. a. O. S. 126.
(165) Binding, Die Normen und ihre Übertretung, Bd. I, 1916, S. 117.
(166) Binding Die Normen, S. 117, Anm. 8.
(167) Hegler, Subjektive Rechtswidrigkeitsmomente im Rahmen des allgemeinen Verbrechensbegriffs, in : Festgabe für Frank, Bd. 1. 1930, S. 329, Anm. 2.
(168) 主観的不法要素というとき、その捉え方には二つある。その一つは、行為者の主観が違法性に直接影響を及ぼすとする考え方であり、他の一つは、法益侵害を通じて間接的に影響を与えるとする理解の仕方である。前者は行為無価値的な捉え方であり、後者は結果無価値的な考え方である。そして、刑法における主観的不法要素の理論は、元もと後者を中心として発展したものである（主要なものとして、Hegler, Die Merkmale der Verbrechens, ZStW, Bd. 27, 1915, S. 19ff ; derselbe, a. a. O. S. 251ff ; Mezger, Die subjektive Unrechtselemente, G S, Bd. 89, 1924, S. 205ff ; derselbe, Vom Sinn der Strafrechtlichen Tatbestände, in : Festschrift für Traeger, 1926, S. 187ff.）。しかし、目的的行為論の台頭とともに前者が勢いを増していった。
(169) Bloy, a. a. O. S. 177.
(170) Ulsenheimer, a. a. O. S. 124 ; Roxin, a. a. O.（Heinitz-FS）S. 275, Anm. 77（ロクシンの批判は、消極的構成要件メルクマール説に対して向けられたものであるが、違法性説にも当てはまる）。
(171) Ulsenheimer, a. a. O. S. 123f.
(172) たとえば、平野・前掲論文一六〇頁。
(173) したがって、ドイツにおいて、加重未遂が成立する場合には軽い罪との関係で違法性が肯定され、それに対する正当防衛が認められるから、この限度で右の批判は当らないとする主張が、もしあればそれは誤りである。
(174) 前述のように、ロクシンとウルゼンハイマーは、この観察方法を採っている。
(175) Binding, a. a. O.（Abhandlungen）S. 126 ; derselbe, Grundriß des Deutschen Strafrechts, Allgemeiner Teil, 8. Aufl., 1913, S. 138. この場合、彼は加重未遂の限度で処罰を認める（Grundriß）。
(176) Ulsenheimer, a. a. O. S. 125.
(177) もっとも、わが国において、違法性の一身的減少を説明する学説がない訳ではない。野村教授は、後述するように、中止の違法性減少事由を義務の履行に求めるが、義務違反性はその義務を履行した者のみに欠けるから、中止未遂の効果の一身専属性を説明できるとする。野村・前掲教科書三五五頁。その他にも、清水・前掲論文二三七頁がある。

(178) vgl. Rober von Hippel, a. a. O. S. 413.

(179) なお、ここでの批判を行なうロクシンは、共犯の処罰を根拠づけるのは、共犯が正犯を通じて構成要件に該当する法益侵害を間接的に惹起したこと、並びに共犯固有に存する不法要素であるとしている。そして後者が認められるのは、正犯の侵害した法益が共犯に対しても保護されている場合、共犯みずからも構成要件実現の故意を有している場合等であるという。詳しくは、Roxin, Zum Strafgrund der Teilnahme, Festschrift für Stree und Wessels, 1993, S. 369ff.

(180) Binding, a. a. O.（Grundriß）S. 138.

(181) 以前のわが国では違法性説が通説とされていたが、今日では責任説と相半ばする状況ではないかと思われる。

(182) 平野・前掲論文一四四次頁。

(183) 野村・前掲教科書三五四頁（三九頁注一も参照）、同『未遂犯の研究』（昭五九）四五二―四五四頁。

(184) なお、この野村教授の考え方は、先に紹介したヒッペルの未遂構成要件の規範構造の分析に似て興味深い。

(185) なおこの他、違法性説を採るものとして、清水・前掲書二六一頁以下、西原・前掲教科書二八七―二八八頁、福田・前掲教科書二二八頁、大谷・前掲教科書三八四頁、平場『刑法総論講義』（昭二七）一四〇―一四一頁、堀内『刑法総論』（平一二）二三五頁。

(186) こうした批判として、香川・前掲論文七三―七九頁、一七九頁、同『刑法講義総論（第三版）』（平七）三〇六次頁、曽根『刑法の重要問題・総論』（平五）二六四頁。

(187) 曽根・前掲書二六四頁、中山・前掲教科書三〇五頁、前田・前掲教科書一六九頁。

(188) 曽根・前掲書二六四頁。

(189) さらに㈢の批判に対する反論として、清水・前掲論文二六一―二六二頁。

(190) 荘子・前掲教科書四三〇頁。

(191) これに対して、後者の意味での主観的不法要素の批判については、注168で掲げたドイツの文献および佐伯「主観的違法要素」（刑法における違法性の理論・昭四九・所収）二〇九頁以下、中「主観的不法要素について」（関大法学三七巻五・六合併号・昭六三）一六五頁以下に議論を譲る（これらは主観的不法要素を認める立場からその理論づけを行なっている）。

(192) 刑の減免ではなく免除としたのは、前述のように私見の立場では、刑の減軽とされるのは加重未遂の場合だけだからである。

(193) Zachariae, a. a. O. S. 240.

(194) 小野・前掲論文二七八頁。同様の批判として、香川・前掲論文四二頁。

(195) Welzel, a. a. O. S. 196.

(196) Welzel, a. a. O. S. 198.
(197) 同様の批判として、Roxin, a. a. O.（Heinitz–FS）S. 274.
(198) Ulsenheimer, a. a. O. S. 91. なお、彼以外に責任阻却事由と免責事由とを峻別する学説について、vgl. Roxin, a. a. O.（Bockelmann–FS）S. 290ff.
(199) Ulsenheimer, a. a. O. S. 92, S. 94.
(200) Ulsenheimer, a. a. O. S. 96f.
(201) Ulsenheimer, a. a. O. S. 102.
(202) Ulsenheimer, a. a. O. S. 102.
(203) Ulsenheimer, a. a. O. S. 102f.
(204) Roxin, Das Schulprinzip im Wandel, in : Festschrift für Arthur Kaufmann, 1993, S. 534.
(205) Ulsenheimer, a. a. O. S. 314.
(206) なお、このウルゼンハイマーに対する批判的検討として、山中・前掲論文三五九頁以下。
(207) なお、これ以外の責任説として、Sauer, , a. a. O. S. 637f ; derselbe, Allgemeine Strafrechtslehre, 3. Aful., 1955, S. 115 ; Bockelmann, a. a. O.（Untersuchungen）S. 182 ; derselbe, a. a. O.（Lb）S. 212 ; Jescheck, a. a. O. S. 486f ; Stratenwerth, a. a. O.（Deutsch）S. 206, Rn. 705.
(208) 彼の答責性論については、vgl. Roxin, “Schuld” und “Verantwortlichkeit” als strafrechtliche Systemkategorien, in : Festschrift für Henkel, 1974, S. 171ff（bes. S. 181ff）; derselbe, a. a. O.（Kriminalpolitik）S. 33ff.; derselbe, a. a. O.（Bockelmann–FS）S. 279ff.（bes. S. 282ff）.
(209) Roxin, a. a. O.（Heinitz–FS）S. 273f.
(210) 似た見解として、Rudolphi, a. a. O. S. 185, Rn. 6.
(211) Muñoz–Conde, a. a. O. S. 774.
(212) Bloy, a. a. O. S. 171.
(213) もっとも、私じしんはこうした責任論を採るものではない。
(214) なお大判昭一〇・一〇・八（刑集一一・一四四四）は、「苟クモ一定ノ犯意ヲ以テ之カ実行行為ニ出テタル以上爾後犯意ヲ翻スコトアリトスルモ自己ノ意思ニ因リテ犯罪ノ実行ヲ中止スルカ又ハ結果ノ発生ヲ防止スルニ非スンハ行為者ノ責任ニ何等ノ消長ヲ来スモノニ非ス」（事案は、保険金詐取のための放火）とするが、この責任が犯罪成立要件としての責任なのか、刑事責任としてのそれなのか不明である。もし、前者であるなら、判例は責任説を採ることになる。

(215) 香川・前掲論文九七―九八頁。なお、同・前掲教科書三〇六頁も参照。

(216) 山中・前掲論文三六九―三七〇頁。

(217) この他の責任説として、小野・前掲教科書一八五頁、宮本・学粋三七七頁、同・大綱一八四頁、木村（静）・前掲論文二五頁、植松・前掲教科書三二四頁、中・前掲教科書二一三頁、荘子・前掲教科書四三〇―四三一頁、曽根・前掲書二六五頁、中山・前掲教科書二九八頁、前田・前掲教科書一六五頁、団藤『刑法綱要総論（第三版）』（平二）三六二頁。この中、香川・荘子両博士は、責任消滅・減少説を採る。

(218) 平場・前掲教科書一四〇―一四一頁。

(219) 佐伯・前掲教科書三二三頁。

(220) 藤木・前掲教科書二六二頁。

(221) その他の違法・責任説として、大塚・前掲教科書一七三―一七四頁、川端・前掲教科書四六六―四六七頁。

(222) たとえば大谷・前掲教科書三九四頁、清水・前掲論文二五〇頁、山口・前掲教科書二二一頁。

(223) 香川・前掲論文一二八頁。

(224) 平野・前掲論文一四四頁。

(225) 最後にこれまでの説と異なって、ヤコプスは中止による規範違反の軽減は犯罪のすべての段階で行なわれるとして、中止を構成要件、違法性、責任のすべての平面で論じようとする。Jakobs, a. a. O.（Stub）S. 742, Rn. 2.

(226) Lang-Hinrichsen, a. a. O. 372ff.

(227) Lang-Hinrichsen, a. a. O. S. 374.

(228) ロクシンは、彼の説とラング・ヒンリクゼンとの説とが基本的には似ているにもかかわらず、ラング・ヒンリクゼンが中止を責任の平面ではなく所為の当罰性の平面で論じるのは、彼がロクシンとは異なった責任概念、すなわち刑罰目的を考慮しない責任概念を採用するからだとしている。Roxin, a. a. O.（Kriminalpolitik）S. 35, Anm. 74.

(229) Muñoz-Conde, a. a. O. S. 777f.

(230) Ulsenheimer, a. a. O. S. 122.

(231) Muñoz-Conde, a. a. O. S. 778.

(232) ここでの説に対する批判として、さらにUlsenheimer, a. a. O. S. 122f.

(233) 刑罰阻却事由説として、Merkel, a. a. O. S. 156 ; H. Mayer, a. a. O. (Lb) S. 295 ; derselbe, a. a. O. (Stub) S. 145 ; Kohlrausch/Lange, a. a. O. S. 154 ; Krauß, a. a. O. (Jus) S. 889, r. Sp. 判例では、RGSt. 6, S. 342 ; RGSt. 55, S. 66. 刑罰消滅事由説として、Finger, a. a. O. S. 495, Anm. 420 ; M. E. Mayer, a. a. O. S. 369 ; v. Liszt/Schmidt, a. a. O. S. 315, S. 318 ; Mezger, a. a. O. S. 402, S. 408 ; Robert von Hippel, a. a. O. S. 410 ; Meyer/Allfeld, a. a. O. S. 200, S. 203, S. 205 ; Gründwald, a. a. O. S. 706 ; Maurach/Gössel/Zipf, a. a. O. S. 55, Rn. 1 ; Otto, a. a. O. S. 241 ; Wessels, a. a. O. S. 190 ; Triffterer, a. a. O. S. 368, Rn 51 ; Lackner/Massen, a. a. O. S. 160, S. 171, Rn. 24 ; Eser, a. a. O. S. 364, Rn. 4 ; Baumann/Weber/Mitsh, a. a. O. S. 563f. Rn. 4〜5 ; Beling, Grundzüge des Strafrechts, 6. und 7. Aufl., 1920, S. 88 ; Vogler, LK, 1983, Lieferung, 33, S. 130, Rn. 22 ; Dreher/Tröndle, Strafgesetzbuch und Nebengesetze, 47. Aufl., 1994, S. 162, Rn. 18. また、責任説を採る一方で、ここでの説をも採るものとして、Bockelmann, a. a. O. (Lb) S. 209. (刑罰阻却事由説)。Welzel, a. a. O. S. 199 ; Stratenwerth, a. a. O. (Deutsch) S. 205, Rn. 703. (刑罰消滅事由説)。

(234) v. Liszt/Schmidt, a. a. O. S. 315.

(235) もっとも、最近では責任説が台頭しつつある。

(236) この当時、極端従属形式が通説であった。

(237) 香川・前掲論文五〇—五一頁も同様な指摘をしている。

(238) v. Liszt/Schmidt, a. a. O. S. 318.

(239) なお、この概念の詳細については、佐伯「一身的刑罰阻却原由」(法叢三四巻・昭一一) 一頁以下参照。

(240) Radbruch, a. a. O. S. 163.

(241) Radbruch, a. a. O. S. 170f.

(242) Roxin, a. a. O. (Kriminalpolitik) S. 36 ; noch, derselbe, a. a. O. (Henkel-FS) S. 181, Anm. 51.

(243) こうした不都合については、本章第一節第五款第二項参照。

(244) これに対して、わが国で中止未遂を人的刑罰消滅・減軽事由とするものとして、城下・前掲論文二三四頁以下。

第二章

中止行為の意義

中止未遂が認められるためには、まず、結果の発生を回避しなければならない。したがって、中止犯の第一の成立要件は結果を回避する行為、すなわち中止行為である。そこで本章では、すでに明らかにされた中止未遂の基本思想（中止の不処罰・減免の政策的根拠と法理論的根拠）を手懸として、中止行為の内容およびその周辺の問題を検討することとする。

第一節　未終了未遂と終了未遂

第一款　未終了未遂と終了未遂

中止行為について、わが刑法第四三条但書が、ただ「止メタ」とだけしか述べていないのに対して、ドイツ刑法第二四条第一項第一文は、「任意に所為の実行の継続を放棄しまたはその完成を阻止した」と規定している。通説によれば、前段は未終了未遂（unbeendeter Versuch）の中止行為について、後段は終了未遂（beendeter Versuch）のそれについて定めたものとされている[1]。したがって、中止行為は、未終了未遂の場合には、所為の継続の放棄という単なる不作為で足りるのに対して、終了未遂の場合には、その完成の阻止という積極的な作為が要求されることになる。それゆえ、未遂の種類（未終了か終了か）が決まれば、中止行為の態様（不作為か作為）も自動的に定まるため、学説は両者を区別しようとする。

しかし、元もと未終了未遂と終了未遂との峻別は、中止行為の態様を確定するためになされたものではなく、両者の相違によって、刑に軽重を設けるために行なわれたものであった。そこで、双方の区別がどのようにして生じたか、またそれがどのような基準によってなされたかについて、簡単にその歴史をウルゼンハイマーの叙述[2]にならって、まず概観してみることにしよう。

初め、カロリーナ刑事法典は、その第一七条において、未遂を形式的に段階づけることなく、「その事象の状況および形態（gelegenheit und gestalt der sach）によって」未遂を様々に処罰していた。しかし、その後のドイツにおいて、未遂が既遂へ接近すればするほどその可罰性が高まる、という思想が普及するにいたり、学説は、実行行為の既遂への距離の程度にしたがって未遂を分かちその刑罰に軽重を設けようとした。この区別をめぐっては種々の試みがなされたが、その中の一つが未終了未遂と終了未遂との峻別である。

こうした区別にならった立法は、両者を分かつにつき、ほとんど似たような内容をもって客観説を採用した。たとえば、一八四五年三月六日のバーデン大公国の刑法典第一〇七条は、次のように規定する。「行為者が、彼の側から、意図した犯罪の完成に必要なすべてを行なったが、既遂犯の概念に必要な結果が、行為者の意思にも彼じしんの行為方式にも基かない他の、その間に生じた事情によって回避された場合、その行為は終了未遂として処罰される[3]」と。

こうした中にあって、例外をなすのは、主観説を採用した一八五五年八月一三日のザクセン刑法典である（これは、一八六八年一〇月一日に改正された文言の中で、純粋に主観的な概念規定を採った）。同法は、その第四〇条において次のように規定する。「犯罪者が、彼の意図した法益侵害を惹起するのに必要であるとみなしたすべてを行なうことをもって直ちに、未遂は終了未遂である。それ以外のすべての場合、未遂は未終了未遂である[4]」と。

立法同様、学説においても、当時の客観主義を反映してか、客観説が主流を占めた[5]。たとえばアベックは、「犯罪者の側で、違法な結果の惹起に資しうるすべてを行なったが、その発生が、行為者の意思およびその行為の外に存する事情に阻止された」場合には終了未遂が存する[6]、としている。これに対して、少数の主観説[7]の一人であるケストリンは、次のように述べている。「行為者が、彼にとって必要であると思われる行為のすべてを行なったが、既遂にいたらしめる効果が自然原因によって発生せず、この原因の効力が、完全にもしくは相対的に行為者の意思から独立したものである」場合には、未遂は終了したものであると。[8] また判例は、こうした二つの立場の中間的ではあるが、基本的には客観的見解を採るものが支配的であった。[9]

他方、右のように未遂を二分することに対して、批判的な学説もあった。[10] たとえばレオンハルトは、両者を分かつ基準が曖昧なこと、挙動犯には未終了未遂を認めえないことを理由として未遂の二分化に反対し、[11] ヘルシュナーは、未遂の出発点と最終点とを可罰性の基礎として用いることは適切でないとして、[12] これを批判した。[13]

その後、一八七一年のライヒ刑法典は、右の批判の影響を受けてか、未遂を二つに分け、両者に刑の軽重を設けるようなことはしなかった[14]（いうまでもなく、こうした態度は、一九七五年の現行刑法典にも継受されている）。[15] しかし、同法の中止未遂に関する第四六条第一項および第二項について、通説は、前者は未終了未遂についての中止を、後者は終了未遂についてのそれを定めたものと解するにいたり、未遂の二分化は、ウルゼンハイマーの言葉を借りるならば、[16] 灰から蘇ったフェニックスのように、今度は中止犯の領域において息を吹き返し、こうした傾向が、現行刑法第二四条第一項第一文の前段と後段との解釈にも引き継がれたことは、本款の冒頭で述べたとおりである。

このように、未終了未遂と終了未遂との概念は、元もと、未遂の既遂への接近の程度にしたがって刑に軽重を設けるために生み出されたものであったが、その後、中止犯における中止行為を決定する（すなわち前者なら不作為、後者なら作為）ためのものへと、その機能を変遷させるにいたったのである。

右に述べたことから明らかなように、未終了未遂とは、結果を惹起するのに必要な行為をまだすべて完了していない場合であり、終了未遂とはすべてを完了した場合である。今日の学説においても、このことについては争いはない。問題は、結果惹起に必要な行為の完了の有無を行為者の主観を基準として定めるか、客観的に決するかということである。かつては客観説を採る有力な学説もあり、[17] またそうした判例もあったが、[18] 今日においては主観説が通説、[19] 判例[20] である。

未終了未遂と終了未遂とを分つ意義が、中止行為の態様を決することにあるとするなら、理屈の上では主観説が妥当であろう。けだし、行為者が結果発生の阻止に向けての措置をとろうとするとき、彼は、自己の認識内にある状況を基礎として、その処置を選択するのが通常であって、自己の認識外にある事実までをも考慮するということは、普通考えられえないからである。[21] しかし、中止未遂の基本思想の観点から、中止行為を実質的に考えた場合、客観説の考え方を完全に排除することもできない。なぜならば中止犯とは、みずから一旦生ぜしめた違法な状態を再び消滅させることであるが、中止行為は、この違法な状態を基礎づける行為無価値の客観的側面、すなわち法益侵害に対する危険性を消滅させるものであり、それゆえ、未遂行為のもつ結果発生の危険性という客観的属性を無視することはできないからである。したがって、未終了未遂と終了未遂との峻別は、行為者の主観と行為の客観的性格とを考慮して、これをなすべきであろう。

なお、わが国においてはすでに以前から[22]、またドイツにおいては最近[23]、右のように未遂を二つに分ち、それに応じて中止行為の態様を決定しようとすることに対して、否定的な見解がある。すなわち、こうした区別に由るのではなく、個々の場合において具体的に中止行為の内容を定めればよい、とするのである。もっとも、これらの学説も、未遂に未終了未遂と終了未遂との二つの種類があり、中止行為は、前者の場合にはたんなる不作為で足りるのに対して、後者の場合には作為を必要とすることまでをも否定するものではない。私見のように、主客双方の面を考慮して両者の区別を行なおうとする立場に立った場合、これと右の見解とは、結果的には実施的に大差はないであろう。

第二款　中止の対象となる未遂行為の単一性の範囲

第一項　ドイツにおける議論(24)

中止の対象となる未遂が終了したか否かは、通常、前款で示した基準、すなわち結果惹起に必要な行為の完了の有無によって決せられることになる。しかし、事例によっては、右の基準をもってしても、考え方によって、未終了とも終了とも、その何れにも解せられる場合がある。すなわち、行為者が犯罪の完成に充分な行為を行なった後それが失敗し、それにもかかわらず彼にはまだ犯罪実現のための手段が残されていたが、結果が発生しないまま、その手段を放棄した場合、これを未終了未遂とみるか、終了未遂とみるかについて、学説間で鋭い対立がある。そこで本款では、この問題について考察することとする。

まず、三つの設例について考えてみよう。㈠T_1が、殺意をもって、一発の弾丸しか装填されていないピストルをO_1に向けて発射したが命中せず、結局、殺害目的を遂げなかったとする。この場合、T_1は、O_1に向けてのピストルの発射という、人の死を惹起するのに充分な行為を行なったのであるから、終了未遂である。しかし、弾丸が外れた以上、終了未遂の中止行為、例えばO_1に対する治療手当てといった結果回避の可能性もなく欠効犯（わが国で欠効犯というとき、それは終了未遂と同義に解されることが多い。しかし、ここで欠効犯とは、この設例のように、終了未遂の中止の可能性のないものをいう——今日のドイツでもそう解されている(25)）であるから、結局、T_1は殺人罪の障害未遂の罪責を負わざるをえない（異論をきかない）。

㈡T_2がO_2を毒殺しようとして、致死量に相当する毒薬を三回に分けて投与しようとしたが、二回目の投与で止めたとする。この場合、T_2は致死量に相当する量をまだO_2に与えていないのであるから、人の死を惹起するのに必要な行為は完了しておらず、したがって未終了未遂である。それゆえ、止めたことについて任意性が認められれば、T_2は中止未遂となる（異論をきかない）。

㈢T_3が、殺意をもって、連発銃をO_3に向けて一回発射したが命中せず、二回目の発砲が可能であるにもかかわらず、これを止めたとする。この場合、T_3の行為は未終了未遂であろうか。それとも終了未遂であろうか。もし前者であるとすれば、止めたことに任意性が認められるかぎり、彼は中止犯となるが、後者であれば、欠効犯であり、任意性の有無にかかわらず、中止未遂の成立する余地はないこととなる。ドイツでは、今日この問題をめぐって学説間で激しく争われており[26]、ＢＧＨの判例の立場も動揺している[27]。

先の未終了未遂と終了未遂との画定基準にならって、この問題を純粋に形式的に思考するならば、T_3の発砲行為は人の死を惹起するのに充分であるから、未遂は終了しており、そうである以上、たとえ任意に二発目を発射しなかったとしても、設例㈠におけるのと同様欠効犯であり（弾丸が外れた以上、終了未遂の中止の可能性はない）、中止犯は認められないこととなる。こうした考え方を、個別行為説（Einzelakttheorie）もしくは個別観察説（Einzelbetrachtung）という[28]。

これに対して、一回目の発砲行為と止めた二回目の行為とを連続した「一つの所為」とみなしうるなら、後者の行為が完了するまではT_3の殺人未遂も終了しないから、二発目を発射しなかった彼の行為は、設例㈡におけるごとく未終了未遂であり、任意性を前提として、中止未遂が成立すると観念することも可能である。こうした考え方を、全所為説（Gesamttattheorie）ないしは全体観察説（Gesamtbetrachtung）という[29]。

さらに、両説の中間的立場に立って、行為者の犯行計画の有無およびその内容によって、あるときは未終了未遂を認め、あるときは終了未遂を認める所為計画説（Tatplantheorie）と呼ばれる考え方もある。このように、ここでの問題をめぐっては、三つの見解が鼎立する状態にある。そこで以下、何れの説が最も妥当であるか検討してみることとしよう。

第一目　所為計画説

一　この説は、一九六〇年一月一五日のＢＧＨの判例[30]によって主張されたもので、学説ではヴェルツェルやマウラッハ[31]の支持を受けている。この判決によれば、「犯罪行為の未遂が、刑法第四六条第二項（終了未遂の中止――訳者注）の意味において終了したか否かの問題は、まず第一に、行為者が所為の実行を開始する際、構成要件に該当する結果を実現するためには、どのような行為を必要と考え、またどのような行為を行なおうとしていたか、にしたがって決定される。彼が予め計画していたこれらの行為を実行したとき、未遂は終了したものとなる。これに対して、行為者が前以て実行行為を一つもしくは一定のものに限定していなかった場合に始めて、次のことが問題となる。すなわち、行為者がもはや実行行為を継続しないと決意したとき、彼が、これまでの行為にどのような効果を期待したか、また行為の継続を可能と考えたか、ということが問題となるのである[32]」。

こうした判例の立場によれば、未遂の終了の有無を決定するには、まず、行為開始時における行為者の犯行方法についての計画の存否を問い、それが肯定された場合には、その計画の完了をもって未遂は終了したこととなる。したがって、先の設例㈢において、T_3がO_3を一回の発砲行為で殺害する計画であった場合には、その発砲行為が失敗した後、二発目の発砲が可能であったとしても未遂は終了する。これに対して、行為開始時に、行為者が事前に犯行方法についての計画を有していなかった場合には、行為を止めた時点における本人の表象を問題とし、彼が、これまでの行為に結果を惹起する効果を認めず、かつ行為継続の可能性を認識していた場合にかぎって、未終了未遂を、そうでない場合には、終了未遂もしくは欠効犯を認めるということになる。

しかし、こうした所為計画説に対する学界の評価は、必ずしも芳しいものではなく、すでにこの説に対してはいくつかの問題点が指摘されている。㈠まず、ここでの説にしたがうと、行為者が犯罪を実現するのに複数の手段を予定していた場合、その中の一部を実行した後に残りを放棄すれば、たとえその一部の行為ですでに結果発生の危険が生じていたとしても、中止未遂が認められる可能性のあることをガイレンは指摘する。[33] たとえば、最初の殺害計画では、相手をナイフで刺して体を弱らせた後、海へ投げ込んで溺死させるつもりであったが、刺傷後相手を気の毒に思い、海への放擲を止めたような場合がそうであろう。この場合、行為者は、当初の殺害計画を予定どおり完了しなかったのであるから未終了未遂であり、たとえすでに行なわれた刺傷行為だけによって死の結果が発生する可能性を認識していたとしても、海への放擲の放棄という不作為で中止行為が認められる可能性がある。しかし、後述するように、中止行為には故意（結果回避の意思）が必要である（通説）とすると、結果発生の可能性を認識しながら後の行為を止めた場合には、中止の故意があるとはいえず、したがって結局、所為計画説によってもここでの中止行為は否定されるのではなかろうか。もしそうであるならば、ここでのガイレンの批判は当らないこととなる。

ちなみに、右の批判を避けようとして、行為者が計画した行為のすべてを行なわなくても、彼にとって、これまでの行為で結果の発生が可能と思われれば、その段階で未遂は終了したものである、と所為計画説に修正を加えることも考えられる。しかし、こうした修正は、行為者の計画にしたがって未遂の終了時期を決定する、という所為計画説の放棄を意味することになるだろう。

(二)次に、ここでの説に立つと、犯罪の実現に際して、多くの犯行方法を考えていた「危険で」[34]「冷血な」[35]行為者が、そうでない者に比して、中止の成立につき有利な地位に置かれる、とする批判がある。[36] しかし、多くの手段を有する者が、そうでない者に比して、常に「危険で」「冷血な」者であるとはかぎらない、ということは後に述べるとおりである。もっとも、多数の犯罪手段を手にしていた者が、そうでない者に比べて中止の成立につき有利な取扱いを受けるという点では、右の批判は正しいものである。[37]

さらに、有利な扱いということで問題なのは、初めの行為の失敗後、同じく、行為者にさらなる犯罪実現の可能性が残されている場合に、彼の計画の有無で異なった取扱いがなされる、ということである。たとえば、一回の発砲で殺害を企てていた者は、その発砲行為失敗後、たとえ二回目の発射が可能であったとしても、中止の成立する余地がないのに対して、発砲回数について計画を立てていなかった者は、右の場合中止の可能性があるという意味で、後者は前者に比して有利に扱われる。

しかし、すでに中止未遂の基本思想から明らかになったように、中止行為とは結果発生に対する危険性を消滅させるものだとするならば、行為者の前にまだ犯罪実現の手段が残されており、その手段の放棄によって法益侵害の危険性が消滅するならば、計画の有無にかかわらず、中止を認めてよいのである。中止行為にとって重要なのは、結果発生に対する危険性の消滅の有無であって、行為者の計画の有無ではないのである。

㈢さらに問題なのは、所為計画説が、未終了未遂と終了未遂との峻別を、行為者の計画の有無にしたがって、全く異なった観点から行なっているということである。すなわち、この説によれば、行為者に計画がある場合には、行為時における行為者の表象を基準として、計画がない場合には、中止時における行為者の表象を基準として、未遂の終了の有無が決定されることになる。しかし、こうした跛行的な画定基準は、未終了未遂と終了未遂とを分つ意義を看過するものである。けだし、先に観たように、両者を区別する意義は中止行為の態様を定めるものであり、そうである以上、中止の時点における行為者の表象を基準とすべきだからである。行為開始時、行為者は、その行為がどのように展開するか正確に予測することは必ずしも可能ではない。たとえば、一発目の弾丸が外れたら二発目で殺害する計画であった場合、一発目が当るか否かは行為時には予測不可能であり、中止時における状況を基礎として始めて、結果阻止に適した行為が何か（弾丸が外れていれば、二発目の放棄という不作為、当っていれば、治療手当てという作為）を決定することができるのである[38]。

㈣最後に、クラウスがいみじくも述べているように、「故意は、実現意思として形成され、すべての所為経過を形造るものである。それに相応して、実現の最中でも、それぞれの所為状況に応じて具体化され修正されるものである[39]」。したがって、当初計画を立てていても、その後の事情でそれが変更されることもありうるのであって、所為計画説は、こうした場合を適切に処理することができない。

二　右に述べた欠陥ゆえからか、所為計画説はその後の判例で必ずしも従われはしなかった。中でも有名なパイプレンチ事件(40)においては、形式的には右の説にしたがった観を呈しながらも、実質的には全所為説に近いものであった。

事案は、次のようなものであった。被告人は、嫉妬心から継娘を殺害しようと企て、居間で、タオルを巻いたパイプレンチをもって背後から同女の頭を激しく殴りつけたが、このとき彼は、その殴打によって相手が即死するであろうと考えていた。しかし、予想に反して彼女は気絶しただけであった。彼は、そのことを認識したまま、それ以上殴ることはしなかった。これについて、陪審裁判所は、被告人が、一撃をもって、彼の表象と意思にしたがえば結果を惹起する一切のことを行なったということを理由に、終了未遂を認め中止犯の成立を否定した。

これに対して、ＢＧＨは次のように判示した。「なるほど、未終了未遂と終了未遂とを分つ場合、原則として、行為者が所為の実行を開始する際に、その経過について有していた表象が前提とされなければならない。……しかし、それは次のことを意味するものではない。すなわち本件において、継娘に加えた殴打によって同女が即死するであろう、と被告人が予想していたことを理由として謀殺未遂が終了したものである、ということを。被告人のように、確定的な謀殺の故意（unbedingter Mordvorsatz）をもって、かかる状況の下に、かかる方法で他人に殴打を加える者は、彼が相手に加えようとする殴打の回数については、何ら考えていないのが通例であり、むしろ行為の際、みずからの故意に相応する目標を達成するまで、相手を殴ろうとする意思に支配されているものなのである。最初の一撃で相手を殺すかもしれないという推測によって、事実の経過を初めから決定していなかった意思というものが排除されるものではない。本件に対して、右の原則の例外を生ぜしめるような特別な事情というものは、事実認定からは引き出されえないのである。ここでの認定によれば、被告人は、最初の一撃の後、それをもってまだみずからの目標を達成していないことを直ちに認識したにもかかわらず、継娘に対する殴打を継続しないことによって、刑法第四六条第一項（未終了未遂の中止――訳者注）の意味における未終了未遂の中止を行なったのである。（認定された事実によれば可能な）殴打の継続、すなわち彼がみずから効果のないものであると認識した最初の一撃の直後、同じ場所で同じ道具をもって継娘に加ええたであろう殴打は、それが実際に行なわれたとしても、失敗した謀殺未遂の反復ではなく、すでに開始された謀殺未遂の継続[41]であったろう（傍点筆者）[42]」と。

しかし、ここでの判決のいう、本件のような行為者は、「彼が相手に加えようとする殴打の回数については、何ら考えていないのが通例であり……」という原則は、ガイレンの言葉を借りるならば、「ありもしない経験則[43]」であり、かかる判決は、こうした偽りの経験則を用いることによって行為者の内心を擬制し、それによって、実質的には全所為説の結論を、形式的には所為計画説の衣をまとうことによっておおい隠したものである、と評せざるをえない。

その後、こうした所為計画説は、一九八二年一一月三日のBGH[44]の判例変更によって、放棄される運命となった。「当法廷の見解は、次のようなものである。すなわち行為者が、最後の実行行為の後……構成要件に該当する結果の発生が可能であると考えた場合には、通例、未遂は終了したものである、と。かかる場合、行為者が所為計画を有していたか否かは問題とはならないのである」。「行為者が、彼の表象にしたがえば、〝所為の実行の継続を放棄した〟か否かの判断は――欠効犯の場合を除けば――彼が所為の着手時に結果惹起の方法について考えていたかどうか、またどの程度詳細に考えていたか、ということによってなされうるものではない」。

「刑法第二四条第一項（中止の規定――訳者注）の文言は、こうした区別を要求するものではないのである。……所為が既遂となった場合、行為者が、所為の着手時に一定の実行行為を計画していたか否か、また計画した行為のすべてを行なったかどうか、その行為を他の行為にとって代えたか否か、当初の計画よりも少ない行為で済んだかどうか、といったことは、構成要件に該当する結果の評価と帰責にとっては、通例、無意味なことである。重要なのは、行為者が――彼の表象にしたがえば――結果の惹起に充分なことを行なった、という一事なのである。結果が（偶然）発生しなかった場合、これまでの行為の評価と帰責に対して、なぜ異なった規準が用いられるべきなのか理解しがたい。

行為者が、彼の表象にしたがえば、結果の惹起に必要な、あるいは充分であるところのものを行なう前に、継続可能な行為を放棄した場合にかぎって、犯罪行為の未遂を未終了とみなし、彼にもはや責任を負わしめないことが必要なのである。結果の惹起に必要か否かの判断を彼がなしうるのは、当然、所為の着手時ではなく、所為の実行後になって始めてである。そのため、この時点における彼の表象が問題なのである」と。(45)

このように判例は、未遂終了の判断時期を行為者の計画の有無によって区別するという態度から、一律に中止時に求めるという立場に変ったのである。(46)そして学説もまた、ここでの問題を、個別行為説もしくは全所為説の何れかによって解決しようとしたのである。

第二目　個別行為説

個別行為説は、行為者が中止前に行なった行為が、それだけですでに結果を惹起するのに充分なものであったか否かを検討し、それが肯定された場合には、無条件で未遂の終了を認めるものである。こうした説が、かように考える根拠として挙げるのは主として以下の三点である。すなわち、第一点は刑事政策上の根拠であり、第二点は実際上のそれであり、第三点は理論上のそれである。そこで以下、これらの是非について順次検討することとしよう。

(一)まず、刑事政策上の根拠とは、もし全所為説のように、行為者が犯罪を実現するのに有していた数個の手段が、単一の所為を形成すると認められる場合には、たとえその各おのが結果を惹起するのに充分なものであったとしても、最後の行為が完了するまでは未遂は終了しないとすると、犯罪の実現を確実なものとするため、失敗に備えて複数の手段を考えていた者が、そうでない者に比して、中止の成立につき有利な取扱いを受けるというものである。

たとえば、殺人の手段として絞殺しか考えていなかった者は、相手が力に勝るためそれに失敗したときには、中止の可能性がないのに対して、同じ絞殺を計画していた者でも、万一の場合に備えてナイフやピストルを用意していた者は、絞殺の失敗後、これらの凶器を用いなかっただけで中止が認められる可能性がある。しかし、このように用意周到な計画をたてた狡猾（gerissen, schlau）で危険な行為者が、そうでない者よりも刑法上有利に扱われるのは、刑事政策的にみて妥当ではないというのである(47)。

まず、この批判に対しては、複数の犯罪手段を有する者が、そうでない者に比して、常に狡猾で危険な人間であるとはかぎらない、ということを指摘しておかなければならない。たとえば、プロの殺し屋がある人物の狙撃を頼まれ、予め何度も射撃の練習をし、また犯行現場を充分に下見し、さらに犯行後の逃走経路を確保する等の下準備をした後、始めて単発銃による一回の狙撃で相手を殺害しようとした場合と、ある者が他の者との口論の末、頭に血が上って殺意が生じ、偶然所持していた連発銃で相手が死亡するまで発砲しようとした場合とを比較したとき、狡猾性、危険性という点では、明らかに前者が後者に勝るであろう。行為者が用いようとした手段の数だけで、犯罪者の危険性を論ずるのは短絡的である。方法の個数の他に、他の要因も考慮されるべきでなのである。

次に、個別行為説に立ったとしても、用意周到な計画を立てた狡猾で危険な行為者が、そうでない者に比し、中止未遂の成立につき有利な取扱いを受ける場合もある。たとえば、ある者が他人を毒殺するのに、単純に一回の毒薬の投与だけでこれを実現しようとした場合と、かかる方法ではすぐに殺人であることが発覚するのを恐れて、自然死を装うため、毎日微量の砒素を飲ませることによってこれを実現しようとした場合とを比較したとき、後者が前者に比して悪質であることは明らかであろう。しかし、全所為説はもちろん個別行為説に由ったとしても、この場合、中止犯の成立につき、後者が前者より有利な扱いを受けることは確かである。けだし前者では、一回の毒薬の投与行為で未遂は終了するのであるから、もしかかる行為が失敗すれば（たとえば、毒入りのコーヒーを相手に渡したが、相手が誤ってそれをこぼしてしまった場合）、中止の可能性は消えて無くなる（欠効犯）のに対して、後者では、最後の投与行為が完了するまでは未遂は終了しないから、その間不作為による中止の可能性が残されているからである。したがって、用意周到な準備をした者が、中止の可能性につきより大きなチャンスを得ることがあるのは、とくに全所為説にかぎったことではないのである。

最後に、これが最も重要なことだが、多くの犯罪手段を有する者が、そうでない者に比して、中止の成立につき本当に有利な地位に置かれているか、ということである。もしそうであるならば、前に所為計画説に対してなした批判が、そのまま全所為説に対しても当てはまることとなる。すなわち、先に私は、所為計画説にしたがうと、多くの犯罪手段を計画していた者は、そうでない者に比して、中止の可能性につき有利に扱われる旨の批判を行なった。

しかし、同じ有利といっても、そこでの有利とここでの有利とでは、全く異なるものであることに注意しなければならない。すなわち前者では、行為者が予め計画した行為である以上、たとえそれら複数の行為が法律上一つの所為としてではなく、独立した数個の行為としてみなされるものであっても、予定の行為がすべて完了するまでは未遂は終了しないから、その間、不作為による中止の可能性が続く、という意味での有利さを念頭において、私は所為計画説を批判したのである。

これに対して、後者では、行為者が予め数個の犯罪手段を予定していたとしても、その中、それらに所為の単一性が認められる限度において、その最後の行為が完了するまでは不作為による中止の可能性が認められる、という意味での有利さなのである。したがって、複数の犯罪方法が前以て考えられていたとしても、それらが法律上それぞれ独立した数個の行為とみなされる場合には、一つの手段しか有していない者に比して、とくに有利な扱いを受けるものではないのである。この点に、全所為説と所為計画説との相違がある。そして、このように、所為の単一性の枠内に存する複数の行為を用意していた者と、一つの手段しか有していない者との間における中止の可能性の広狭の差については、次のようにいうことができる。すなわち刑法が、数個の行為を単一のものとみなすということは、それらに対して同じ法律上の効果を認めるということであるから、その単一性の枠内において生ずる法的取扱いの不平等さについては、刑法はこれを黙認するものである、と。

このことは、罪数論を考えればよく判る。たとえば行為者が、殺害目的のために相手に向かってピストルを一回発射したが失敗した場合と、三回連続して発射したが失敗した場合とを考えてみよう。これらの場合、発砲回数にかわりなく、双方に一つの殺人未遂が認められることに異論はないであろう。しかし、両者を比較した場合、ともに失敗したとはいえ、前者には犯罪実現の一回のチャンスしかなかったのに対して、後者には三回のチャンスがあったのであり、この意味において、後者は前者に比してより危険であったといえる。しかし、だからといって、後者には三つの未遂行為を認めるべきだという議論はない。法律が、一回の発砲行為も三回のそれも同じく一つの未遂行為として、同一の法律効果を付与するということは、右の両者の間に生じる危険性の相違については、これを容認するということなのである。

中止についても同様である。一個の行為による未遂と数個の行為による未遂とでは、通上、後者の方が未遂の期間が長く、それだけ中止の可能性の範囲も広くなる。しかし、そのことを知りながら、複数の行為による未遂であっても、それらの行為に単一性が認められるかぎり、法律が一つの未遂として一個の行為による未遂と同じに扱うということは、両者の間に生ずる中止成立範囲の広狭の差については、立法者は、これを許容するということなのである。私見のように解するならば、用意周到に複数の犯罪手段を準備した者が、そうでない者に比して有する中止可能性の有利さについては、法の許容範囲に属するものであって、とくに刑事政策上問題となる程度のものではないということになる。

刑事政策的にみた場合、全所為説よりも、むしろ個別行為説の方に問題があるように思われる。これに関して、ロクシンは次のように述べている。行為者が、瓶もしくはパイプレンチで、被害者に死の危険が生ずる程度に強い殴打を加えたが、相手がすぐには死ななかった場合、行為者には、医者を呼ぶ等その他の方法で、相手の命を助けるという中止の可能性が残されている。これに対して、殺意はあったが、死の結果が生ずる程度には強く殴らず、しかもこの一回の殴打をもって止めた場合、死の危険が発生しない以上、医者を呼ぶこと等による中止の可能性は存在しない(殺意をもってする瓶等による殴打は、人の死を惹起するのに充分な行為だとすると、個別行為説によるかぎり終了未遂となる)。したがって、個別行為説にしたがった場合、「あまり危険でない方法で殴打を加えた者が、それによって中止の可能性を棒に振り、生命に危険な殴打を行なった者が、中止の可能性を依然として有する」[49]ということになる、と。

しかし、こうした批判は妥当ではない。けだし、かかる不合理が生ずるのは、とくに個別行為説にかぎったことではないからである。先の設例㈠、すなわちT_1が、殺意をもって、一発の弾丸しか装填されていないピストルをO_1に向けて発砲したが、命中しなかった場合をもう一度考えてみよう。この場合、個別行為説はもちろん全所為説によっても、二発目の発砲の可能性がない以上終了未遂であり、しかも弾丸が外れたために、T_1には治療行為等による中止の可能性がないことは、ロクシンも認めるであろう。

これに対して、一回目の発砲で弾丸がO_1に命中したが、相手がまだ死なない場合、右の両説の何れによっても、T_1には、O_1に手当てを施す等による中止の可能性が残されている。すなわち、この場合には、先の場合に比べて相手に対し生命へのより大きな危険を与えた者の方が、そうでない者よりも中止のより有利な可能性を得るのである。これは、確かに不合理である。しかし、こうした不合理は、右にみたように全所為説の場合にも生ずるのであって、個別行為説の放棄によって解決するものではない（もっとも、全所為説の採用によって、こうした不都合な場合を少なくすることはできる。しかし、問題の本質的解決にはならない）。

これに対して、ロクシンの次のような批判は妥当である。ある者が、殺意をもって最初の殴打を行なった後、中止をしようかと迷ったとき、もし個別行為説のように、初めの殴打は人の死を惹起するのに充分であるから、これについて中止は認められないとすると、その者は、殺人未遂を途中で止めて被害者に訴えられて処罰されるよりも、相手を殺して処罰を免れる道を択ぶであろう。しかし、被害者を助けるよりも、彼の殺害の方が割りに合うような結論にいたる理論というものは説得力がない[50]、と。

もちろん、一般の犯罪者は、個別行為説など知る由もないから、実際上こうした事態が起こる可能性はほとんどない。しかし、このことによって、個別行為説は右の批判を免れるものではない。けだし行為者に、犯罪の中止より、

犯罪の遂行を促す効果をもつような考え方というものは、刑法理論それ自体としての正当性を失うものだからである。(51)

個別行為説の立場に立つヤコプスも、犯罪実現のために数個の手段を準備した用意周到な者が、そうでない者に比して、中止につき有利な取扱いを受けるものではないこと、(52)また刑事政策的にみた場合、個別行為説の方が不利であることを認めている。(53)

(二)次に、実際上の根拠とは、全所為説にしたがうと、中止の有無が被告人の答弁の内容に左右されてしまう危険性がある、というものである。たとえば、行為者が射殺に失敗した後、実際には他に殺害手段がなかったために犯罪を遂げられなかったにもかかわらず、弁護士の助言であるいはみずからの考えで、自分は射殺に失敗した後、相手をナイフで刺殺しようとしたが止めた、と虚偽の答弁をしたとする。この場合、全所為説によれば、射殺行為と刺殺行為とが単一の所為を形成すると認められれば、刺殺行為の中止を理由として中止未遂が成立することになるが、そうなると、右の答弁が虚偽であることが反証されないかぎり、彼に中止犯を認めざるをえなくなって、妥当性を欠くというのである。(54)

確かに、そうした場合があることは否定できない。しかし、事件についての審理の経過で明らかにされた個々の事実から、中止時における行為者の表象内容を推し量ることもできる。(55)たとえば、行為者が殺害目的でピストルを発射した後、これを止めた場合、またナイフで刺した後、これをよした場合、さらに鈍器で殴打した後、これを中止した場合、ピストルにまだ弾丸が残っているか、あるいは手許に弾丸を所持していた事実が認められるかぎり、またナイフや鈍器が依然使用可能な状態にあったことが窺えるかぎり、特段の事情がなければ、行為者に犯行継続の可能性が認識されていたことが認められてよい反面、そうでない場合には、かかる可能性の認識が否定されてもよいであろう。さらに、行為者が或る手段による犯罪実現に失敗した後、自分は別の方法による実行も可能であったと主張するならば、彼が実際にその手段を用いうる状況にあったか否か、すなわち、別の方法がピストルやナイフであるというならば、それらの所持や即座の入手可能性の有無、絞殺や拳による殴打であるというならば、相手との腕力の優劣等によって、その者の継続可能性の認識を推測するも不可能ではあるまい。

むろん、右のような方法では、行為者の表象内容を明らかにすることができない場合もあり、そのときには、被告人の答弁の仕方によって、中止の有無が決定されてしまうこともある。しかし、こうしたことは、何もここでの場合にかぎったことではない。犯罪の成立の有無に行為者の主観がかかるとき、同様なことが起こりうるのである。任意性の有無についても、これを判断するための客観的事実がない場合、被告人の答弁の仕方によってそれが決定されてしまう可能性がある。たとえば、実際は行為者が風の音を家人が帰って来る足音と勘違いして窃盗を止めたのに、弁護士の助言であるいはみずから考えて、自分は良心の呵責からこれを中止したと答弁した場合、それが虚偽であることを証明する他の証拠がない以上、彼には任意性を認めざるをえないであろう。したがって、全所為説を採ると中止の有無が被告人の答弁に左右されてしまうことになる、という批判は当らないこととなる。(56)

㈢最後に、理論的根拠についてであるが、ここでは、これに関して詳細な理由づけを行なっているウルゼンハイマーとヤコプスの見解を紹介する。まず、前者は次のように述べている。

「それ自体で結果を惹起するのに適した行為がなされた後は、既遂となるか否かは、行為者からみて、もっぱら偶然に左右されるものであっる。それゆえ、目指した構成要件が実現されなかった場合、それは、実際に行なわれた行為に関しては、脅かされた法益を侵害から守るための意識的な転向行為に基くものではなかったのである。すなわち、旧刑法第四六条および現行刑法第二四条第一項第一文（ともに中止未遂の規定――訳者注）が、不法の減少に基く免責要素（Entschuldigungskomponente）を充足するために要求する、右の転向行為に基くものではなかったのである。そのかぎりで、考慮の対象とされうるのは、結果を期待してすでになした最初の実行行為が失敗したのを認めた後、さらなる行為を行なうことを放棄したということだけである。より正確にいうならば、未遂に結果無価値が欠如したのは、ここでは、行為者の法益を守ろうとの決意に由るものである、という理由をもって」(57)。

行為者が相手に対する攻撃をさらに続けていたならば、結果が発生したであろうような場合において、その攻撃を続行しなかったということは、明らかに「功労的」なものである。「しかし、こうした事実は、所為が既遂とならなかったという観点の下においてのみ、即ち未遂の可罰性の枠内においてのみ、任意的に刑を減軽するものとして、従ってまた責任を減軽するものとして考慮されうるにすぎないものであって、それ以外の何ものでもない。なぜならば行為者が、行為を中断したときに、まだ具体的な反復可能性や、その他の方法による継続可能性を手中にしていたとしても、こうした事情は、客観的な事実の経過の全く偶然的な結果か、もしくは用意周到な計画のいずれかだからである。つまり、こうした事情は、〝責任〟とは全く無関係なものであるか、それとも特別な危険性の表出、即ちより大きな犯罪的攻撃性の表出、従ってより重い責任の表出の何れかである。このことから、次のようなことが結論づけられる。具体的で且つかかるものとして認識されたさらなる結果実現のチャンスを利用しないことは、そのチャンスが、行為者の計画したよりよい装備に基くものであろうと、計画外の所為事情の発展に基くものであろうと、〝中止〟の視点の下では、即ち、必然的に責任を減軽するような行為者の行態を前提とする〝中止〟の視点の下では、無意味なものなのである(58)」と。

これに対して、ヤコプスは、結果の不発生が偶然に由るものではなく、功労的なものにかぎって中止は不処罰であるとする右の見解は一部でしか通用せず、偶然が行為者にとって有利に働いてはならぬ、というような格律は刑法上存在するものではなく(59)、それは、未遂の可罰性において明らかであるとし、ウルゼンハイマーの考え方に対してやや批判的な態度をとった後、次のように述べている。

「しかし、どんな偶然でも行為者にとって有利となりうるものではない。行為者が影響力を確保することなく手放したものは、彼にとって終了した行態なのである。すなわち行為者は、今やその後の経過とは全く無関係なのである。行為者が反復を放棄しても、それによって、過去になされたことの意義や効力がもはや変更されうるものではない(60)」と。

そして彼は、こうした考えを、その後の論文の中でさらに詳しく次のような説明をする。未遂における不法とは、既遂の場合におけるそれと同様に「規範違反（Normbruch）」、すなわち「許されない危険な行態（unerlaubt riskantes Verhalten)」である。[61] 行為者が規範に抵触する行態を行ない、その行態を手から離したとき、その行態は過去のものとなる。それゆえ、かかる場合には、もはや中止は問題とならず、その後の行態（Nachtatverhalten）の可能性だけが残る。しかし、行為者が行態を手放したと認められるのは、いつであろうか。この問に対する答は、彼がその後の世界へ対する影響力を失ったときである。なぜならばそのとき、行為者が影響力を喪失した世界と、まだそれを保持する世界との間に分水嶺が生じるからである。[62]

「現在のみが変更可能である。過去は呼び戻されない。過去において開始され今なお修正可能な行態の場合にかぎって、不処罰の中止は無条件に許されるのである。そのためには、行態が初めから現在まで継続しており、かつその後も継続することが必要である。そうでない場合、すなわち、過去の行態が今ではもはや変更不能なものと認められた場合、もしくは現在において何ら変更の機会が生じない場合、その行態は完全に過去のものとなったのである（dann ist der Sinnausdruck der Vergangenheit definitiv, eine in sich abgeschlossene Mitteilung）。かかる場合、撤回しても、それは新たな行態、まさにその後の行態なのである。すなわち、ここで問題となっている対立は、所為の変更と一般的なその後の行態の対立（Tatänderung versus allgemeines Nachtatverhalten）という図式になるのである」と。[63][64]

このように、同じ個別行為説でもウルゼンハイマーとヤコプスとでは、その説くところに若干の相違のあることが判る。すなわち、先の設例㈢についていえば、T_3が最初の発砲行為の失敗後、二回目の行為を思いとどまっても一回目の行為が中止とならないのは、前者の見解によれば、初めの弾丸が命中しなかったのが偶然に由るものであって、彼の「功労」に由るものではなかったからであるのに対して、[65] 後者の見解によれば、最初の行為がT_3の手を離れてもはや変更不能となった以上、それは過去のものとなったのであり、過去の行為についての中止は考えられえないからである。[66] しかし反面、両者とも規範的視点ではなく、事実的視点の下に立って問題を考慮している点で共通点をもつ。

確かに、法律的観点を離れて、純粋に事実的観点から問題を観察するならば、右の学説のいうとおりである。しかし、規範的にみた場合には事情は異なる。すなわち法律が、数個の行為を、たとえその各おのが結果を惹起するのに充分であったとしても、単一の所為とみなし、それらに一つの未遂行為と同じ法律効果を付与するのは、事実的にみれば複数の行為であっても、規範的にみれば、それらに対する違法評価、責任評価は一つの未遂行為に対するそれと質的には同じだからである（さもなければ、同一に扱われることはない。けだし、犯罪が違法と責任とから成るものだとすると、それらの評価が質的に異なれば別罪を構成するからである）。たとえば、行為者が三回発砲して、被害者に対する死の危険を三回生ぜしめても、規範的には一つの危険を生ぜしめた場合と変わらないこととなるのである。もしそうならば、単一の違法・責任評価の枠内に存する危険はいわば連続した一つの危険であって、この連続した一つの危険が継続する間は、事実的にはともかく規範的には未遂は終了しないこととなる。かように考えた場合、設例㈢で、T_3が二回目の発砲行為を思いとどまったことは、それによって、一回目の発砲行為から二回目にいたる連続した危険を途中で遮ったという意味で功労的であり、また二回目の行為が終了するまでは危険が継続するという意味で、それまでの行為の修正が可能であるということができる。個別行為説は、事実的考察方法に因われすぎている憾みがある。

第三目　全所為説

私は、右の㈢に対する反論として述べた理由から全所為説に与するものである。この説は、行為者が犯罪を実現するのに用いた最初の手段が失敗した後、彼にまだ残されている他の手段が初めの行為と単一の所為（Tat）[67]を形成すると認められるときは、たとえ初めの行為がそれ自体で結果を惹起するのに充分なものであったとしても、後の行為が完了するまでは未遂は終了しないとするものである。BGHも、有名なフラッハマン事件に関する一九五六年一二月三〇日の判決[68]において、行為者にとって一定の手段が問題となっていない場合にかぎってではあるが、全所為説の結論を認めている。

被告人は、彼の行状ゆえに婚約を解消したかつての許嫁とよりを戻すことを話し合うため、彼女を車に誘い、その中で再び交際してくれるよう頼んだが、同女がこれを拒絶したことに激昂し、相手が死ぬかもしれない程度の暴力を加えることを決意して、バックシートにあったフラッハマンと呼ばれる八分の三リットル瓶で彼女の頭を強く殴打したが、これでは相手が死なないことを知り、また車内が狭いこともあって、これ以上強く瓶を振り上げることは無理だと思い、殺人の決意[69]を別の方法で実現せざるをえないと考え、直ちにその場で両手をもってかつての許嫁の首を力いっぱい絞めたところ、同女が気絶したので突然彼は犯行を止めたが、その理由は相手が死んだものと思ったためか、それとも考え直したかは定かでない。その後、彼女は意識を取り戻して車から逃げ出した。

この事案に関連して、BGHは以下のような原則をうち立てた。㈠「行為者が予想に反して初めの手段に失敗した直後、続けて別の方法で同一の犯行決意を実現しようとするとき、通例、自然行為の単一性が存在する。けれども、行為者にとって最初から一定の手段を用いることが問題であったとき、第二の行為の部分は独立した行為とみなされうる」。㈡「（未遂の段階にとどまった）最後の行為の中止は、この行為が全事象から独立したものでないかぎり、単一性を形成するすべての行為に及ぶ[70]」と。学説も、右の判例同様、いかなる場合に数個の行為が単一の所為と認められるか否かの基準につき、これを一般に競合論における「自然行為の単一性（natürliche Handlungseinheit）」に求めようとする。

これに対して、個別行為説からする次のような批判がある。「未終了未遂の範囲を確定する際に問題となるのは、複数の未遂が一つの可罰的行為を示すかどうかではなく、行為の継続を任意に断念した結果として、一つもしくは数個の未遂が未遂行為として不処罰とされうるか否か、ということである[71]」と。そのいわんとするところは、畢竟、競合論においては、複数の未遂をどの範囲まで一つの未遂行為として処罰すれば足りるか、ということが問題であるのに対して、中止犯論においては、数個の未遂をどの範囲まで一つの中止未遂として不処罰としてもよいか、ということが問題であって、両者は異なった問題領域に属するものであるから、競合論における「自然行為の単一性」という概念をそのまま中止犯論にもち込むことはできない、ということであろう。

確かに、同じ刑法上の概念とはいっても、競合論と中止犯論では刑法におけるその機能を異にするから、一方の領域に属する概念を他方の領域にもち込むことはできない、とする議論は実に正しいものである。しかし、次のように解することによって、右の批判を回避することができるであろう。すなわち、中止未遂とは、いうまでもなく、未遂の可罰性を阻却・消滅させるものである。そして、その可罰性が阻却・消滅させられる未遂行為とは、これを素直に考えた場合、ドイツ刑法第二二条[72]に規定する未遂であろう[73]。すると、数個の未遂行為が行なわれ、その各おのがそれ自体で結果を惹起するのに充分なものであったとしても、第二二条の解釈上一つの未遂とされるなら、同法第二四条（中止の規定）においても一つの未遂行為として扱われてもよいはずである。もしそうならば、競合論における未遂行為の単一性も中止犯論におけるそれも全く同一なものなのであるから、後者の場合に、前者の自然行為の単一性という概念を援用しても何ら不都合はないことになる[74]。

そこで、次に問題となるのは、この自然行為の単一性の具体的内容についてであるが、これに関して、イェシェックは、かかる単一性が認められる条件として、「部分的行為の密接な時間的連関、未遂行為の反復によって不法内容が量的にしか高められないこと、単一の動機状況の存続[75]」を挙げる。これを参考に、私なりに単一性の条件を示すと以下のようになる。まず、事実的観点においては、中止行為とそれ以前の行為との間に故意の同一性が認められること、したがって新たな故意が認定されてはならないこと。両者の行為が同一の法益侵害に対して向けられていること。さらに、これらの行為が時間的、場所的に密接して行なわれたこと。次に、規範的観点においては、両者の行為の間における違法性と有責性の内容に量的相違はあっても質的相違があってはならないこと。以上のことを綜合的に判断して、行為の単一性を定めるべきである。

かつてバウマンは、個別行為説の立場から、九九回発砲して命中させることのできなかった者が、百回目の最後の一発を発射しなかったことを理由として、九九回目までの殺人未遂の可罰性が消滅するのは不都合である旨の批判をしたことがある[76]。しかし、もし中止がなければ、かかる行為が一つの未遂として処罰されるような場合ならば、中止のあった場合に一つの未遂に対する中止犯として、右の九九回の発砲行為を不処罰としても何ら不合理ではない。

第二項　わが国における議論

一　前項で考察した問題は、わが国では、実行行為の終了時期をめぐる問題として扱われている。そしてこれに関しては、周知のように、ドイツにおけるのと同様この地においても三つの見解が鼎立している。すなわち、主観説、客観説、折衷説の三説がそれである。

㈠主観説は、行為者の計画を基準として、実行行為の終了時期を決するものである[77]。たとえば、ピストルで人を殺そうとするとき、一発で殺す計画であった場合には一回の発砲で実行行為は終了し、二発で殺す計画であった場合には二回の発砲で実行行為は終了する。したがって、殺意をもって相手にピストルを一回発射したが当らず、二回目が可能であったにもかかわらずこれを止めた場合、行為者の計画が一回の発砲であれば中止の可能性はないのに対して、二回の発砲であればその可能性があるということになる。

㈡客観説は、未遂行為が結果を惹起する客観的可能性があるか否かを問い、もしあるとすれば実行行為は終了したものとする[78]。したがって、右の設例の場合、ピストルの発射という行為は人の死を惹起する客観的可能性をもつものであるから、行為者の計画内容とは一切無関係に、一回の発砲で実行行為は終了したものであり、二回目が可能であっても中止の可能性はないこととなる。

㈢構成要件単一説[79]は、犯行当時の客観的事情と主観とを綜合して客観的に判断しようとするもので、右の設例についていえば、一回目の発砲と止めた二回目の発砲とが一つの構成要件行為としてみなされるか否かによって、実行行為の終了の有無を決しようとするものである[80]。したがって、もし一つの行為であるとみなされるならば、二回目の発砲を行なわないことによる中止の可能性があるのに対して、一つの行為でないとするならば、初めの発砲で実行行為は終了しているからもはやその可能性はないこととなる。

こうした叙述から明らかなように、わが国における主観説はドイツの所為計画説に、客観説は個別行為説に、構成要件単一説は全所為説に略ぼ対応するものである。したがって、ここでは前項で述べた理由から最後の説が妥当であり、他の二説については先に示した批判がそれぞれ当てはまることとなる。

二　次に、ここでの問題に関する我が国の主要な判例のいくつかについてみてみよう。(81)

(一)証券会社のセールスマンである乙は、その友人甲と、顧客であるXの株券を横領してその犯跡を隠蔽するため、登山と称してXを丹沢山中に誘い出し、そこで同人を殺害することを計画、実行の衝に当った甲は同山中に連れ出したXを殺害すべく、翌早朝、熟睡しているのを認めるや、a附近にあった大人の頭大の石を立ったまま頭の上から三回にわたって相手の頭部に投げ下ろし、b次いで、所携の手拭をXの首に巻いて絞め上げたまま引摺って沢の水の中に顔を押え入れたが、同人が抵抗し逃げようとしたので、手拳で一回相手の顔面を殴打して水中に顛倒させたが、Xはなおも起き上がり逃げ出した。甲はXの傷の様子からみて遠くへは行くまいと考え、しばらくこれを見送っていたが、相手の姿の見えなくなったところで、前夜見た附近の人夫小屋に救いを求められてはまずいと思い、Xの後を追って同人を捜し出し、c殺害の目的を遂げるべく包丁を携えて近寄ったところ、相手は水に濡れたまま頭から血を流し茫然とした状態で、甲に対し「どなたさんですか」と尋ねた様子をみて可哀相に思い、殺害行為を思いとどまり、Xに応急手当てを施した後、医者へ連れて行った。

有名な丹沢山中事件(82)である。東京地裁は、この事件について、aからcの行為を一つの未遂として、これに中止犯を認めた。そこで問題となるのは、こうした結論が右の三説の中何れに由るものであるかということである。まず、主観説についてみた場合、ここでの結論がこの説に依拠したものでないことは明らかである。けだし、もし主観説に由ったものであるとすると、その前提として、ここでは、aからcの行為が行為者の計画内のものであったか否かが問題とされなければならないが、判決はかかる問題に言及することなく、むしろaの行為について、それがXの死を惹起しうるものであるかどうかについてだけ検討を行なっているからである。

そこで、かような検討を行なっていることから、本件の結論は客観説に由ったものではないかとも考えられる。しかし、もしそうであるならば、aに属する、石の投げ下ろしによる三回の暴行行為の各おのについて、その行為の死の結果に対する可能性を認定すべきであるが、かかる認定方法は行なわれていない。すなわち、「被告人甲は……その犯行の遂行を思い止まる前に既にXに暴行を加え、これによりXの頭部に傷害を与えており、その傷は……」とし、また「被告甲が石を以てXの頭部に加えた暴行はXを死に致す可能性ある危険な行為であったといわなければならない」として、三つの行為を一括して、それに対するXの死の可能性の有無を判断している。

しかし、客観説の立場では、本件のaのように同じ行為が数回繰り返された場合、そのそれぞれについて、それが法益侵害を惹起しうるものであるか否か検討するのが原則である。たとえば、ある者が殺意をもって相手に対しピストルを三回発射した場合、その三回の発砲行為を一括して死の結果の可能性を判断するのではなく、その各おのについて判断するのである。すると、ここでの判決が客観説に由ったものでないことも明らかである。

かように観た場合、本件での結論は構成要件単一説に依拠したものと考えるのが妥当である。すなわち、aの三回の行為を包括して、それらに対する甲の死の可能性の有無を判断しているのは、これらを一つの行為とみているからであろう。また、aからcの行為に対して中止犯を認めたのも、それらが一つの未遂を構成すると考えたからであろう。

(二)甲とXとの男女間のもつれから、甲と乙とはXの殺害を共謀し、乙が日本刀で両人の前に正座しているXの右肩辺りを一回切りつけたところ、同人が前かがみに倒れたので相手の息の根を止めようと二の大刀を加えようとしたところ、甲が乙に対してもう止めるよう命じたので乙もこれに応じてさらなる攻撃を中止した。その後甲は、乙ら数名の者に言いつけてXを病院へ連れて行かせた(83)。

本件での問題の焦点は、初めの一の大刀だけですでに殺人の実行行為が終了したか否か、ということであった。原審はこれを肯定したが、東京高裁は次のように述べてこれを否定し中止未遂を認めた。「被告人らとしても、右被告人乙がXに加えた最初の一撃で同人を殺害できたとは考えず、さればこそ乙は続けて次の攻撃に移ろうとしたものであり、Xが受けた傷害の程度も右肩部の長さ約二二センチメートルの切創で、その傷の深さは骨に達しない程度のものであった（……）のであるから、被告人らのXに対する殺害の実行行為が原判示乙の加えた一撃をもって終了したものとはとうてい考えられない（……）。してみれば、本件はまさに前記着手未遂の事案に当たる場合」である、と。

右の判示からも判るように、ここでの判決も、㈠の判例同様主観説にしたがったものではない。未遂の終了の有無を行為者の計画内容からではなく、一の大刀のXに対する死の可能性の存否によって決しているからである。問題は本件の結論が客観説に由ったものか、構成要件単一説に由ったものかということであるが、右の判旨からだけではその何れとも決しかねる（どちらの説からも説明可能である）。

㈢甲は精神病の妻Xを殺害してみずからも自殺しようと決意し、aまず、ウイスキー瓶で寝ていた相手の左前額部を一回殴打し、b次いで、先端が何ミリか欠けている裁ち鋏の刃先の部分で同女の咽喉部から右頬にかけて十数回突き刺し、cさらに、電気炊飯器の電気コードで同女の頸部を絞めつけたが、Xの出血をみて驚愕するとともに強い憐憫の情を抱き、犯行を中止しその後直ちに救急車を呼んだ(84)。

これに対して、横浜地裁川崎支部はaからcの行為について中止未遂を認め、その理由を次のように述べている。「前叙のような傷害、出血の程度、被害者が受傷後自ら消毒をしたり電話に出ることができた状況等に照らすと、本件は実行行為の終了前にその実行を放棄した着手中止の色彩が強いばかりか」、犯罪後「直ちに救急車を呼んだことから結果防止に真摯な努力をしなかったとはいえず、その結果被害者は確実に死を免れたのであって、その面では実行中止の要素もあり、結局のところ本件は外部的障害の存在は否定されないけれどもそれのみによって未遂に終ったとはいえず、むしろ積極的な自己の意思により殺害を中止したと認めて差支えのない事案である」と。

未遂終了の有無を、行為者の計画内容からではなく、aからcの行為のXに対する死の可能性の存否の判断に求めていること、しかもその判断は右の各おのの行為に対してではなく、一括して行なわれていることからみて、本件の判決は、㈠の判例同様構成要件単一説に由ったものであると考えてよいであろう。

㈣甲は、以前親しかった女性Xの自分に対する態度が急変し冷たくなったと邪推し、本人の気持ちを確かめ、もし自己に好意をもっておらず騙していただけならば、相手を殺して自殺しようと決意し、絞殺用にファスナー一本を準備携帯し同女の経営するスナックに赴いたが、そこでの相手の態度からやはり自分は騙されていると思い込み、無理心中を企てXの首に右ファスナーを一回巻きつけて絞めつけたところそれが切れたため、調理場にあった包丁で相手の頸部前面を左から右に真横に一回切り裂いたが、多量の出血をみて驚き正気を取り戻すや警察署を通じて救急車を呼び、その間Xの求めに応じて応急手当てを施した(85)。

これに対して、裁判所は甲の中止未遂を認めたが、ここでの判決もまた主観説を採用してはいない。すなわち、甲が絞殺用にファスナーを準備携帯していたとすると、彼の当初の計画ではこれによる絞殺であったと推測せられるが、それにもかかわらず、裁判所はその後の包丁による切り裂き行為にまで中止を認めているからである。しかし、この判決が客観説、構成要件単一説の何れに由るものであるかは、㈡の判例同様、判旨からだけでは不明である。

右の四つの判例の観察を通じていえることは、①ここでの問題について、判例が主観説を採用していないこと、②未遂終了の有無の判断時期を行為時ではなく中止時に求めていること(86)（主観説を採っていない以上当然である）、③判決の結論において、構成要件単一説の立場からも是認しうるものであること、である。

③について、もう少し詳しく述べると、私が先に示した所為の単一性の判断基準から観た場合、まず、判例㈡〜㈣においては各おのの行為が同一場所、同一時間内において行なわれていること、また㈠においては必ずしも同じではないが、場所的にも時間的にも比較的密接していること、次に、同一の被害者に対して継続した殺意をもって犯行が続行されていること、最後に、それぞれの行為に、違法性もしくは有責性を質的に異ならしめるような事情がとくに

存在しないこと等からして、右の四つの判例の何れについても所為の単一性が認められるものである。

第二節　中止行為

前節において、未終了未遂と終了未遂との区別が明らかとなった。そこで、次に問題となるのは、こうした区別にしたがっての其ぞれの中止行為の内容である。しかし、その内容の検討に入る前に、両者の中止行為に共通する一般的な事柄について述べることとする。

前章で示したごとく、中止未遂とは、未遂行為によって外界に表わされた行為者の反規範的意思を合法な意思に転換し、かつ法益侵害惹起に対する危険性を消滅させることによって成立するものであり、中止行為は、後者の要件、すなわち危険性の消滅に関するもの[87]である。

㈠まず、中止行為の目的たる危険性の消滅とは、客観的な消滅であることを要する。すなわち、客観的危険性が生じて始めて、未遂が可罰的になるのと同様、危険性が客観的に消滅して始めて、中止は不処罰もしくは刑の必要減免となるのである。したがって、危険性の消滅の有無の判断は、未遂の場合におけるのに相応して一般人を標準とする。それゆえ、中止行為における危険性の消滅とは、中止者が、未遂行為を通じて一般人に抱かせた法益侵害に対する危険の念を再び取り除いたことを意味する。もっとも、同じ一般人といっても、未遂と中止とでは、その感じ方において後者の方が厳格であろう。けだし普通の人は、前者の場合には、多少なりとも法益侵害の可能性があれば危険の発生を感じるのに対して、後者の場合には、多少なりともその可能性がなくなれば危険の消滅を感じるのではなく、確実に近い程度にまでなくなって始めて、危険が去ったと感じるであろうからである。

㈡次に、こうした危険の消滅が、中止未遂によって生じたものでなければならないことはもちろんである。この

「中止行為」とその結果としての「危険の消滅」との区別は重要である。後にみるように、ドイツの学説の中には、この区別が認識されていないために両者を混同して、中止行為に対して過大な要求をするものがあるが、これは誤りである。こうした区別は、未遂の場合を考えれば判るであろう。この場合、厳密にいえば、その可罰性を基礎づけるのは、未遂行為そのものではなく、その行為によって生じた法益侵害に対する危険である。中止の場合も同様で、その不処罰・減免を基礎づけるのは、中止行為そのものではなく、その行為の結果生じた危険の消滅なのである。

(一)で述べたように、中止行為は危険性を客観的に消滅させなければならないとすると、当然その行為は、客観的にそれに適したものでなければならない。客観的に適したとは、一般人からみて、それが危険性を消滅させる可能性をある程度有していれば足り、必ずしもそれを消滅させるに確実に近いものである必要はない、ということを意味する。

これも、未遂との関係で考えればよく判る。すなわち未遂行為は、それが結果を生ぜしめるのに客観的に適したものであることが要求されるが、それは法益侵害を惹起するのに確実性の高いものである必要はなく、ある程度その可能性を有していれば足りるであろう。中止行為もこれと同じである。そして、かかる可能性をもった未遂行為が行なわれ、その結果、法益侵害が惹起されれば既遂となるのと同様、危険性を消滅させる可能性を多少なりとももった行為がなされ、危険性が消滅すれば中止となる反面、確実に近い行為がなされても結果が発生しなければ既遂とならないように、高い可能性をもった行為がなされても危険が消滅しなければ中止とはならないのである。したがって、「中止行為」とその結果としての「危険性の消滅」とは、ともに客観的に判断されなければならないが、その客観性の程度は異なるのである。すなわち、前者においては、ある程度の可能性で足りるのに対して、後者においては、確実性に近い程度のものが要求されるのである。[88]

(三)最後に、中止行為は故意になされたものでなければならない。[89] その理由は二つある。その一つは、刑法が中止行為として規定するドイツ刑法第二四条の「放棄する（aufgeben）」、「阻止する（verhindern）」、およびわが刑法第四三条但書の「止メタ」という文言は、みな意思的要素を含むと考えられること、他の一つは、行為者は法益侵害の危険を故意に生ぜしめたのだから、その危険もまた故意に消滅させなければならないと思われること、の二つである。これに対して、中止を違法性の問題としつつ、他面において、故意を未遂の主観的不法要素としない立場では、論理的必然性に中止行為に故意が要求されないこととなるが、妥当とは思われない。

そこで、以上のことを基に中止行為を定義すると、それは中止の意思をもって、結果発生に対する危険性を消滅させるのに客観的に適した行為を行ない、それによって、かかる危険を一般人からみて確実に近い程度に消滅させる行為ということになる。

第一款　不作為による中止行為

不作為による中止行為が問題となるのは、作為犯の未終了未遂の場合である。そこでの未遂は、結果を発生させるのにいまだ充分な行為がなされていないから、法益侵害に対する危険性を客観的に消滅させるには、以後の行為を放棄するという不作為をもって足りる。したがって、中止行為の客観的な内容それ自体については殆ど問題はない。問題があるのは、中止行為たる不作為の意思、すなわち行為の継続を放棄しようとする意思についてである。前述のように、中止行為は故意になされなければならないとすると、行為の継続の放棄も故意に、したがって放棄の意思をもってなされなければならない、ということになる。

一　ドイツでは、この意思の内容をめぐって二つの立場が対立している。(90) その一つは、行為者が、実際に着手した具体的な実行行為を完全に放棄する意思をもって、その行為を中止すれば足りるとするものであるのに対して、他の一つは、かかる意思だけでは不充分であり、犯意の完全な（endgültig, im ganzen und endgültig, definitiv）廃棄、すなわち将来に向かっても同じ当該犯罪行為を行なわないという意思をもって、行為を中止しなければならないとするものである。前者の立場は、具体的観察方法（konkrete Betrachtungsweise）と呼ばれ、後者の立場は、抽象的観察方法（abstrakte Betrachtungsweise）と呼ばれる。[92] たとえばメッガーが、「行為者が、すでに成し遂げた状態を後に継続する意思でないかぎり、具体的な実行の中止で足りる」[93]とするのが前の例であり、[94]ヴェルツェルが、「行為者は、所為計画を完全に放棄しなければならない」[95]とするのが後の例である。[96]また判例は、中止についての第四六条の「規定は、行為者が、みずからの犯罪決意の貫徹を完全に放棄することを前提とする」[97]として、後者の立場に立っている。

では、何れの観察方法に与するべきであろうか。マウラッハは、両者の見解の対立は、中止に対する倫理性の要求の有無に由るものであるとする。[98]すなわち、中止に対して倫理性を求める立場では、抽象的観察方法を採る結果になるのに対して、求めない立場では、具体的観察方法を採る結果になるという。また、シュミットホイザーも、計画の完全な放棄を要求する見解は、中止が道徳的価値に充ちたものであることを前提とするものである、[99]と批判する。

確かに、放棄の意思を任意性の問題だとし、任意性に倫理を求めるとすると、[100]犯意の完全な放棄が要求されることになるであろう。けだし、犯意、すなわち反道徳的な意思が完全に放棄されなければ、道徳的意味において止めたとはいえないからである。しかし、抽象的観察方法を採る者は、放棄の意思を必ずしも任意性に属せしめるものではなく、また属せしめる者も任意性に倫理を求めるものではないから、右の指摘は当らない。

ここでの問題を考察するにあたって、まず注意しなければならないことは、放棄の意思は任意性の領域に属するものではない、ということである。古くはビンディング、[101]最近ではロクシン、[102]ウルゼンハイマーらによって、[103]放棄の意思が任意性の問題として扱われているが、私見によれば、これは明らかに誤りである。[104]放棄の意思は中止の故意の問題であって、それは中止行為に属すべきものである。[105]もしそうであるならば、ここでの問題の解決は、中止行為の本質からみちびき出されるべきである。すなわち、中止行為とは、法益侵害に対する危険性を客観的に消滅させる行為であるから、どの程度の放棄の意思をもって行為を中止すれば右の危険性が消滅するか、という観点から検討がなされるべきなのである。

そこで、こうした視点から考察した場合、中止行為によって消滅されるべき危険とは、いうまでもなく、行為者が着手した未遂の法益侵害に対する危険である。したがって、この未遂の危険が消滅したと言いうるためには、この未遂に含まれるすべての危険、換言すれば一つの未遂行為とみなされる個々の行為のすべての危険が消滅しなければならない（一つの未遂行為に属する行為の一部でも実行する意思が残っていれば、当該未遂の危険が完全に消滅したとはいえない）。それゆえ、放棄の意思は、単一の未遂を構成するすべての行為に及ぶことを要し、かつそれで足りると解すべきである。したがって、犯意の完全な放棄は不必要である。その理論構成は同じではないが、ここでの問題を行為の単一性との関係で解決しようとする試みは、すでにM・E・マイヤー(106)に見られ、最近ではレンクナーが具体的観察方法との関係で次のように述べている。

「単独正犯の中止の場合において、行為者の放棄が完全なものでなければならないかどうか、また、どのような意味で完全でなければならないか、ということがこれまで争われてきた。けれども実は、こうした議論の場においても、問題なのは所為（Tat）の概念なのである。あまり注意されないことが多いが、法律が第四六条第一項（未終了未遂の中止の旧規定――訳者注）で述べているのは、〝意図（Absicht）〟の放棄ではなく〝意図した行為（beabsichtigte Handlung）〟の放棄なのである。この点に関するかぎり、よりはっきりしているのが新たな第二四条第一項第一文の文言である。そこでは、〝所為の実行の継続（weitere Ausführung der Tat）〟の放棄について述べられている。こうした二つの規定の文言から、ここでは、行為者がすでに着手した所為の継続を放棄すればそれで充分である、と解せざるをえない。なぜならば、彼が概念上〝放棄〟しうるのは、将来の所為とは異なって、右の着手した所為のみだからである。将来の所為の場合、放棄しうるのは実行ではなく、実行に向けられた意図のみであろう。そこで問題なのが、中止したその後の行為が新たな所為としてみなされるか、それともこれまでの所為の継続としてみなされるか、がどのようにして決せられるかである。これを決する基準となりうるのは、ひとり行為の単一性についての規則である(107)」。そして、「さらなる行為が、初めに着手した未遂と密接な時間的、空間的関係にあるため、双方が単一なものとして現われるとき」[108]、行為の単一性が認められるのである、と。このように、彼は、具体的観察方法のいう具体的行為の範囲を、単一性を構成する枠内での行為として理解しているのである。[109]

しかし、こうした行為の単一性という観念に対しては、ヘルツベルクからする次のような批判がある。すなわち罪数論の場合には、現実に行なわれた個々の行為が一つの所為として融合されうるか否かが問題であるのに対して、中止犯の場合には、実行された未遂と実行されなかった未遂とが、中止に関する刑法第二四条の意味において一つの所為とみなされるか否かが問題となる。つまり、規範的視点から一つの所為とみなされる個々の行為は、それぞれ現実性（Aktualität）と潜在性（Potentialität）という異なった平面に存するのであって、両者を一つにまとめあげることは困難である、と。[110]

この批判には、二つのものが含まれているように思われる。その一つは、文字どおり、現実性と潜在性という異なった平面に属するものを一つにまとめ上げることが可能かということであり、他の一つは、罪数論の場合、個々の行為は実際に行なわれて具体化しているからそれぞれの行為の比較が容易であるのに対して、中止犯の場合、彼の行為は現実に行なわれておらず、したがって具体化していないから双方の比較が困難であるということである。

まず、第一の内容について、ここで注意すべきことは、中止の前後の行為の関係は、ヘルツベルクのいうように、実行された未遂と実行されなかった未遂とのそれではなく、正確には、実現された未遂と実現されたかもしれない未遂とのそれということである。すなわち、前の行為は、さらに後の行為に発展する可能性があったのである。たとえば、相手に対してピストルを向けた段階でこれを止めたとき、かかる行為は、中止がなければ、次に引金を引くという行為に発展する可能性があった。つまり前の行為は後の行為をその可能性としてその中に含んでいるのである。もしそうであるならば、前後の行為は現実性と潜在性という異なった平面に属するものではなく、潜在性を秘めた現実性の下に存するものであって、この視点の下に両者を一つにまとめ上げることは可能であろう。

次に、批判の第二の内容について、中止の場合、その後の行為については実際に行なわれていないから客観的具体性に欠け、罪数論の場合に比して、確かに、前後の行為の単一性が判断しにくい面があるかもしれない。しかし、この場合においても、行為者の観念においては、継続を中止した行為の内容について、ある程度具体化されていたであろうから（とくに、同種行為の中止の場合）、この具体化を基礎として、それを裏付ける客観事情を斟酌しながら行為の単一性を判断することは、それほど困難ではないであろう。

二　わが国に目を転じた場合、まず、放棄の意思を中止の故意に属せしめるか、任意性に属せしめるかについては、意見が二つに分かれている。すなわち、かつては後者の見解を採る学説が有力であったが[111]、最近では、平野博士の指摘[112]以来、前者の見解を採る学説が現れつつある[113]。

次に、犯意の完全な放棄を必要とするか否かについての問題に関しては、具体的観察方法を採るのが一般的である。たとえば、小野博士は、「其の犯意を絶対に拋棄したことも必要でない。何等かの理由で一応中止しても中止である」[114]とし、中野元判事は、「絶対的に犯罪の意思を放棄する必要もなく、他日改めて実行する意思を有していても、中止すれば中止犯である」[115]としている[116]。

これに対して、平野博士は、実行行為の単一性という観点からこの問題を解決しようとする。いわく、「犯意の終局的な放棄が必要か、一時的な放棄で足りるかは、往々『自己の意思による』か否かの問題として論じられるが、実は『止めた』か否かの問題であり、この問題としてみるとき解決は簡単である。止めるのは当該実行行為である。個々の実行行為を越えた実体的な犯意（そういうものがありうるかも疑問であるが）の放棄があったか否かは問題でない。実行を他日に期し、あるいは他の行為を行うために止めるのが、止めたといいうるか否かは、その他の行為とやめた行為とが一個の実行行為とみるべきかにかかっている」[117]と[118]。こうした見解は、先に示した私見やレンクナーの立場と軌を一にするものであり、正しいものであるといえよう。

第二款　作為による中止行為

前の款でみた不作為による中止行為と異なって、積極的な作為による中止行為が問題となるのは、まず第一に、作為犯の終了未遂の場合である[119]。そこでの未遂は、結果を発生させるのに必要な行為が完了しているから、法益侵害に対する危険性を客観的に消滅させるには、行為の継続の単なる不作為では足りず、生ぜしめた危険を回避すべく積極的な行為に出ることが要求される。したがって、結果の惹起を回避するには、一見不作為で足りるような場合であっても、積極的な作為を必要とすることがある。

たとえば詐欺罪において、TがOを欺罔し、錯誤に陥ったOがTに金員を交付しようとしたところ、相手に済まないと思ったTがこれを受領しなかっただけでは、まだ中止行為は存在しない[120]。Tに中止が認められるためには、Oの錯誤を解消するか（たとえば詐欺の告白）、あるいは解消しないまでも、Oの金員交付の可能性を消滅させる何らかの処置を取らなければならない。けだし、かかる処置をとらないかぎり、錯誤に陥ったOがTに金員を交付する危険性が依然と存するからである[121]。

次に、不作為犯の中止の場合[122]にも作為による中止行為が問題となる。不作為犯の場合、それは行為者の不作為、すなわち一定の行為を行なわないことによって犯罪が実現されるのであるから、その実現を回避するためには、かかる行為を行なうこと、すなわち作為が要求される。ただ、この場合注意しなければならないことは、同じ作為といっても、未終了未遂と終了未遂とではその内容が異なるということである。

不作為犯の場合、行為者に一定の作為義務が発生し、この作為義務の履行によって結果が阻止されうるときが未終了未遂であるのに対して[123]、かかる義務の履行ではもはや結果の阻止が不可能なときが終了未遂である[123]。たとえば、母親が自分の幼な子を餓死させようとして食事を与えるのを止めた場合（H・シュレーダーの例による）、食事の再開によって死の結果を回避しうる間は未終了未遂であるのに対して、子供が衰弱しきっていてかかる方法ではその子の命を救うことはできず、医者の助けを借りなければならないときは終了未遂である。[124] もしそうであるとすると、不作為犯の場合、未終了未遂における中止行為とは、実行の着手時に要求される本来の作為義務であるのに対して、終了未遂におけるそれは、かかる義務を越えたより高度な作為義務ということになるであろう。[125]

第一項　中止行為と第三者の利用

中止行為は、原則として、行為者みずからこれを行なわなければならない。しかし場合によっては、本人単独でこれを行なう必要はなく、被害者を含めた第三者の助けを借りることもできる。これについては、ほとんど異論をきかない。しかし、どの程度まで第三者の力を借りることができるか、ということになるとドイツでは意見が別れる。これに対して、わが国では、判例・学説ほぼ一致して、[126] 昭和一二年六月二五日の判決によって大審院が示した「自ラ防止シタルト同視スルニ足ルヘキ程度ノ努力ヲ払フノ要アルモノトス」[127] という公式にしたがう。しかし、具体的にどのような場合に行為者「自ラ防止シタル」と同視しうるのかについては、必ずしも明らかではない。そこで以下、場合を分けてこの問題について考えてみよう。[128]

㈠中止者が第三者を幇助的に用いる場合　たとえば行為者が、殺意をもって重傷を負わせた被害者の命を助けるために第三者に医薬品を買いにやらせ、これを用いて手当てをした場合がそれである。この場合、正犯が実行行為を行なうのに幇助者を用いてもその正犯行為が否定されないように、行為者が幇助者を用いて中止を行なっても、彼の中止行為が否定されるものではない。

㈡中止者が第三者と一緒にいわば共同正犯的に中止行為を行なった場合　たとえば行為者が、他人の家屋を放火しようとして点火したそれに隣接する物置小屋の火を消し止めるため、第三者と協力して消火行為を行なった場合がそれである。共同正犯において、たとえ全部ではないにせよ、みずから実行行為の一部を行なった者に正犯行為が認められるように、たとえ共同的ではあるにせよ、みずから中止行為の一部を行なった者に対しては中止行為を認めてもよいであろう。ラックナーが、結果を阻止するのに「行為者が第三者と協働した場合、彼は、正犯（また共同正犯、間接正犯）同様その事象を支配しなければならず、それゆえ単に幇助を行なっただけでは足りない(129)」とし、オットーが、「行為者が第三者と協同した場合、結果の阻止が、正犯、共同正犯もしくは間接正犯として彼に帰責されうるものでなければならない(130)」としているのがこれである。

もっとも、ここでの場合には例外がある。それは、承継的共同正犯的な中止は認められないということである。たとえば右の設例で、行為者が消火行為を行なう前にすでに第三者によってそれが行なわれており、後に行為者がこれに加わったような場合である。けだし、法益侵害に対する危険の発生は、元もと行為者に起因するものであるから、その消滅もまた彼に起因しなければならないからである。

㈢中止者が第三者に中止行為をいわば教唆した場合　たとえば行為者がある建物に時限爆弾を仕掛けたが、その後に後悔して、これを取り外そうと車で現場に急ぐ途中車がパンクして爆発時間までに間に合わないため、止むなく警察に電話してこれを取り外して貰った場合がそれである。この場合には問題がある。なぜならば、ここでの行為者は、㈠や㈡の場合と異なって、危険を消滅させる行為にみずから直接関与していないからである。

ドイツの学説の中には、かかる場合に中止行為を認めると思われるものもある。リストが、「第三者によって決定的な協力（entscheidende Mitwirkung）がなされた場合でも、それが行為者の努力によって惹起されたものであるときは〝彼じしんの活動〟とみなされる。たとえば、行為者が毒薬を投与した者に解毒剤を与えるために医者を呼んだ場合がそうである(131)」とし、またH・シュレーダーが、「法律が行為者じしんの活動を要求しているからとって、彼みずからの手で行為しなければならないとはいわれない。ただ、結果の回避が本人の努力に帰せしめられうることは必要である。こうした前提が充たされていれば第三者の行為でも充分である(132)」としているのがこれである(133)。

これに対して、一定の制限を設けようとしているように思われるものもある。ヴェセルスが、「他人の助けを利用する場合、所為の完成の阻止が、少なくとも〝行為者の仕業（Sein Werk）〟として彼に帰せしめられうる」[134]ことを要求しているのがこれである。また、わが国の判例・通説である「自らの防止と同一視」の原則もこれに当るだろう。

では、行為者が中止行為を第三者にいわば教唆した場合、これをどのように扱うべきであろうか。まず、この問題を検討するにあたって考えなければならないことは、その文言上、自己の行為による中止を要求していると思われる中止未遂の規定が、第三者にこれを行なわせた場合にも中止犯を認めるかということである。そこで、これについて観てみると、刑法の主要な任務が法益の保護にあると考えたとき、行為者みずから中止行為を行なうより、それを第三者の手に委ねた方が法益侵害に対する危険性の消滅が高い場合には、刑法は法益保護の観点からこれを許すものであると解することができる。けだし、第三者の手による方が結果回避の可能性が高い場合に、刑法が行為者本人の中止にこだわるときは、かえって法益保護というその任務に背く結果ともなるからである。

また、この問題を、中止未遂の不処罰・減免の政策的根拠から考察した場合、少なくとも、黄金の架橋説および私見である謙抑説の立場からは同様の結論にいたる。すなわち、前説のいうように、中止犯の規定は犯罪防止を目的として設けられたものであるとすると、その犯罪防止を達成するより高い可能性がある場合に、行為者がそちらをとることを刑法が禁ずるとは考えられず、また後説は、苛酷な刑罰をできるかぎり避けようとする思想に基くものであるから、中止が成功する高い可能性がある場合には、それを用いることを立法者は許容すると考えられるからである。

これに対して、褒賞説では他人に中止行為を委ねた場合にまで褒賞を与えることは考えにくいであろう。また、刑罰目的説では、少なくとも特別予防の観点からは、無条件で中止が肯認されるであろう。けだし、中止によって犯罪貫徹の意思が弱いことが認められた以上、中止行為が本人の手によるか他人の手によるかは問題でないからである。

かように観た場合、刑法は、行為者が中止行為を第三者の手に委ねることを否定するものではないが、それが許されるのは、そうすることによって始めて危険が消滅するかまたは本人みずから行なうよりも危険消滅の可能性が高い場合にかぎってである、ということになる。これが第一の要件である。なお、この場合、本人によるよりも第三者による方が危険消滅の可能性が高いと言いうるためには、両者の間に質的な相違がなければならない。たとえば、双方が素人と専門家の関係にあるとか、犯行現場から遠く離れた行為者に対して、現場近くにいる第三者の方が直ちに中止行為に着手できる、といったような場合がこれである。(135)

それゆえ、先に挙げた昭和一二年六月二五日の判例で、父親に対する忿怨を晴らすため自己の放火した父所有の家屋内から「炎上スル火勢ヲ認メ遽ニ恐怖心ヲ生シ」、近所に住む叔父に対して「放火シタルニ依リ宜敷頼ムト叫ヒナカラ走リ去」った被告人について、大審院が、自らの防止と同視しえないとの理由で中止行為を否定したのは正しくなく、この場合、自己の消火行為によると第三者のそれによるとで危険消滅の程度に変りがないのに、第三者にこれを委ねたが故に中止行為が否定されるべきなのである。これに対して、同じく先に掲げた判例（第一節第二款第二項の㈢と㈣の判例）で、行為者みずから被害者を病院に連れて行くことが必ずしも不可能ではなかったと思われる場合で、救急車を呼んだにもかかわらず中止行為が認められるのは、そうすることの方が危険消滅の可能性が高いからである（右の大審院のように同一視の原則を強調するときは、中止行為が否定されるであろう。けだし救急車を呼んだだけでは、みずから被害者を病院に運んだのと同一視されえないからである）。

次に、中止行為を託した第三者から協力を求められたとき、行為者はこれに応じなければならない。けだし、彼は本来自分のなすべきことを第三者に任せたのだから、その第三者から協力を要請されれば、それに応える義務があるからである。これが第二の要件である。むろん、この場合、協力要請がなければ何もする必要はない（第三者が専門家であるような場合、専門的立場から判断して協力を必要とする事柄があれば当然それを要請するであろうから、その必要がないと判断したときにまで素人が勝手な行為をすることは、かえって相手の結果阻止行為を妨げる恐れがある）。以上、二つの要件が充たされれば、行為者が中止行為を第三者に委ねても中止とされる。むろん、行為者において、右の要件以上に積極的に中止に関与することは妨げないが、それは中止行為成立のための要件ではない。

最後に、右に述べたことを基に先の設例について考えてみよう。まず、行為者には第三者に依頼する以外に危険消滅の手立が残されていないのだから、第一の要件は充たされていることになる。そこで、もし警察から協力要請があった場合、たとえば爆弾を仕掛けた正確な位置、どのようにすれば爆発しないようになるか等の情報提供を求められ、行為者がそれに対して真摯に応えた場合には中止を認めてよいであろう。ただし、自首するように要請があった場合には、これに応ずる必要はない。けだし、行為者が協力義務を負うのは危険消滅行為についてだけであって、捜査の協力義務についてまでも及ぶものではないからである。

第二項　中止行為の程度

一　次に、中止行為の程度、すなわち結果発生の危険を消滅させるために行為者がどの程度の行為を行なえば中止が認められるか、の問題に移ろう。ブロイによれば[136]、この問題をめぐっては、現在のドイツにおいて二つの見解が対立するという。その一つは、中止者が何らかの積極的行為を通じて、結果の回避にとって因果的であればよいとするもので、彼は、これを結果に関係づけられた観察方法（erfolgsbezogene Betrachtungsweise）[137]と呼んでいる（しかし中止行為は、結果の回避に対して因果的であればよいという意味で、以下私は因果説と呼ぶ）。他の一つは、中止者の認識している手段の中で最良のものを用いなければならないとするもので、彼は、これを行態に関係づけられた観察方法（verhaltensbezogene Betrachtungsweise）[138]と呼んでいる（しかし中止行為は、中止者のとりうる手段の中で最良のものでなければならないという意味で、以下私は最良行為説と呼ぶ）。

前者の立場に立つものとしては、一九八五年八月二二日のＢＧＨの判例[139]がある。事案は、被害者に対する傷の手当てを行為者みずから行なうことなく、被害者の下で働いている二名の従業員に任せたというものであったが、これに対する判決の中でＢＧＨは次のように述べている。「所為を阻止する者とは、彼が結果をもはや回避しえないときまでに、所為の不完成に対して共同原因となるような新たな因果の連鎖を設定した者である。その際、被告人がより多くの行為をなしえたか否かということは重要ではなく、また所為の阻止に本人の意思とは無関係な他の諸事情が介入したとしても、被告人において、彼に知られている使用可能な手段しか（nur die ihm bekannten und zur Verfügung stehenden Mittel）用いられておらず、この手段が本人からみて結果を阻止しうるものであるかぎり、こうした介入は問題ではないのである[140]」と。また学説では、ショイル、ゲセル、ヴェセル等[141]がこうした見解を支持している。

　これに対して、後者の立場に立つものとしては、一九八二年四月二七日のＢＧＨの判例[142]がある。この判例は、次のように述べている。すなわち、みずから、構成要件に該当する結果を実現する危険を生ぜしめたと認識した者は、「所為の完成の阻止に向けた行為を通じて、所為の断念の意思を表明しなければならない。この行為は、客観的にみてその阻止に充分なものであるか、少なくとも本人からみて充分なものであることを要する。もし彼が実際にとろうとした措置よりもよい手段があるならば、それを用い尽くさなければ（ausschöpfen）ならず、本人から見てそれよりも劣った処置に満足してはならないのである。偶然を回避できるところでは、偶然に任せてはならない。もし偶然に任せたならば、彼はみずからの行動によって所為の完成を阻止したものではないのである。常に彼は、結果発生の完全なリスク（das volle Risiko des Erfolgseintritts）を負っているのである[143]」と。

　また学説では、ここでの立場に立つヘルツベルクが、中止行為は行為者のとりうる最上の行為（Bestleistung）を要求するとして、これを最良性の原則（Optimalitätsgrundsats）と呼び[144]、シュミットホイザーは、中止には行為者の真摯な努力が必要であるとし[145]、この真摯な努力とは、行為者が彼の認識と能力にしたがってなしうる最高のもの（das nach seinen Erkenntnis und Kräften Bestmögliche）を行なうことであるとしている[146]。

　しかし、今日のドイツでは、右の二説の他に、両者の中間的立場に立つものとして、もう一つの見解があるようである。それは、オットーが、中止には最良の行為が要求されるものではない反面、結果の阻止に対する一つの原因の設定でも足らず、「一般的な基準にしたがえば、結果阻止が彼の仕業として帰責されうる」ものでなければならない[147]、としていることから判る。またエイザーが、中止行為をして、開始された因果の連鎖の中断（ein Unterbrechen der in Gang gesetzten Kausalkette）となし[148]、それを、既遂の阻止に対する帰責可能な因果関係（zurechenbare Kausalität der Vollendungsverhinderung）が肯定されたときに認められると考えている[149]のも同じ趣旨であろう（中止行為は、それが行為者に帰責されうる程度のものを要するという意味で、以下私は帰責説と呼ぶ[150]）。

二　これらの見解について観てみるに、まず因果説は広きに失する。この説に由るときは、行為者に、結果の不発生に対する因果の設定が認められるかぎり、それがどんなに小さなものであっても、中止行為が肯認されることになる。そのため、たとえば行為者が殺意をもって重傷を負わせた者を、通行人に助けられることを期待して、人の通りそうな路上に運びそこへ放置したところ、果して通行人によって助けられた場合、あるいは被害者に薬を買う金を与え、その金で買った薬で命が助かったような場合にも中止が認められることになるであろうが、かかる場合にまで中止行為を肯認することは不当である（この説では、第三者を利用しての中止行為が無制限に認められることになるであろう）。

これに対して、最良行為説は狭きに失する。この説を採ると思われるヤコプスは、次のように述べている。「行為者が既遂をもはや確実にではなく、多かれ少なかれ蓋然的にしか回避しえない場合にも中止は不可能である。それは次のような理由に由る。すなわち、行為者が結果の危険を小さくするだけで最早それを消滅させえない場合には、彼が帰責されうるような方法で作出し今や影響を及ぼしえない危険の残滓が存在するからである。こうした危険の残滓が実現した場合、既遂が存在する（争いはない）。それが実現しない場合、その限度で、危険の残滓は欠効未遂にとどまる。かりに危険の残滓が未遂として評価されえないものであるならば、その残滓が実現した場合も、既遂として評価されえないこととなるであろう[151]」と。そして彼は、たとえば被害者を嵐の海の中に投げ込んだ者は、その後救助しようとして救命用の浮輪を投げ、これによって運よく相手が助かったとしても、中止行為は成立しない[152]とし、それは、この場合「行為者は、たとえ危険の残滓が実現しなかったとしても、こうした残滓に対して責任を負う[153]」からであるとする。

しかし、こうした見解は、先に述べた中止行為とその結果としての危険の消滅との峻別を看過するものである。確かに、中止が認められるには、危険の消滅が確実とまではいわないまでも、それに近いものであることが必要である。[154]したがって、危険の残滓があるかぎり、ヤコプスのいうように中止行為は是認されない。しかし、確実性が要求されるのは、危険の消滅であって、それを消滅させるための手段である中止行為そのものではないのである。中止行為は、一般人からみて危険を消滅させる可能性をもった行為であればそれで充分なのである。

未遂において実行行為が認められるためには、それが法益侵害を実現する確実なものである必要はなく、その可能性をもった行為であれば足りるように、中止においても中止行為が認められるためには、それが危険を消滅する確実なものである必要はなく、その可能性をもった行為であればそれで充分なのである。そして、実行行為において、法益侵害の可能性が現実のものとなるかどうかが偶然によって左右されるように、中止行為においても、危険消滅の可能性の現実化は偶然に左右されるのであり、前者において、偶然が行為者の期待どおりに作用して結果が発生した場合には、既遂犯の法律効果が生ずるように、偶然が中止者に味方して危険が消滅した場合には、中止未遂の法律効果が生ずるのである。

右の例の場合、なるほど、浮輪を投げるだけでは危険性が消滅したとはいえない。けだし、嵐の海の中では、投げられた浮輪が相手に届かなかったり、届いて一旦は相手がそれを着けたとしても、再び外れて溺死する可能性が少なからず存するからである。しかし、浮輪を投げる行為は、溺死の危険を消滅させるに客観的に適した行為である。そして、これによって相手が助かれば危険は確実に消滅した（したがって、危険の残滓は存在しない）のだから、中止行為を認めて何ら差支えない。最良行為説は中止に対して必要以上に多くを求めるために、その成立範囲を狭める嫌いがある。

ここでの三説の中では、右の二説の中間的立場に立つ帰責説が結論的には最も妥当であろう。けだし、それは、危険の消滅が行為者に彼の仕業として帰責されうる場合にかぎって中止行為を認めることによって、結果阻止に対する単なる一つの原因設定による中止を排除する一方、中止行為を肯定するには右の帰責可能性の存在をもって足りるとすることによって、最良でない行為の場合にも中止を認めるからである。ただ、この説においては、如何なる場合に帰責可能性が是認されるのか、に関しての判断基準が示されていないことについての曖昧さが残る。

すでに述べたように、私見によれば、中止行為の程度は、客観的に結果発生の危険性を消滅させるのに適したものであることを要し、かつそれで足りる。したがって、たとえ行為者において適切なものであると信じていたとしても、客観的にそうでないものは中止行為たりえない。加持祈とうの類がこれである。ドイツにおいて、迷信犯が処罰されないのと同様、迷信的な手段による中止は不処罰とはならない(155)といわれているのも同じであろう。これに対して、中止未遂を責任の問題として捉える立場では、中止行為に真摯性を求めることはあっても(156)、結果阻止に対する客観的可能性を要求することはない。これは、責任説の論理必然的な帰結である。それにもかかわらず、わが国のこの説の一部には、中止は結果の回避にとって客観的に相当な行為でなければならない(157)とか、真摯性は不要だが防止にふさわしい行為が必要(158)といった見解が見受けられる。しかし、これは理論的矛盾である。けだし、前述したように、この説にとって重要なのは中止者の内心であって、中止行為はそれを推定せしめる補充的機能を有するにすぎないものであるから、彼の内面を徴表しうるものであれば、それがどのような行為であっても構わないからである。したがって、責任説に立つかぎり、加持祈とうであっても、それによって行為者の中止を行なおうとする真の内心的態度が窺われるかぎり、中止犯が認められることになるであろう。それゆえ、たとえばＴが殺意をもって車でＯを轢き重傷を負わせた後、後悔して自宅でＯの命を助けるべく加持祈とうを行なった場合、たとえＯが助かったのが通行人による救助に由るものであったとしても、中止行為と結果の不発生とが是認される以上、Ｔは中止未遂ということになる。

第三項　中止行為による危険の消滅

前項において中止行為の程度が明らかとなったが、中止が認められるためには、いうまでもなく、こうした行為によって危険が消滅したものでなければならない。そこで次に問題となるのは、如何なる場合に中止行為による危険消滅があったといえるかである。この問題を考察するにあたっては、実行行為においてその着手、終了、結果の発生が考えられるように、中止行為においてもその着手、終了、危険の消滅を考えて議論を進めるのが便宜である。以下、これにしたがって考察を行なう。

㈠まず中止行為は、それに実際着手したものでなければならず、着手しようと思っただけでは足らない。このことは、自明の理を述べていることのように思えるかもしれないが、ドイツには、着手しようとしただけで中止を認めるようにみえる見解がある。ヤコプスがそれで[159]、彼は、「行為者は、生ぜしめた危険のすべてを確実に撤回する必要はなく、確実に撤回することを開始（ansetzen）すればよい」として、次のような場合に中止行為を認めている。

泳ぎのうまい行為者が殺意をもって子供を川に放り投げたが、すぐにそれを後悔し、その子が泳げなければ助ける目的で服を脱ぎ始めたが、子供は泳ぐことができた。ヤコプスによれば、この場合、行為者は子供の溺死の危険を消滅させる行為を開始し、子供は助かったのであるから、中止行為が認められるというのである。彼は、こうした結論をとる理由を次のように説明する。ここでの行為者は、「最初から、危険が実現しそうになったらそれを回避するつもりで（unter dem Vorbehalt der gewissen Gegensteuerung）危険を生ぜしめた者、すなわち故意なくして行為した者と同じである[160]」と。

しかし、右の行為者は服を脱ぐことによって中止行為の準備はしたが、まだそれに着手したとはいえない。なぜならば彼は、子供が泳げない場合に始めて救助行為、すなわち中止行為を行なうつもりであったが、子供が泳げたためその着手すら必要なかったからである。

またヤコプスは、ここでの行為者は故意なくして行為した者と同じであるとしているが、彼は殺意をもって子供を川に放り投げるという殺害行為を完了しており、殺人の故意が消滅したのはかかる行為の終了後である。故意は結果発生時まで存在しなければならない、という理論構成をとれば格別、故意は行為終了時まで存在すれば足りるとする私見の立場では、右の行為者が故意なしに行為したものということはできない。

㈡次に、中止行為は、その着手後それを完了したものでなければならない。たとえば、行為者が被害者を車で病院へ運ぶ途中に事故に遇い、その事故で被害者が死亡したとする。この場合、中止が否定されるが、それは、結果が発生したからではなく、中止行為が途中で中断して終了しなかったからである。すなわち、中止を行なったが、それを途中で止めた場合と実質的には同じなのである。かかる場合、結果発生の有無にかかわらず、中止行為が終了していないことを理由として中止未遂は認められないのである。

これに対して、ドイツでは、ここでの設例のような場合、結果の発生は行為者の表象した因果の経過から著しく逸れるものであるから、彼の故意に由る行為に帰せしめることはできず、それゆえ中止犯が可能であるとする説がある。[161]しかし、中止が終了していない以上、中止犯を認めることはできず、かかる見解は中止行為についての分析に欠けるもので妥当であるとは思われない。もっとも、右の設例で、結果の発生が行為者に帰せしめられないと認められる場合[162]には、中止は肯定されないが、彼の罪責は未遂犯にとどまる。

㈢最後に、中止行為の結果として危険が消滅したものでなければならない。先の設例で、被害者を無事に病院まで運ぶことができ、医師による手術が行なわれたが成功しなかったとする。この場合も中止が否定されるが、それは、正確には、結果の発生ゆえではなく危険消滅の欠如ゆえである（これについて、次項参照）。先の㈡とここでの場合は、シュミットホイザーのいう「失敗した中止[163]（Mißlungener Rücktritt）」ということになる。

ただし、ここで注意しなければならないことがある。それは、右の手術の不成功が医師の故意（たとえば、被害者が死んで保険金の入ることを期待する遺族に頼まれて）、あるいは過失に基くときは、中止未遂を認めてもよいということである。(164)けだし、中止行為を第三者に託した場合、行為者はその行為の成否について責任を負うが、それは、あくまでもその行為が正常に行なわれた場合であって、法規範に抵触するような異常な状態で行なわれた場合にまで、責任を負う必要はないからである。したがって、行為者が自分でなしうる中止行為をすべて完了しており、かつ右の理由で危険消滅欠如の責を負わされない以上、中止が存在する。

第四項　中止行為と結果の不発生

一　では、中止行為による危険の消滅があったとして、中止が認められるためには、さらに結果の不発生が必要であろうか（危険が消滅すれば、結果の発生しないのが普通である。しかし、ここでいう消滅とは一般人の目からみた消滅であって、純客観的には危険が残存している場合があり、この残滓から結果の生ずることもある）。中止行為をして、法益侵害に対する危険性を客観的に消滅させる行為と理解した場合、その消滅さえあればよく、消滅したにもかかわらず結果が発生したとしても、中止行為の成否には影響がないと考えるのが理論的である。

　これに対して、ドイツでは、結果が発生した以上、中止は認められないとするのが圧倒的通説である。行為者は結果発生のリスク（Erfolgsrisiko）を負う、としばしばいわれるのはこのためである。しかし、この場合注意しなければならないのは、そこでの結果とは、通常の因果の経過を辿って発生した結果を意味するということである。逆にいえば、結果が発生しても、それが通常の因果の経過から著しく逸れて生じた場合には、それはもはや行為者に帰せしめられえないから、結果の不発生と同じように中止が認められることとなる。(165)

　前述したように、中止行為によって危険が消滅したといいうるためには、その危険が一般人からみて確実に近い程度まで消えて無くならなければならない。この程度までに危険が消滅したならば、たとえ純客観的には僅かな危険の残滓があってそれが万一現実化して結果が発生したとしても、その結果の発生には相当因果関係がないとして、これを行為者に帰せしめることはできないと考えられる（すなわち、法律上は、結果の不発生と同様にみなされるのである）。もしそうならば、中止行為の要件たる危険の消滅があった以上、それにもかかわらず発生した結果によって、中止の成立が妨げられるということはない[167]。また、右のように考えた場合、中止行為が認められた以上、行為者に帰せしめられうるような結果の発生、すなわち相当因果関係の枠内に存する結果の発生ということはありえないから（中止の要件たる危険の消滅があったにもかかわらず発生した結果は、すべて相当因果関係の枠外に存する）、この意味において、私見の立場では、中止行為の問題において結果の不発生を論じる必要はないということになる。

二　わが国についてみた場合、ここでもドイツ同様、結果が発生した場合には中止は認められないとするのが圧倒的通説である。しかし、ここでの結果発生とは、通常の因果の経過を辿って生じた結果であって、それから著しく逸れて発生した結果までをも含むものではあるまい。たとえば野村教授が、解毒剤を与えたが被害者の異常体質で効かなかった場合について、結果発生防止義務は、「一般人の立場から見て客観的に結果を防止するにたりるものでなければならないものではあるが、客観的に十分な結果発生防止義務を履行したにもかかわらず、行為者および一般人の認識できない事情によりその義務の履行が功を奏さなかった場合には、その危険は、被害者が負担するものと解すべきである[168]」としているのがこれである。

もっとも、中止未遂を責任の問題として捉える立場では、理論的に考えた場合、結果の発生は、それが通常の因果の経過から著しく逸れたものであるか否かにかかわらず、中止の成立に影響を与えるものではないであろう。ところが、かかる立場の多くが中止に結果の不発生を求めている[168]。その理由は、中止も未遂の一種であるとか[169]、結果が生じた場合には褒賞は与えられないとかいうものである[170]。しかし、中止者の内面に目を向けるとき、結果が発生した場合もそうでない場合も彼の内心状態は全く同一であり、両者において責任評価に何の変りもない。それにもかかわらず、結果発生の有無で刑法上の取扱いが異なるというのであれば、それについて、責任の視点からする実質的根拠を示すべきではあるまいか。中止も未遂の一種であるとする、たんなる形式的根拠だけでは説得力に乏しいように思える。また、後者の理由について、結果が発生しようとしまいと中止者に対する責任評価が同一であるにもかかわらず、結果が不発生の場合にかぎって褒賞が与えられるとするならば、それは、褒賞の有無を結果の有無に係らしめているのであって、結果は違法性の領域に属するものであるから、この説みずから中止犯が違法性の領域に属するものであることを認めたことになる。

こうした中にあって、香川博士は中止未遂を責任の問題として捉える立場の理論的帰結として、結果が生じた場合にも中止を認める[171]。他の責任説の多くが理論的背反を犯して中止に結果の不発生を求めるのに対して、博士のこうした態度はその理論的一貫性において実に優れたものである。しかし、中止行為を行なったが法益侵害に対する危険を消滅させることができず、そのため結果が発生した場合にまで中止を認めることは、私見の立場ではやはり容認できない[172]。中止未遂は、行為者が、一旦生ぜしめた違法な状態をたとえ事後的ではあるにせよ再び消し去った点に不処罰・減免の根拠をもつ。そして、中止行為は、未遂によってすでに生じている結果惹起に対する危険性を消滅させることによって、違法な状態の事後消失を目的とする。しかし、その危険の消滅に失敗して結果が発生した以上、かかる状態の消失があったということはできない。しかも、中止犯は、未遂の可罰性を減少させるものであって既遂の可罰性をも減少させるものではないのである。

確かに、行為者が任意に、とりわけ倫理的動機から中止行為を行ない、しかもそれが結果の阻止に充分適したものであったにもかかわらず、中止に失敗して結果が発生した場合、中止犯を否定して、未遂どころか既遂の罪責を彼に負わせしめることは些か酷な気もする。しかし、未遂において、偶然が行為者に有利に働くことがある（未遂行為を行なったが、偶たま結果が発生しなかったために未遂の刑を受けるにとどまる）ように、中止において、偶然が行為者に不利に作用することがあるのである（中止行為を行なったが、偶たま結果が発生したために既遂の刑を受ける）。

第五項　被害者による中止行為の妨害

最後に、中止行為に関する特殊な問題として、被害者が行為者の中止を拒絶、妨害したときに中止未遂が認められるか否かについて考えてみよう。たとえば、被害者が医師の治療を拒んだり、中止者の消火行為を妨げたために結果が発生したときである。かかる場合、ドイツでは中止犯を肯定するのが一般的であるが、如何なる場合に中止を認めるかについては、その説くところが異なる。

私の知るかぎり、次の三つに大別できる。a被害者が故意に行為者の中止行為を妨害もしくは拒絶したときとするもの(173)、b相手が合理的な(verständig)理由なしに中止を拒むか或いは積極的に妨害したときとするもの(174)、c被害法益が相手の処分に付しうるときとするもの(175)の三つである。また、これらの場合、発生した結果は行為者に帰せしめられないから中止未遂であるとして、中止に関する第二四条の規定をそのまま適用するもの(176)と、同規定の類推適用を認めるもの(177)との二つがある。

しかし、私見によれば、ここでの問題は次のように考えるべきである。(一)まず、被害者が処分権を有する法益については、彼が故意に中止行為を拒絶、妨害した場合、行為者に中止を認めてもよい。けだし、法益権者である被害者がその法益を維持する行為を拒むなら、それは自己の法益の放棄と考えられるからである（この場合、被害者の了解もしくは承諾による中止行為と実質的に同じである(178)）。実際にかかる事態が起こりうるのは、宗教的理由から被害者が治療行為（とくに輸血）を拒否する場合であろう。刑法上、生命は法益権者が他人を介して処分することは許されない（ドイツ刑法第二一六条、わが刑法第二〇二条）が、みずからの手で処分することは禁じられていない（両国とも自殺は不処罰）。ここでの場合、被害者の死の危険を惹起したのは、もちろん本人みずからではなく行為者である。しかし、その行為者が死の危険を消滅させようとしているにもかかわらず、被害者がこれを阻止した結果としてその危険が消滅せず持続するならば、阻止以後の危険の存続は被害者に起因するものであるから（彼の阻止がなければ危険は存続しなかった）、本人みずから死の危険を惹起した場合と実質的に異ならない。もしそうであるならば、法益権者みずから生命を処分したものと考えられるから中止未遂を認めてよい[179]。

これに対して、中止行為に対する妨害が過失によってなされた場合（たとえば、行為者から渡された解毒剤の液体の入った瓶を、被害者が誤って落として割ってしまった）中止を認めることはできない。けだし、かかる場合、被害者に中止行為（法益を維持するための行為）を阻止する意思が認められないかぎり、彼が自己の法益の保護を拒否した、すなわち法益を放棄したとみることはできないからである。

㈡次に、被害者が処分権を有しない法益について、彼が故意に中止行為を妨害した場合はどうであろうか。たとえばTがOの家を焼燬する目的でOの住居に隣接する物置に放火したが、後悔してこれを消し止めようとしたところ、自宅が火事になれば保険金が入ると思ったOがTの消火行為を阻止したとする。この場合、自宅を燃やされそうになったOは被害者であるが、現住建造物放火罪が公共危険罪である以上、彼は本罪の保護法益について処分権を有しない（彼の自宅には保険金が掛けられている。刑法第一一五条参照）。したがって、㈠の場合におけるように、Oの中止行為の阻止を自己の法益の放棄とみることはできない。しかし、ここでのOの妨害行為は、Tの作出した危険な状態を利用して、いわば自己の犯罪（保険金目的のための自宅の焼燬）を実現しようとしたものとみることができるであろう。もしそうであるならば、Oの妨害行為以降、彼の自宅の焼燬を防止すべき義務はTからOに移行したものというべく、以後Tには中止義務は存在しない。したがって、中止未遂を認めてよい。

これに対して、Oによる妨害行為が過失によってなされた場合（たとえば、Tが用いようとした鎮火器具をOが誤って損壊してしまった）には、中止犯は認められない。けだし、かかる場合、OはTの結果阻止を妨げようとして妨害行為を行なったものではなく、したがって、焼燬を防止する義務がTからOへ移行したとみることはできないからである。

結局、私見の立場では、被害法益が被害者の処分に付しうるか否かにかかわらず、妨害行為が故意による場合には中止未遂が認められる反面、過失による場合には否認されることとなる。

なお本項のテーマから逸れるが、やはり中止行為に関する特殊な問題として、行為者が中止を行なうにあたって他の法益を侵害することが許されるであろうか。ドイツには、この問題について言及した学説は私の知るかぎり見当らない。私見によれば、場合を二つに分けて考えるべきだと思う。

まず、侵害されるべき法益の処分権が被害者以外の者に存するときは（たとえば、被害者を医者の許に運んだが不在であったため勝手に中へ入り込んで、そこの医薬品を使って手当てを行なった場合）、自招危難の一種とみるべきであろう。次に、その法益の処分権が被害者に存するときは（たとえば、被害者の留守宅に放火した者が、消防署に電話するため被害者宅のドアをこじあけ、中の電話を使用した場合）、推定的承諾の一種とみてよいであろうか（もっとも、前者同様、この場合も自招危難の一種と考えることも可能である）。

第三節　不能未遂と中止

不能未遂というとき、それには二つのものが考えられる。その一つは不可罰的不能未遂であり、他の一つは可罰的不能未遂である。前者は、丑の刻参りといったように処罰の対象とはならない未遂であるのに対して、後者は、砂糖を毒薬だと思って相手に飲ませたというようにその行為から結果が生ずる可能性はないが、一般に未遂犯として処罰の対象とされる未遂である。ここでいう不能未遂とは後者のそれを指す。かかる不能未遂は、さらに質的不能と量的不能とに分けられる。前者は、右のように砂糖と毒薬とを誤ったというような場合であり、後者は、毒薬を飲ませたが致死量にはいたらなかったというような場合である。量的不能の場合には、終了未遂の錯誤の問題として考察することも可能であるが、本節で取り扱うこととする。

不能未遂の中止は、以下のような場合に考えられる。(一)T_1が、殺意をもって空砲のピストルをそうとは知らずにO_1に向けて発砲しようとしたが、これを止めた場合（未終了未遂の中止）、(二)T_2がO_2を毒殺しようとして、砂糖を毒薬と誤ってO_2に飲ませた（質的不能）後、あるいは致死量にいたらない毒薬を飲ませた（質量不能）後、そのことを知らず、後悔して死の結果を回避するためO_2に解毒剤を飲ませた場合（終了未遂の中止）である。これらの場合、結果が生ずるということは元もとありえないのであるから、行為者が、中止行為によって結果の発生を阻止するということも考えられえない。そこで、不能未遂の場合には中止犯は成立しないのではないか、という議論が生じてくる。

かつてのドイツでは、この問題をめぐって意見の対立があった。しかし今日では、立法による解決が図られている。すなわち、ドイツ刑法典はその第二四条第一項第二文において、「所為が中止者の行為によらなくても完成しなかった場合、中止者が任意にかつ真摯に所為の完成を阻止するように努めたときは、不処罰である」と規定して、不能未遂の中止を認めた。これに対して、わが国の現行法にはかかる趣旨の規定は存在しないから、依然として問題は残る。そこで、ここでの国における議論に資するため、この問題をめぐってかつてのドイツに現われた学説および判例の見解を、以下観てみることとしよう。

一　まず、肯定的な学説について、その理論的根拠としては次のようなものがある。(一)コールラウシュ／ランゲは、危険な意思が未遂の処罰を基礎づけるのに相応して、中止におけるよき意思が考慮されなければならない[180]として、主観的視点から不能未遂の中止を認める。

(二)これに対して、客観的観点から基礎づけを行なうのはロベルト・フォン・ヒッペルである。いわく、「不能未遂が一般に危険であり、それゆえ可罰的であるかぎり不処罰の中止は可能である。すなわち、不処罰の前提にとって重要でありうるのは中止時の状況のみである。なぜならば、かかる状況のみによって行為者の行為が決定されうるからである。それゆえ、中止時に、行為が依然として結果を惹起するのに客観的に適したものと思われる場合、行為者が任意的に中断もしくは阻止的な介入によって、その行為からこうした属性（結果惹起の客観的適性——訳者注）を奪うだけで充分でなければならない（傍点筆者）[181]」と。畢竟、彼によれば、行為者は中止行為によって、未遂の可罰性を基礎づける結果惹起の客観的可能性を取り除いたから中止が認められるというのである。

㈢また、刑事政策的考慮からする基礎づけもある。すなわち、不能未遂の中止を否定すると、初めから法益侵害の可能性のない未遂よりも、その可能性のある未遂、つまり、より当罰性の高い未遂の方が中止犯成立の可能性につき有利な扱いを受けることになるが、これは刑事政策上問題であるとするものである。

㈣そこで、右の問題を回避するために、H・シュレーダーは、旧刑法第四九条a第四項の規定の類推適用によって不能未遂の中止を肯定しようとした[182]。すなわち同条項は、その第一、二項において、失敗に終った教唆および幇助（教唆者、幇助者が正犯を教唆、幇助したが正犯が実行しなかった）を処罰しているが、その第四項で、これらの共犯者がその失敗を知らず、任意にかつ真摯に正犯の実行を阻止しようと努めたときには、正犯が実行しなかったのが共犯者の中止行為に由るものではなかったとしても、中止犯を認めている[183]。そこで彼は、こうした規定を不能未遂の中止の場合に類推適用したとしたのである。すなわち、教唆を例にとるならば、教唆者が教唆に失敗した以上、正犯が実行行為に出る可能性はない。不能未遂の場合にも結果の発生する可能性はない。それにもかかわらず、前者の場合、教唆者が任意かつ真摯に正犯の実行を阻止しようと努めたことを条件に、中止犯が認められるならば、後者の場合にも、同じ条件の下に中止を認めてもよいはずだというのである[184]。

これに対して、不能未遂の中止に否定的な学説がその拠りどころとする根拠は、もっぱら中止行為と結果不発生との間における因果関係の不存在である。たとえばM・Eマイヤーが、「〝自己の行為〟と結果回避との間には、因果関係が欠けてはならない。結果の不発生が中止とは無関係な事情に負うている場合、こうした事実によって、行為者は不処罰を騙し取られた（betrügen）のである（不処罰になると思ったところ、実はそうではなかった——訳者注）」とし[185]、アルフェルトが、「結果は行為者によって実際に回避されなければならない。何れにせよ結果が不発生の場合には、たんなる努力では足りない[186]」。「それゆえ、結果の不発生と回避とは因果の関係になければならない。このため、いわゆる不能未遂の場合には中止は考えられえない[187]」としているのがこれである[188]。

しかし、私見によれば、もう一つの理由が考えられる。それは、中止未遂の基本思想からする根拠である。すなわち、当時支配的な黄金の架橋説によれば、中止犯の規定は行為者に犯罪の中止を促し、それによって法益の保護に努めることを目的とするものである。もしそうであるならば、初めから結果の不発生が確定している不能未遂に中止を認める意義はないこととなる。

次に、判例の状況について観てみることとしよう。RGの時代には、未終了未遂と終了未遂とでその取扱を異にし、前者については中止を肯定するか、後者についてはこれを否定するのが判例の態度であった[190]。しかし、BGHの時代に移ると、後者についても中止を認めるにいたった。そのリーディングケースとなったのが、一九五八年四月二九日のルミナール事件についての判決[190]である。

事案は、次のようなものであった。被告人T女は、無理心中の目的で自分の幼児に二錠と四分の一のルミナールを飲ませ、みずからも五錠と四分の三を飲んだ。LGの認定によれば、子供に与えた量は、その子の年齢を考えると死を惹起するには不充分であった。しかしTは、それで子供が死ぬと信じていた。朝方、吐き気で目が覚めたTは、子供がまだ生きていることに気付いた。Tの嘔吐するのに起こされた彼女の母親が、「どうしたのか」と訳を尋ねると、Tはルミナールを飲んだことおよび子供にも飲ませたことを告げ、医者を呼ぶように頼んだ。呼ばれた医者によってTとその子は病院に運ばれ、そこで手当てを受けたため一命を取留めた。

このように、本件は量的不能における中止に関するものであるが、これに対して中止犯を否定し被告人を故殺未遂に問擬したLGの判決を破棄して、BGHは次のように判示した。

(a)「当法廷は、こうした法的見解（LGが不能未遂の中止を否定したこと——訳者注）を採用することはできない。この見解にしたがうと、禁止された結果を確実に生ぜしめるような未遂を行なった者、すなわち、刑罰規範の保護する法益をきわめて重大に危殆化し法秩序を著しく妨げた行為者が、もし刑法第四六条第二項（終了未遂の中止の規定――訳者注）の要件を充たした場合には、初めから結果を生ぜしめる可能性のない未遂に着手した行為者に比して、有利な立場に置かれることになる。前者が中止未遂として不処罰になるのに対して、後者は、彼の行為によって示された意思だけでは刑法上保護された特別な法益が危殆化されるものではないが、しかし法秩序は危殆化されたものであるとの理由で、処罰されるからである。かりに本件において、被告人がその子に二錠と四分の一の代りに多量のルミナールを飲ませ、その結果、医師の助けがなければ死が確実に発生していたであろうような場合に、本人の願いで呼ばれた医師が子供の命を助けるのに成功したならば、彼女は刑法第四六条第二項によって不処罰となっていたであろう。しかし、もしそうならば、被告人が子供に与えた毒薬が少量すぎるという理由で、同女の右と同じ行為に不処罰の効果を拒むことは正義に悖るものである（傍点筆者）」[191]。

(b)刑法第四六条第二項が、行為者みずから結果の発生を阻止することを要求していることに対して、ＢＧＨは、ＲＧの判例をもち出して、問題の解決は法律の文言からではなく、未遂を可罰的ならしめる内的根拠からなされなければならず、この場合、その根拠とは、「既遂によって生じた違法な結果とは対蹠的に、犯罪意思に存するものである」とした後、次のように述べている。「もし刑法第四六条第二項を解釈するにあたって、行為者の表象と真摯な結果回避の努力とから出発するのではなく、法律の文言を引き合いに出して、何れにせよ彼の未遂は成功するにはいたらなかったであろうことを理由に、行為者を不処罰とすることを拒むならば、それは、不能な客体への未遂もしくは不能な手段をもってする未遂に対する、一八八〇年以来変らぬ判決の基礎に抵触するものである」。

「初めから結果発生の可能性のない未遂が、それにもかかわらず可罰的であるとされるのは、かかる未遂が、法共同体に保護と満足とを与える力（Macht）をもつ法秩序を危険にいたらしめたからであるとするならば、行為者は、彼からみて差迫っていると思われる法益侵害を阻止しようと任意で真摯な努力を通じて、かかる危険を消滅させうるものなのである。なぜならば、こうした〝終了未遂の中止行為（Tätige Reue）〟は、法共同体の不安――この不安ゆえに法秩序に対する反抗が可罰的なものとなるのであるが——を消滅させるのに適したものだからである」。

(c)「刑法第四六条第二項における結果の概念をかように補って解釈することは、同法第四九条a第四項の今日の文言において示されているような、新しい法発展にも相応するものである。同項の規定によれば、正犯が所為を実行に移さなかった理由が、中止しようとした共犯者の行為に由るものではなかった場合、あるいは正犯の所為が共犯者の行為とは無関係に行なわれた場合、共犯者に中止が認められるには、意図した犯罪行為の実行を阻止しようとする任意で真摯な努力で充分なのである」[192]。

このようにBGHは、先に紹介した学説における肯定説の根拠と略ぼ同じものをもって、不能未遂の中止を認めている。すなわち判決(a)の理由は肯定説の(三)のそれであり、(b)の理由は(一)のそれであり、(c)の理由は(四)のそれである[193]。しかし、私見によれば、BGHをして肯定的見解にいたらしめた、もう一つの理由が考えられる。それは、これまで判例が採用していた黄金の架橋説の放棄である。すなわちBGHは、ここでの判決が出される二年前、中止未遂における不処罰の根拠を黄金の架橋説から刑罰目的説へと変更している（第一章第一節第三款参照）。前説に立った場合、法益侵害行為の中止を促すという中止犯の機能からみて、初めから結果発生の可能性のない不能未遂に中止を認める必要はないが、後説に立った場合、不能未遂でも、行為者がそのことを知らずに中止した以上、刑罰を科する必要はなく、したがって中止未遂を認めてよいからである（その理由については、後述参照）。

二　以上が、不能未遂の中止について、立法による解決が図られる以前のドイツの学説・判例の状況であるが、今日のわが国についてみた場合、通説は、ここでの問題に対して肯定的態度をとっている[194]と考えてよいであろう。

この問題を中止犯の不処罰・減免の政策的根拠から観た場合、黄金の架橋説、褒賞説の立場から否定的結論にいたるであろう。その理由は、前者については右に述べた。後者については、行為者が結果の発生を阻止した点に褒賞が認められるとするならば、初めから結果発生の可能性のない未遂について、その結果の阻止ということもありえないからである。これに対して、刑罰目的説、謙抑説の立場からは肯定的結論にいたるであろう。前者の場合、特別予防説において中止の不処罰・減免を基礎づけるのは、犯罪を最後まで貫徹する意思の欠如であるが、不能未遂の場合にも行為者がそのことを知らずに中止すればかかる意思の欠如が認められるであろう。また一般予防説において、たとえ不能未遂であっても、それによって攪拌された法秩序が中止行為によって回復されれば、法の確証があったとして行為者に不処罰・減免を認めることが許されるであろう。後者の場合の理由については後述する。

また、理論的根拠から観た場合、中止犯を責任の問題として捉える立場からは、不能未遂の中止を認めることになるであろう。けだし、未遂が不能であると否とを問わず中止者の内面は全く同一であり、したがって彼に対する責任評価は何ら変らないからである。これに対して、かかる責任説から、中止未遂を違法性の領域に属せしめる立場に立つと、中止を否定する結論にいたるとする批判がある[195]。先に紹介したドイツの否定説が唱えたように、不能未遂の場合には、中止行為と結果の不発生との間に因果関係が欠如するからだというのである。

そこで、これについて考えてみなければならない。まず、ここで注意しなければならないことは、不能未遂の場合には結果発生の可能性がないといっても、それは純客観的にはないということであって、一般人の目からみれば依然としてその可能性があるということである（さもなければ、未遂の処罰根拠の一つである法益侵害の危険性に欠けるため、処罰の対象とはならない）。もしそうであるならば、中止未遂とは一旦生ぜしめた違法な状態を事後に再び消滅させることによって成立するものであるから、不能未遂の場合においても、行為者が、たとえ純客観的には結果発生の可能性がないにせよ、一般人からみて法益侵害に対する危険な状態（違法な状態）を生ぜしめ、これを事後に消滅させたときには中止犯を認めてもよいことになる。そして、この場合、因果関係は中止行為と危険な状態の消滅との間にあれば足りるから、かかる行為によってその消滅がもたらされたならば、両者の間に因果関係が肯定されることになり、右の批判は当らないことになる。

以上のように考えた場合、謙抑説の立場からも不能未遂の中止が是認されることとなる。なぜならば、この説によれば、中止犯とは、行為者が違法な状態を消滅させたことを理由に補充性の原則から彼に不処罰・減免を認めるものであるから、不能未遂の場合において、中止者が、未遂の違法性を基礎づける、一般人からみて結果発生に対する危険な状態を消滅させれば、中止成立のための要件が充たされることになるからである。したがって、私見の立場では、中止未遂における不処罰・減免の政策的および理論的根拠の双方から、ここでの問題が肯定されることとなる。

ところで、右に示したような理論的根拠の考え方は、私が初めてではない。すでに半世紀も前に、平野博士が、ここでと似た理論構成をもって中止を違法性の領域で扱っても不能未遂に中止犯の認められることを立証している。(196)さらにその後、責任説の立場に立つ香川博士がこうした理論構成の是非について詳細な検討を加えた後、そうした考えも可能であろうことを承認している。(197)ところが、右の責任説からする批判はこうしたことには具体的にふれず、ただ中止犯を違法性の問題として捉えると不能未遂の中止を肯定することができないとしている。しかし、もしかかる批判を行なうのであれば、右の見解に対する理論的反駁を行なった上でなすべきではないのか。

三　わが国における今回の改正刑法草案では、その第二四条第二項において、「行為者が結果の発生を防止するに足りる努力をしたときは、結果の発生しなかつたことが他の事情による場合であつても、前項と同じである」と規定して、不能未遂の中止について、ドイツ同様立法による解決が図られている。しかしドイツの規定では、中止に対して真摯性が要求されているのに対して、わが国では要求されていない。これは、きわめて適切な措置であったといえる。(198)けだし中止行為とは、中止の意思をもって、結果発生に対する危険性を消滅させるのに客観的に適した行為を行なえば足り（むろん、これによってかかる危険が消滅することが必要である）、それ以上のことは不要だからである。

これに対して、中止犯を責任の問題として扱う立場からは、不能未遂の中止を認める前提として真摯性を要求する学説がある。(199)しかし、不能未遂もそうでない未遂も中止者の内面においては全く変らないのであるから、責任評価においては同一であり、強いて真摯性を求める必要はないと思う。かように考えた場合、違法性説、責任説の何れの見解に立っても、真摯性は不要な要件ということになる。ドイツでは真摯性を要求したために、学説においてこの概念の内容を明らかにしようとする努力がなされているが、私見によれば、徒らに中止犯論を混乱させるだけである。

次に、改正草案が、ここでの中止行為をして「結果の発生を防止するに足りる努力」と規定したのも、正しい処置であったといえよう。けだし、これによって、中止行為には結果阻止の客観的可能性が要求されていると解釈することができることになり、中止から加持祈とうの類が排除されるからである。さもないと、不能未遂の場合には元もと結果が発生しえないのであるから、加持祈とうを行なっただけでも、中止行為と結果の不発生があったとして、中止未遂が認められかねない。

ドイツの現行刑法が不能未遂の中止に真摯性を求める一方で、結果阻止の客観的可能性についてはこれを要件としないのに対して、これと全く逆の立場をとるわが改正草案は、ドイツの規定に比べてはるかに優れたものであるということができよう。

第四節　中止と錯誤

一　中止と錯誤というとき、それには二つの場合が考えられる。その一つは、未終了未遂を終了未遂と錯誤した場合である。たとえば、TがOを毒殺しようとして与えた毒薬が、実は致死量にいたっていなかったが、そのことを知らないTは、殺害を中止するためOに解毒剤を与えたような事例である。他の一つは、終了未遂を未終了未遂と錯誤した場合である。たとえば、TがOを毒殺しようとして、致死量に当る毒薬を三回に分けて与えることにしたが、二回与えただけでこれを中止したとする。しかし、実際にはすでに二回分で致死量に達していたというような事例である。なお、右の何れの場合も、行為者の錯誤の時期は中止時であって、未遂の着手時ではない（このことは、注意を要する）。

前者の場合は、前節で扱った不能未遂（量的不能）の中止に相当するものである。したがって、ここで考察の対象となるのは後者の場合である。かかる場合、結果の発生した以上（客観的には終了未遂なのであるから、行為者がこれを未終了未遂と錯誤して、たんなる不作為による中止を行なっただけでは結果が生ずるのが通常である）、中止未遂を認めることはできないとするのがドイツにおける通説である。しかし一部では、中止を肯定する見解もある。

たとえば、H・シュレーダーは、中止者に結果発生のリスクの原則（Grundsatz des Erfolgsrisikos）、すなわち中止に失敗して結果が発生した場合にはその結果に対して責を負う、とする原則を認めながらも、次のように述べている。「刑法第四六条第一項（未終了未遂の中止——訳者注）の枠内においては、行為者にこの種の結果の保障が負わされるものではない。したがって、彼がこれまで行なった行為の効果を誤って判断し、不作為によって犯罪の既遂を阻止できると錯覚した場合には、たんなる不作為による中止も可能である。もっとも本人が、不作為によって結果を回避できると確信したものでなければならない。そうでない場合には、第一項による中止は存在しない。しかし、中止の認められる場合でも、行為者が過失によってみずからの行為の危険性を誤って判断したことに対して彼を非難し、かかる場合に、過失による実行のかどで処罰することはできる」と。そして、本項の冒頭で私が挙げた毒殺の設例のような場合には、傷害致死罪が成立するとする[200]（前章で述べたように、ドイツでは中止が成立しても加重未遂を処罰することはできるから、相手に毒薬を飲ませて健康を害した以上傷害罪の既遂であり、そこから死の結果が生じたのだから傷害致死罪ということになる）。

しかし、その後のシュレーダーは彼のコンメンタールにおいて二分説を主張し[201]、このコンメンタールのその後の版で同じ個所を担当したエーザーは、同様の流れを受けて次のように述べている。「〝中止〟のときに、構成要件に該当する結果がすでに生じている場合には、たとえ行為者がその結果の発生を知らなかったとしても——もはや中止しえない——既遂が存在する」[202]。これとは反対に、「中止のときに構成要件に該当する結果がまだ生じておらず、かつ行為者が主観的に未終了未遂の表象にとどまっている場合には、……任意性の存在を前提として、彼に未遂の不処罰が認められうる。なぜならば、こうした〝未終了未遂の適性をもった未遂（unbeendet-tauglicher Versuch）〟の場合において、行為者は、自分の所為が既遂になりうるとはまだ思っておらず、また結果発生前に既遂の故意が消滅したのだから、彼は依然として未終了未遂の段階にとどまっており——一般的な未遂の原則にしたがって——行為のたんなる断念によって、こうした未遂を中止することができるのである[203]」と。

　これに対して、ヤコプスは、シュレーダーの初めの見解同様、中止時における結果発生の有無にかかわらず、すべての場合に中止未遂を認める。いわく、「行為者が未終了未遂の適性をもった未遂の段階にとどまっていると思っている場合、彼は故意行為を放棄することができる。なぜならば、——実現された若しくは差迫っている——結果の発生は、故意行為として帰責されえないからである[204]」と[205]。なお、エーザーもヤコプスも、シュレーダー同様、中止者に過失犯の成立する可能性についてはこれを否定しない。このように、中止犯を認める学説は行為者の主観においては未遂は未だ終了していないのだから、たんなる不作為によっても中止が肯定されるとするのである。

　しかし、これらの見解に左袒することはできない。まず、シュレーダーの初期の説明について、なるほど、彼のいうように、未終了未遂の場合には一般的に中止者が結果発生のリスクを負うということはない。しかし、その理由を考えてみなければならない。すなわち、終了未遂の場合には、結果惹起に必要な行為はすでに完了しているのだから、既遂とならないためには、結果の発生を阻止するための何らかの積極的行為が必要であるが、かかる行為が必ずしも成功するとはかぎらず、場合によっては失敗して結果の発生する可能性がある。この意味において、終了未遂の中止者は結果発生のリスクを負う。ところが、未終了未遂の場合には、結果惹起に必要な行為はまだ完了していないのだから、既遂にならないためには以後の犯行継続を放棄すれば足り、かかる放棄があった以上、それが失敗して結果が発生するということは通常考えられえず、したがって、行為者が中止において結果発生のリスクを負うということもない（たとえば、殺人の故意をもって、相手にピストルを向けたが発砲しなかった場合、あるいは致死量の半分の毒薬を相手に飲ませた後、残りの半分を飲ませるのを止めた場合、死の結果が発生するという可能性はまずない）。[206]

未終了未遂の中止者が結果発生のリスクを負わない理由が、もし右のようなものだとすると、終了未遂を未終了未遂と錯誤した場合にはかりに未終了未遂だとしても（私じしんは終了未遂であると考えている）、かかる場合の未終了未遂においては、シュレーダーのいうように、「行為者に、この種の結果保障が負わされるものではない」とすることはできない。なぜならば、ここでの行為者は、主観的にはともかく、客観的には結果の惹起に必要な行為を完了しており、そうである以上、既遂を阻止するためには、終了未遂の場合同様積極的な行為が必要であるが、かかる行為が成功する保証はないのであるから、この意味において、彼は中止行為の失敗の危険、すなわち結果発生のリスクを負担しているからである。もしそうであるならば、行為者が中止行為に失敗して結果が発生した場合には、彼はその結果について、すなわち既遂についての責を負うのであるから、中止未遂は成立しないことになる。

次に、エーザーとヤコプスの見解については、その説くところに稍や曖昧さを感じるが、彼らに対しては以下のことを述べておきたい。すなわち、中止行為とは、行為者が一旦生ぜしめた法益侵害に対する危険を再び消滅させることであるが、その消滅とは客観的なそれであって主観的なものではないということである。中止者の表象において自己の未遂が未終了の段階にとどまっている以上、以後の犯行継続の放棄をもって、彼からみれば結果発生の危険は消滅したかもしれない。しかし、一般人からみれば（すなわち客観的には）その危険は依然として過ぎ去っていないのである。

また、主観的に未終了未遂の段階で中止を行なえば、結果が発生しても、行為者はそれについて既遂の責任を負わないから（これについては、次の二参照）、結果の不発生と同じであり、したがって中止未遂を認めてもよいとする論法も可能かもしれない（ヤコプスはその趣旨か）。しかし、この場合行為者が責任を負わないのは、その結果が彼に主観的に帰せしめられないからであって、客観的にではない。客観的には依然行為者に帰責可能なのである。そうである以上、結果の不発生とみることはできない（結果が発生したにもかかわらず、それを結果の不発生とみてもよいのは、その結果が行為者に客観的に帰責されえない場合、すなわち相当因果関係のない場合だけである）。

次に、判例についてみた場合、これにも、未終了未遂と終了未遂との区別に対する主観説の帰結として中止を認めるものがある。Tは、中古車の販売業者であるOの右こめかみを狙ってピストルを発射したが、命中するにはいたらず、左手と右目に対する重傷を負わせるにとどまった。Tは、初めから一発しか射つ気はなく、Oの頭の血をみたとき殺人に失敗したと思った。その後、Tは犯行現場である事務所から立ち去る際、外にいた事務所の二名の従業員にOの様子をみるようにいってその場を後にした[207]。

これに対して、BGHは次のように述べている。「行為者は結果の発生を可能と思ったが、客観的には、彼の行なった行為は結果の惹起に適したものではなかった場合」には終了未遂である。これに対して、「行為の経過が、行為者からみて結果の惹起に適したものではない場合、未遂は、それが完全に失敗したものではないかぎり、未終了である。なぜならば保護法益は、かかる場合、少なくとも行為者からみて直接危殆化されておらず、それゆえ、行為者が不処罰となるために結果の発生を阻止するための活動を始めることを、彼に期待すべき理由はないからである。むしろ彼が、依然可能な所為の完成を任意に思いとどまるだけで充分なのである[208]」と[209]。しかし、すでに述べたように、中止行為における危険の消滅とは、行為者における主観的な消滅では足らず客観的なそれでなければならないから、BGHのように、危険の消滅の有無を行為者の主観に係らしむ態度には賛成できない。

二　行為者が終了未遂を未終了未遂と錯誤して、たんなる不作為による中止しか行なわなかったために結果が発生した場合[210]は、中止未遂が認められないとして、次に問題となるのは、かかる場合における行為者が如何なる罪責を負うかということである。この問題をめぐって、学説は既遂とする説[211]と未遂とする説[212]との二つに分れる。

前者の立場に立つルドルフィーは、その理由を「第二四条（中止の規定――訳者注）が、その明白な文言（〃未遂のかどで処罰されない……」）にしたがって適用されうるのは、行為者に帰責されうる犯罪の既遂が発生しない場合だけである[213]」と説明している。しかし、これは結果が発生した場合に中止を否定する根拠とはなりえても、右の理由で中止を否認された行為者の罪責を既遂とする根拠とはなりえない。すでにヴォルター も指摘している[214]ように、第二四条は、中止犯の場合には未遂の刑罰が科せられないということについて規定しているだけであるから、結果の発生を理由に同条の適用が否定されるからといって、そこから直ちに既遂犯が認められるものではないからである（しかも、わが刑法にはかかる規定は存在しないから、わが国で既遂説を採る根拠とはなりえない）。

この問題は、つまるところ、行為者に既遂の責任を問うためには、彼の故意が未遂のどの段階まで存在しなければならないか、すなわち未遂の着手についての認識で足りるか、それともその未遂が終了したということについての認識まで必要か、という問題に収斂されるであろう。たとえば、既遂説を採るイェシェックが、「故意は、未終了未遂まで存在するだけでよい[215]」とするのに対して、未遂説を採るフランクが、「結果は、故意に基くものではない[216]」とするのがこれである。後者の場合、未遂の終了の認識前に結果が発生したのだから、故意に欠けるというのであろう。

では、何れの見解に左袒すべきであろうか。結論を先に述べるならば、後者のそれに与するべきであろう。すなわち、今日の刑法においては、責任主義の原則の下に、行為者に刑法上の責任を問うためには、彼が客観的に構成要件に該当する事象を実現しただけでは足らず、それについての認識（故意責任の場合）もしくは認識可能性（過失責任の場合）のあったことが必要であることはいうまでもない。もしそうであるならば、行為者が既遂の故意責任を問われるには、彼に自己の行為から結果が生ずるであろうことについての表象がなければならない。ところが、終了未遂を未終了未遂と錯誤した者には、結果の惹起に必要な行為を完了したという意識はないのであるから、彼の行為から結果が発生するという意識もない。そうである以上、行為者に結果発生に対する責任、すなわち既遂に対する故意責任を認めることはできない。

既遂の故意責任が認められるためには、少なくとも、行為者に自己の未遂が終了したことについての認識がなければならない[217]。けだし、この認識があれば、彼はその未遂から結果の発生するであろうことを表象するからである。かように考えた場合、錯誤によって未終了未遂についての意識しかもたない者に、既遂の責任を問うことはできず、たとえ結果の惹起があったとしても、未遂犯としての罪責を負わすにとどまるのである。

本稿と同様、未遂説を採るヴォルターは、その理由を既遂の処罰根拠から次のように説明する。すなわち彼によれば、既遂として処罰されるためには、a行為者が、完全な故意によって且つ完璧な有責性をもって、したがって主観的に充分帰責されうるような状態で、未遂を終了しなければならない。bその未遂は、結果を実現するのに客観的に適したものでなければならない。c未遂によって発生した危険性が、結果の中に現実化しなければならない。d行為者の意図した事象の経過と現実に発生したそれとの間に、法的評価において同価値性がなければならない[218]。

そして、中止と錯誤の問題はこの中aと関係する。故意は不法および責任の要素であるから、主観的不法構成要件要素としての故意ならびに故意責任は、実行の着手からその終了まで存在しなければならない。主観的に未終了未遂の段階で結果が発生した場合、不法ならびに故意責任の一部に欠けるものである。したがって、行為者は結果を客観的には完全に帰責されうるような状態で実現したが、主観的にはそうではなく、よって彼に既遂の責任を負わせることはできないのである[219]、と。こうしたヴォルターの見解は、私が右に述べた考え方と基本的に軌を一にするものであって、妥当なものであるといえよう。

最後に、私見の結論に対しては、次の二つのことを注意しておかなければならない。その一は、本節の冒頭で挙げた毒殺未遂の設例を例にとるならば、Tにはどのみち O を殺害する意思はあったのだから、計画では三回による毒薬の投与で目的を達するはずであったが、二回目の投与で O が死んだならばそれでもかまわないという意思であったならば、Tには未必の故意が認められるから、殺人未遂ではなく既遂になるということである。その二は、結果の発生に対して行為者に過失が認められる場合には、彼に過失責任を問えるということである。

三　わが国に目を向けたとき、中止と錯誤の問題に準じて処理すべきと思われる判例(220)として、次のようなものがある。甲は、乙を殺害して同人に掛けれられた保険金を得る目的で、胃腸薬に青酸カリを混入してこれを彼に与えたが、その後（甲の弁によれば）良心の呵責から、それを取戻しに乙の許に赴いたところ、同人からすでに服用し効果のあった旨の言を得たので、無事済んだことと思い安心していたところ、それから数日後乙がその胃腸薬を服用したために死亡したというものである。

これに対して、大審院は、「被告人ニシテ真ニ結果ノ発生ヲ防止セントトセハ宜シク其ノ先ニ交付シタル薬品カ毒物ナリシコトヲ告白スルノ真摯ナル態度ニ出テサルヘカラサルヲ以テ被告人カ単ニ乙ノ言ニ依リテ其ノ儘放任シ置キタルハ未タ結果ノ発生ヲ防止スル行為ヲ為シタリト云フヲ得サレハナリ故ニ被告人カ乙ニ右薬物ヲ交付シタル行為ト乙ノ死トノ間ニ因果ノ関係アリ被告人ハ該結果ノ発生ヲ現実ニ防止セサリシ以上最早ヤ中止犯ノ存在ヲ認ムルニ由ナキナリ」と述べて、甲を乙に対する殺人既遂とした原審の判決を維持した。

そこで本件について観てみると、ここでの甲は、彼が胃腸薬を取戻しにXの所へ赴いたとき、すなわち中止のとき、Xの言によって彼の殺人未遂が効を奏さなかったこと（不能未遂）を認識したのであるから、実際にはそうでなくとも、主観的には結果を阻止することができず、したがって中止は不可能となったのであるから欠効犯である。この意味において、大審院が甲に中止未遂を否定したのは誤りではない。

しかし、先にも述べたように、行為者がその惹起した客観的事実に対して故意責任を問われるためには、彼にその事実についての表象がなければならない。ところが、ここでの甲には、当初Xの死に対する認識はあったものの、その後Xの言を信じた以降かかる認識は存在しない。そうである以上、Xが死亡したときには、甲には彼の死に対する表象がなかったのであるから、発生した客観的事実について故意責任を問われる所以はない。この意味において、大審院が甲に殺人既遂罪を認めたのは誤りである。私見によれば、本件での甲の罪責は殺人未遂と過失致死との観念的競合である。人の死を惹起する恐れのある薬物を与えたのに、Xの言を安易に信じて、何の手段も施さなかった点に過失がある。

※なお最後に、フランスでは、中止行為について本章で扱ったような問題は殆ど論じられていない。かの地では、犯罪を delit formel と delit matériel とに分け（わが国の形式犯と実質犯との区別に対応するものではない）、前者の場合には中止が不可能とされるため両者の区別が重要となる。しかし、この区別の基準自体が争われており、わが国では余り実益のある議論ではないので、ここでは扱わなかった。

小　括

本章では、前の章において解明された中止未遂の基本思想を基に中止行為の内容を明らかにし、かつその周辺の問題を検討した。これによって判明したことは以下のとおりである。

まず、中止行為は、その対象となる未遂の発展段階によってその内容を異にする。すなわち、未終了未遂の場合にはたんなる不作為で足りるのに対して、終了未遂の場合には積極的な作為を必要とする。そこで、双方の未遂の区別が重要となるが、とくに問題なのは、行為者が犯罪の完成に充分な手段を複数有しており、その一部を行なって失敗した後、残りを放棄した場合における未遂の終了の有無である。これについては、未終了未遂とする全所為説、終了未遂とする個別行為説、行為者の計画の有無によって結論を異にする所為計画説の三つがあるが、たとえ複数の行為が其ぞれ結果を惹起するのに充分であったとしても、単一の所為を形成するとみられるかぎり未終了未遂であるとする全所為説が正しい。

次に、中止行為の内容であるが、ここで注意しなければならないことは、「中止行為」とその結果としての「危険の消滅」とをはっきり区別しなければならないということである。双方は、ともに客観性を具備することを要するが、前者と後者とではその程度に差がある。すなわち、中止行為の場合には、一般人からみてそれが危険を消滅させる可能性をもつものであれば足りるのに対して、危険の消滅の場合には、危険が確実に近いほど消滅したものでなければならない。

右のことを注意した上で、中止行為を定義すると、それは、中止の意思をもって、結果発生に対する危険性を消滅させるのに適した行為を行ない、それによって、かかる危険を一般人からみて確実に近いほど消滅させることである。そして、こうした消滅があった以上、たとえ法益侵害の惹起があっても中止行為が否定されるものではない。けだし、危険が確実に近いほど消滅したにもかかわらず発生した結果というものは、もはや相当因果関係がないとして、行為者には帰せしめられず、法律上は結果の不発生と同じだからである。

最後に、不能未遂の中止および中止と錯誤の問題についても、右のように理解された中止行為の本質から解決される。すなわち、中止が危険消滅行為であるとすると、不能未遂の場合、純客観的には存在しないが一般人の目からみて存在する危険を消滅させることによって中止行為を肯定することができる。また、行為者が終了未遂を未終了未遂と錯誤した場合、たんなる不作為によって主観的には危険が消滅しても、一般人からみて危険が消滅したとはいえないから中止行為は認められない。

（1）わが国でも、改正刑法草案では、中止未遂につき、「自己の意思によつて、犯罪の実行を中止し、又は結果の発生を防止したため、これを遂げなかつた者は、その刑を軽減し、又は免除する」（第二四条第一項）として、未終了未遂と終了未遂におけるそれとを分けて規定している。

（2）Ulsenheimer, a. a. O. S. 132~148。なお、わが国でこうした概観を行なったものとして、山中「着手未遂と実行未遂」（関大法学三四巻三・四・五号・昭五九）一九九―二一六頁。

（3）Hat der Täter alles getan, was von seiner Seite zur Vollendung des beabsichtigten Verbrechens notwendig war, ist jedoch der zum Begriffe des vollendeten Verbrechens erforderliche Erfolg durch andere, dazwischen getretene Umstände, welche ihren Grund nicht in seinem Willen, noch in seiner eigenen Handlungsweise hatten, abgewendet worden, so ist die Tat als beendigter Versuch… zu bestrafen. zit.: Ulsenheimer a. a. O. S. 134.

(4) Der Versuch ist ein beendigter, sobald der Verbrecher alles getan hat, was er zu tun für nötig hielt, um die von ihm beabsichtigte Rechtsverletzung herbeizuführen. In allen anderen Fällen ist der Versuch ein nicht beendigter. zit.: Ulsenheimer, a. a. O. S. 134.

(5) 当時の客観説について、vgl. Ulsenheimer, a. a. O. S. 135, Anm. 23. そこでは、本文で引用するものの他バウアー、ガイプ、ゴルドダマー等が挙げられている。

(6) Abegg, Lehrbuch der Strafrechtswissenschaft, 1836, S. 153, zit.: Ulsenheimer, a. a. O. S. 135.

(7) 当時の主観説について、vgl. Ulsenheimer, a. a. O. S. 135, Anm. 31. そこでは、本文で引用するものの他ブライデンバッハ、フォン・ブーリー等が挙げられている。

(8) Köstlin, System des deutschen Strafrechts. 1. Abt. Allgemeiner Teil, 1855, S. 241f, zit.: Ulsenheimer, a. a. O. S. 136.

(9) Ulsenheimer, a. a. O. S. 137ff.

(10) かかる学説について、vgl. Ulsenheimer, a. a. O. S. 140f, Anm. 53〜66. そこでは、本文で引用するものの他フォイエルバハ、ビンディング等が挙げられている。

(11) Leonhard, Commentar über das Criminal-Gesetzbuch für das Königreich Hannover, 1. Bd., S. 165ff, zit.: Ulsenheimer, a. a. O. S. 140.

(12) Hälschner, System des Preußischen Strafrechts, Erster oder allgemeiner Teil des Systems, 1858, S. 204f, zit.: Ulsenheimer, a. a. O. S. 140f.

(13) こうした批判に対し、未遂の二分化に賛成する論者の反論として、vgl. Ulsenheimer, a. a. O. S. 141f.

(14) Ulsenheimer, a. a. O. S. 142f.

(15) なお、今日の学説の中には、終了未遂を既遂と同様に扱うべきであるとする見解がある。Armin Kaufmann, a. a. O. S. 403.

(16) Ulsenheimer, a. a. O. S. 142.

(17) これについては、vgl. Ulsenheimer, a. a. O. S. 146., Anm. 104. そこでは、ビルクマイヤー、ベーリング、オルスハウゼン等が挙げられている。

(18) vgl. Ulsenheimer, a. a. O. S. 145.

（19）主観説を採るものとして、Robert von Hippel, a. a. O. S. 411 ; H. Schröder, a. a. O.（Jus）S. 82, l. Sp.; H. Mayer, a. a. O.（Stub）S. 146 ; Rudolphi, a. a. O. S. 188, Rn. 15 ; Jescheck, a. a. O. S. 487 ; Wessels, a. a. O. S. 192 ; Eser, a. a. O. S. 366. Rn. 13.

（20）RGSt. 43, S. 137ff（bes. 138f）; BGHSt. 31. S. 170ff（bes. 171）.

（21）シュトラーテンヴェルトも、「行為者には、彼からみて結果の回避に必要であると思われる態度をとることしか要求されない」としている。Stratenwerth, a. a. O.（Deutsch）S. 207, Rn. 709.

（22）平野・前掲論文一四八頁、山口・前掲教科書二二六頁、香川「中止犯」（総合判例研究叢書３・昭三一）六七頁。

（23）Scheurl, a. a. O. S. 44 ; Krauß, a. a. O.（Jus）S. 884f ; Ulsenheimer, a. a. O. S. 148～50, S. 217ff ; Baumann/Weber/Mitsh, a. a. O. S. 567, Rn. 12 ; Heintshel-Heinegg, a. a. O. S. 34～36 ; Herzberg, Grundprobleme des Rücktritts vom Versuch und Überlegung de lege ferenda, NJW 1991, S. 1633f.

（24）これに関する概観として、金澤「未終了未遂の意義」（東北大法学五七巻四号・平五）一一五頁以下。

（25）なお、本稿で欠効犯というとき、それはかかる内容をもつものとして理解されている。ちなみに、わが国における欠効犯概念の史的概観については、山中・前掲論文（関大法学）二八七―二九四頁。これによれば、ボアソナードは欠効犯と終了未遂とを同様に解していたが、その後、前者は本稿と同じように理解される（宮城、古賀）ようにいたり、やがて両者は再び同一のものとして扱われる（小疇）ようになったという。なお今日のフランスでも、欠効犯は本稿と同様に解されていると考えてよいであろう。

（26）今日のドイツにおいて、中止未遂に関する論文はこのテーマを扱ったものが一番多いようである。

（27）判例の動揺について、vgl. Ulsenheimer, a. a. O. S. 155ff. なお山中・前掲論文（関大法学）二二六頁以下も参照。

（28）かかる説を採るものとして、Geilen, a. a. O. S. 338ff ; Ulsenheimer, a. a. O. S. 236ff ; Bergmannn, a. a. O. S. 351 ; Herzberg, a. a. O.（NJW）S. 1635ff ; Heintshel-Heinegg, a. a. O. S. 51 ; Lackner/Massen, a. a. O. S. 163, Rn. 6 ; Eser, a. a. O. S. 370f. Rn. 21 ; Jakobs, a. a. O.（ZStW）S. 85ff ; derselbe, a. a. O.（Stub）S. 747ff ; derselbe, Die Bedeutung des Versuchsstadiums für die Voraussetzungen eines strafbefreienden Rücktritts, Jus 1980, S. 715ff.

（29）こうした説を採るものとして、Roxin, a. a. O.（Heinitz-FS）S. 267～269 ; derselbe, Der fehlgeschlagene Versuch, Jus 1981, S. 6ff ; Scheurl, a. a. O. S. 54f, S. 65 ; Schmidhäuser, a. a. O.（Lb）S. 629, Rn. 78 ; derselb, a. a. O.（Stub）S. 363, Rn. 80 ; Stratenwerth, a. a. O.（Deutsch）S. 208, Rn. 710 ; Jescheck, a. a. O. S. 489 ; Dreher/Tröndle, a. a. O. S. 156, Rn. 46 ; Wessels, a. a. O. S. 192 ; Baumann/Weber/Mitsh, a. a. O. S. 74f. Rn. 31 ; Kauß, a. a. O.（Jus）S. 884, r. Sp.（故意の同一性内において）; Rudolphi, a. a. O. S. 184, Rn. 14（ただし彼は、最初の行為の失敗後、次の行為が初めのそれよりも危険なときは中止は成功しないとする）.

(30) BGHSt. 14, S. 74ff. 事案は、次のようなものであった。別居中の妻が掃除のために帰宅した際、夫が同女を詰ったが、彼女のこれを全く無視する態度に彼は腹を立て、登山用ナイフで相手の心臓の下を少なくとも七センチの深さに刺した後直ちにこれを抜いた。妻は悲鳴をあげて助けを呼び、夫からナイフを奪い取るとそれを通りに投げ捨て、急いで家を出て病院に入院した。この後、夫は二回自殺を企てた。
(31) Welzel, a. a. O. S. 196f. Maurach, a. a. O. S. 519.
(32) BGHSt. 14, S. 79.
(33) Geilen, a. a. O. S. 340, l. Sp. この批判にしたがうものとして、山中・前掲論文（関大法学）二三四頁。
(34) Jescheck, a. a. O. S. 488.
(35) Maurach/Gössel/Zipf, a. a. O. S. 61, Rn. 25.
(36) その他同様の批判として、Stratenwerth, a. a. O.（Deutsch）S. 207, Rn. 710.
(37) 同旨、Geilen, a. a. O. S. 336, l. Sp.
(38) なおロクシンは、所為計画説に対して、a実際的（praktisch）根拠、b刑事政策的根拠、c教義学的根拠からする三つの批判を行なっている。aは、この説にしたがうと、行為者の有罪無罪が、彼の答弁に左右されてしまうというものである。すなわち行為者が、弁護士から助言を得て、犯罪の手段については考えていなかったと答えれば無罪となるのに対して、一定の手段を考えていたことを愚かにも認めれば有罪になるという。bは、本文の㈡の批判に略ぼ相当するものであり、cは、㈢のそれである。なお、ロクシンの影響の下に、これと略ぼ同じ批判を行なうものとして、山中・前掲論文（関大法学）二五七—二五九頁。
(39) Krauß, a. a. O.（Jus）S. 884, r. Sp.
(40) BGHSt. 22, S. 176f.
(41) 反復（Wiederholung）と継続（Fortsetzung）との言葉の違いに注意。前者の場合は、前の行為とは独立した新たな行為の実行を意味するのに対して、後者の場合は、すでに開始された行為の続行を意味する。
(42) BGHSt. 22, S. 177.
(43) Geilen, a. a. O. S. 336, r. Sp.
(44) BGHSt. 31, S. 170ff. 事案は、次のようなものであった。窃盗の目的で、Tは同棲している女性の部屋に忍び込んだが、相手に見付かったため、自分の犯行を目撃した彼女を殺して逃げようと思い、確定的な殺意をもって、初めナイフで相手を刺したが同女が抵抗したので、次に相手が気を失うまで首を絞めた。しかしその後、はっきりしない理由からTは犯行を止めた。このとき、彼は彼女の生死については判らなかったが、死んだかもしれないという予測はあった。そして、Tはその場から逃げた。

(45) BGHSt. 31, S. 175f.

(46) なお、その後、行為者の計画の有無にかかわらず、中止時を基準（Rücktrittshorizont）とする判例が相次いでいる。たとえば、BGHSt. 33, S. 295ff.（bes. S. 298f）; BGHSt. 35, S. 90ff.（bes. S. 93f.）等。これ以外については、後者の判例 S. 92f. 参照。

(47) Geilen, a. a. O. S. 338, l. Sp ; Ulsenheimer, a. a. O. S. 243f.

(48) 瓶、パイプレンチとしているのは、先のパイプレンチ事件と後述のフラッハマン事件（瓶による殴打）を念頭においているのであろう。

(49) Roxin, a. a. O.（Jus）S. 8, l. Sp. 同様の批判として、山中・前掲論文（関大法学）二六九―二七〇頁。

(50) Roxin, a. a. O.（Jus）S. 8.

(51) vgl. Roxin, a. a. O.（Jus）S. 8, r. Sp.

(52) Jakobs, a. a. O. S.（Stub）S. 749, Anm. 30.

(53) Jakobs, a. a. O. S.（Stub）S. 749, Rn. 16 ; derselbe, a. a. O.（Jus）S. 716, r. Sp.

(54) Geilen, a. a. O. S. 338, l. Sp ; Ulsenheimer , a. a. O. S. 235f.

(55) 本文で殺人罪を例に挙げるのは、全所為説と個別行為説の対立が、もっぱら殺人罪の中止に関してなされているからである。

(56) したがって、ロクシンが所為計画説に対して加えた先の注38でのaの批判は正しいものであると思われない。

(57) Ulsenheimer, a. a. O. S233.

(58) Ulsenheimer, a. a. O. S234.

(59) ヤコプスは、偶然が行為者に有利に働く場合のあることを認める。Jakobs, a. a. O.（Jus）S. 716, l. Sp.

(60) Jakobs, a. a. O.（Jus）S. 715, r. Sp. 同旨の叙述として、derselbe, a. a. O.（Stub）S. 749, Rn. 16.

(61) Jakobs, a. a. O.（ZStW）S. 83.

(62) Jakobs, a. a. O.（ZStW）S. 85. 同じ考えとして、Bergmann, a. a. O. S. 339f.

(63) Jakobs, a. a. O.（ZStW）S. 88.

(64) なお、このヤコプスの説にしたがうものとして、Heintshel-Heinegg, a. a. O. S. 43, S. 48, S. 54.

(65) 同じく個別行為説を採るベルクマンは、こうした考え方に批判的である。Bergmann, a. a. O. S. 341f.

(66) ヤコプスのこの見解は、前章で紹介したヒッペルとショイルとの考え方に示唆を得たものではないかと思われる。

（67）ドイツ語では、Akt, Handlung, Tat の順に広い概念となる。個別行為説が Einzelaktstheorie と、また全所為説が Gesamttatstheorieと呼ばれていることにも注意。
（68）BGHSt. 10, S. 129ff.
（69）フラッハマンによる最初の殴打のときには殺人の未必の故意を推定せしめるが、その後の殺人の決意は確定的故意を連想させる（傍点部分注意）。
（70）BGHSt. 10, S. 129, noch vgl. S. 130f.
（71）Ulsenheimer, a. a. O. S. 236. 同様の批判として、Jakobs, a. a. O. (Jus) S. 716, Anm. 24 ; Bergmann, a. a. O. S. 341, S. 355f.; Grünwald, a. a. O. S. 714.
（72）第二二条は、未遂犯の概念について次のように規定する。「その所為についての表象に従って、構成要件の実現を直接に開始した者は、犯罪行為をしようとして未遂に終つたものである」（ドイツ刑法典——宮沢訳を参考にした）。
（73）個別行為説の立場に立つハインチェル・ハイネッグも、第二二条の所為と第二四条の所為とが同一のものであることを認める。Heintshel-Heinegg, a. a. O. S. 42.
（74）右のような批判（注71）を行なうベルクマンも、中止犯における所為の単一性と競合論におけるそれとが、結論的には一致するものであることを認める。Bergmann, a. a. O. S. 356.
（75）Jescheck, a. a. O. S. 489.
（76）Bumann/Weber, a. a. O. S. 516.
（77）主観説を採るものとして、宮本・学粋三七八—三七九頁、同・大綱一八五頁、牧野・前掲教科書六三四次頁、滝川・前掲教科書一六八頁。
（78）客観説を採るものとして、植松・前掲書三二八頁。
（79）この説は、一般に折衷説や実質的客観説などと呼ばれているが、中止前の行為と中止した行為とが単一の構成要件行為としてみなされるか否かを問題とするという意味で、ここでは本文のように呼んだ。
（80）平野・前掲論文一四九頁、同旨、大谷・前掲教科書三九八頁、堀内・前掲教科書二四〇頁、澤登「中止犯」刑法の判例（第二版）一〇五頁。
（81）なお、判例の概観について、山中「中止行為の要件」（判タ・五二八号・昭六四）五五頁以下。
（82）東京地判昭四〇・四・二八判時四一〇号一七頁。なお、判決文の実名は被告人の場合は甲、乙等と、被害者の場合はX、Y等と書き改める。以後、本稿においてはすべてそうする。

(83) 東京高判昭五一・七・一四判時八三四号一〇六頁。この判例の評釈として、安富・橋本・法学研究五〇巻一〇号八八頁以下。

(84) 横浜地裁川崎支判昭五二・九・一九判時八七六号一二八頁。（二）〜（四）の判例評釈として、藤永・研修三六五号六七頁以下。

(85) 宮崎地裁都城支判昭五九・一・二五判タ五二五号三〇二頁。

(86) 何れも、行為によって相手に加えられた創傷の程度から死の危険を判断している。

(87) このように、中止行為を危険消滅行為とする考えは、わが国では、すでに平野・前掲論文一四七—一四八頁にみられ、最近では、塩見「中止行為の構造」（中山古稀祝賀第三巻・平九）二四七頁以下が危険減少行為と解している（しかし、たんなる減少では足らず消滅とすべきであろう）。

(88) 中止行為に故意を求めるものとして、Scheurl, a. a. O. S. 42 ; Maurach, a. a. O. S. 524 ; Schmidhäuser, a. a. O.（Lb）S. 635, Rn. 90 ; derselbe, a. a. O.（Stub）S. 369, Rn. 92 ; Rudolphi, a. a. O. S. 190, Rn. 27 ; Stratenwerth, a. a. O.（Deutsch）S. 211, Rn. 724 ; Eser, a. a. O. S. 378, Rn. 59 ; Baumann/Weber/Mitsh, a. a. O. S. 68f. Rn. 15.

(89) なおヤコプスは、過失による中止は刑罰減軽事由であるとする。Jakobs, a. a. O.（Stub）S. 741, Anm. 1 a.

(90) もっとも、こうした対立は見かけだけの対立（Scheinkontroverse）にすぎないとする意見もある。Stratenwerth, a. a. O.（Deutsch）S. 208, Rn. 713.

(91) 行為の放棄ではなく、行為の完全な放棄とするのは、事後に再びその行為を継続する意思で、一時的に犯行を中止した場合は放棄と認めない趣旨であろう。

(92) マウラッハは、かように呼んでいる。Maurach, a. a. O. S. 522.

(93) Mezger, a. a. O. S. 405.

(94) その他、具体的観察方法を採るものとして、v. Liszt/Schmidt, a. a. O. S. 317 ; M. E. Mayer, a. a. O. S. 371, Anm. 8 ; Allfeld, a. a. O. S. 79 ; Meyer/Allfeld, a. a. O. S. 202 ; Maurach, a. a. O. S. 522 ; Maurach/Gössel/Zipf, a. a. O. S. 68f. Rn. 52 ; Schmidhäuser, a. a. O.（Lb）S. 631f. Rn. 82 ; derselbe, a. a. O.（Stub）S. 364, Rn. 82 ; Otto, a. a. O. S. 245 ; Jakobs, a. a. O.（Stub）S. 745, Rn. 10 ; Lackner/Massen, a. a. O. S. 164, Rn. 8~9 ; Stratenwerth, a. a. O.（Schweizerisch）S. 328, Rn. 71 ; Frank, Das Strafgesetzbuch für das Deutsche Riech, 18. Aufl., 1931, S. 98.

(95) Welzel, a. a. O. S. 198.

(96) その他、抽象的観察方法を採るものとして、Binding, a. a. O.（Grundriß）S. 139, § 57 ; Sauer, a. a. O.（Strafrechtslehre）S. 116 ;

H. Mayer, a. a. O.（Lb）S. 296 ; Kohlraush/Lange, a. a. O. S. 158 ; Bockelmann, a. a. O.（Lb）S. 210 ; Jeschek, a. a. O. S. 490 ; Dreher/Tröndle, a. a. O. S. 157, Rn. 5 ; Triffterer, a. a. O. S. 369, Rn. 55 ; Hruschka, Zur Frage des Wirkungsbereichs eines freiwilligen Rücktritts vom unbeendeten Versuch, JZ 1969, S. 494, l. Sp.

（97）BGHSt. 7, S. 297.

（98）Maurach, a. a. O. S. 522.

（99）Schmidhäuser, a. a. O.（Lb）S. 631f, Rn. 82.

（100）むろん刑法と道徳とが異なるものである以上、犯意と反道徳的意思が同じものであるとはいえない。しかし、両者の内容が一致する場合が多いことも確かである。

（101）Binding, a. a. O.（Grundriß）S. 138f.

（102）Roxin, Rezension von Gutmann, Die Freiwilligkeit beim Rücktritt vom Versuch und bei der tätigen Reue, ZStW, Bd. 77, 1965, S. 99 ; derselbe, a. a. O.（Kriminalpolitik）S. 38.

（103）Ulsenheimer, a. a. O. S. 341.

（104）なおラムペは、犯意の放棄は違法性の問題であるのに対して、任意性は責任の問題であるから、両者を同一視することはできない趣旨のことを述べている。Lampe, a. a. O. S. 614, l. Sp.

（105）具体的、抽象的観察方法の有無を問わず、注94と96で挙げた学説の中、放棄の意思を中止行為の問題として扱うのは、アルフェルト、シュミットホイザー、ヤコプス、オットー、メッガー、H・マイヤー、イェシェック、ドレアー／トレンドレ等である。

（106）M. E. Mayer, a. a. O. S. 371, Anm. 8.

（107）Lenckner, a. a. O. S. 303.

（108）Lenckner, a. a. O. S. 303f.

（109）その他、行為の単一性をもち出すものとして、Stratenwerth, a. a. O.（Deutsch）S. 208, Rn. 713 ; Lackner/Massen, a. a. O. S. 164, Rn. 8〜9.

（110）Herzberg, Der Rücktritt mit Deliktsvorbehalt, in : Gedächtnisschrift für H. Kaufmann, 1986, S. 271f.

（111）たとえば、木村・前掲論文（概念）二七二頁、二八〇—二八一頁、小野・前掲教科書一八六頁、宮本・学粋三七七頁、同・大綱一八四頁、中山・前掲教科書三〇一頁、佐伯・前掲教科書三二四頁、中野・前掲教科書一三二頁。

（112）平野・前掲論文一四九—一五〇頁。

(113) 香川・前掲判例叢書九七―九八頁、山中・前掲論文（関大法学）三一五―三一六頁、塩見・前掲論文二六四頁、二六九頁。

(114) 小野・前掲教科書一八六頁。

(115) 中野・前掲教科書一三二頁。

(116) その他、同様の見解として、注111で挙げた学説（木村、宮本、佐伯、中山）。

(117) 平野・前掲論文一四九―一五〇頁。

(118) こうした考え方にしたがうものとして、香川・前掲判例叢書九八頁。

(119) 終了未遂の中止行為は、ドイツでtätige Reueと呼ばれる。このtätige Reueについては、いくつか注意しておかなければならないことがある。

(一)まず、訳語に関してであるが、これについての定訳は存在しない。木村・前掲論文（悔悟）二九九頁は、「行為によつて表現せられたる悔悟」と訳し、香川・前掲論文六七頁は、「行為によつて証明された悔悟」と訳し、宮沢訳・ドイツ刑法典は、「有効な悔悟」と訳し、山中・前掲論文（刑法講座）三五二頁は、「行為による悔悟」と訳し、また言葉の上ではtätige Reueと全く同義のフランス刑法におけるrepentir actif（もっとも最近では、遅すぎた後悔という意味でのremord tardifという語が用いられている）を、新倉等訳・「フランス刑事法（刑法総論）」（昭五六）一五六頁は、「積極的悔悟」と訳す。tätige Reue, repentir actifの本来の意味は、行為者がみずからの悔悟を行為によって示すというものであろうから、「行為によって示された悔悟」と私は訳しているが（したがって、木村、香川訳に近い）、本稿では、判り易いように、終了未遂の中止行為と訳した。

(二)次に、tätige ReueのReueは必ずしも倫理的意味でのReueである必要はないから、こうした表現は誤解を招き易いという批判がある。M. E. Mayer, a. a. O. S. 372 ; Allfeld, a. a. O. S. 80 ; Jescheck, a. a. O. S. 492 ; Eser, a. a O. S. 364, Rn. 6 ; Schmidhäuser, a. a. O. (Lb) S. 626, Rn. 75, S. 634, Rn. 87. そこから、シュミットホイザーは、終了未遂における中止行為をtätige Reueとする代りにtätiger Rücktritt（積極的行為による中止）とし、未終了未遂における中止をeinfacher Rücktritt（単純な中止）と呼ぶことを提案する。a. a. O. (Lb) S. 626, Rn. 74. この名称にしたがうものとして、Scheurl, a. a. O. S. 42.

(三)最後に、tätige Reueはドイツ刑法において終了未遂の他に既遂の一部に認められる。後者の例として、たとえば、同法第一六三条第二項は、過失によって偽証罪を犯したものが、時期に間に合って虚偽の陳述を訂正した場合には不処罰とし、また同法第三一〇条は、放火を行なったものが、発覚前に且つその放火によって生じた損害以上の損害が発生する前に火を消止めた場合には、放火のかどで処罰しないとする。これに対して、フランス刑法におけるrepentir actifは、既遂についてしか認められない（しかも、ドイツのように不処罰とされない）。désistement volontaireは、実行の着手の段階に位置するもので、結果の発生する前に犯罪行為を中断するものであるのに対して、repentir actifは、犯罪の完成後に行なわれるもので、被害者の被った損害を償うものであるという(Merle et Vitu, op. cit, p588 et S. n°470)。たとえば、フランス刑法第二四四—一条第三項は、逮捕監禁罪を犯した者が、拘束の日から起算して満七日を経過する前に被監者等を解放した場合には軽い刑を規定し、同法第四五〇—二条は、凶徒結集罪を犯した者が自首した場合には、刑の免除を認めている。

(120) いわゆる動機づけ犯罪の場合には、財物の不受領だけで中止行為が認められるか否かが問題となる。これに関して、昭和二六年二月二四日の名古屋高裁の判決が、恐喝未遂について、「仮りに被害者が金員を提供したとしても被告人に於て之を受領しない程度の意思発動が無ければならない」としていることに対して、香川博士は、「受理しない程度の意思発動」が「告知した害悪を撤回し、相手方の恐怖心を除去し」たという意味ならば正しい（香川・前掲判例叢書七五—七六頁）として、単なる不受領だけでは足りない旨の意見を述べているが、妥当な見解である。

(121) なお、同じく動機づけ犯罪である恐喝罪の中止行為について、F. C. Schröder, Rücktritt vom Versuch, Jus 1978, S. 824f.

(122) 不作為犯の中止については、vgl. Lönnies, Rücktritt und tätige Reue beim unechten Unterlassungsdelikt, NJW 1962, S. 1950ff.

(123) 不作為犯の未遂時期については争いがある。すなわち、行為者の表象によれば作為義務が生じた時点でこの義務にしたがわなかったときとする見解（H. Schröder, a. a. O. S. 86, r. Sp.）と介入によって結果を回避する最後の可能性の存するときとする見解(Welzel, a. a. O. S. 221.) との対立（本稿では前者の立場にしたがう）がそれである。ちなみに、わが国で香川博士は、不作為による放火の未遂時期について、「……点火行為と同視しうる程度の行為の存在が必要とされよう。したがって、その存在をまつて着手時期を考えるほかあるまい」としている。香川「注釈刑法（２）のⅡ総則（３）」（昭四四）四六四頁。

(124) H. Schröder, a. a. O. S. 86, r. Sp ; Schönke/Schröder, StGB. 14. Aufl. 1969, S. 300f. Rn. 10~12 ; Lönnies, a. a. O. S. 1951, r. Sp ; Otto, a. a. O. S. 253.

(125) Lönnies, a. a. O. S. 1951, r. Sp.

(126) たとえば、木村（静）・前掲論文二九頁、中・前掲教科書二一五頁、大塚・前掲教科書一七六頁、福田・前掲教科書二三二頁注二。なお、香川・前掲注釈刑法四八七頁以下参照。

(127) 刑集一六・九九八頁。

(128) 以下の類型は、Bloy, Zurechnungsstrukturen des Rücktritts vom beendeten Versuch und Mitwirkung Dritter an der Verhinderung der Tatvollendung, Jus 1987, S. 534f. を参考としたものである。

(129) Lackner/Massen, a. a. O. S. 169, Rn. 19 b.

(130) Otto, a. a. O. S. 249.
(131) v. Liszt/Schmidt, a. a. O. S. 317f.
(132) H. Schröder, a. a. O.（StGB）S. 305, Rn. 31.
(133) また、M. E. Mayer, a. a. O. S. 372f. ; Jakobs, a. a. O.（Stub）S. 752, Rn. 20 ; Rudolphi, a. a. O. S. 190, Rn. 27. も同じものと思われる。
(134) Wessels, a. a. O. S. 199. また、ラックナーも同趣旨と思われる。Lackner/Massen, a. a. O. S. 169f. Rn. 19 b.
(135) もっとも、かような場合でも、それを行なうのにさしたる努力を要しないときは、例外的にこれを他人に委ねてもよいであろう。たとえば、医者や消防署への電話を他人に依頼する場合等がこれである。けだし、本人が惹起した危険は本人が負担をもって消滅させるべきだが、僅かな労力でできることは、本人にとって負担といえるほどのものではないからである。
(136) Bloy, a. a. O.（Jus）S. 528ff.
(137) Bloy, a. a. O.（Jus）S. 529, l. Sp., vgl. S. 530, l. Sp.
(138) Bloy, a. a. O.（Jus）S. 530f.
(139) BGHSt. 33, S. 295ff.
(140) BGHSt. 33, S. 301.（ただし本件では、従業員が救急車を呼んだのは、被告人にいわれたからではなく、彼らの自発的な意思に由るものであるとして中止行為を否定。S. 302）.
(141) Scheurl, a. a. O. S. 42 ; Maurach/Gössel/Zipf, a. a. O. S. 79, Rn. 88 ; Wessels, a. a. O. S. 199（この判例にしたがうが条件付）.
(142) BGHSt. 31, S. 46ff. 事案は次のようなものであった。Tは、他の女性と再婚するため離婚を迫っていた妻がそれに応じないことに腹を立て、死の可能性を認識しながらビール瓶や灰皿で殴る等の暴力を加えたが、相手が頭に大量の出血をしているのを見るに及んで殴打を止め、妻を車に乗せ、病院の入口手前九五メートルの所で同女を降ろし一人で病院まで歩かせたが、彼女は入口手前約四〇メートルの茂みの中で倒れ、それを通行人に発見されて病院へ運ばれた。Tは、妻が医者の下まで無事に行けたと確信していた。
(143) BGHSt. 31, S. 49.
(144) Herzberg. a. a. O.（NJW）S. 1637, l. Sp.
(145) Schmidhäuser, a. a. O.（Stub）S. 369, Rn. 91 ;derselbe, a. a. O.（Lb）S. 635, Rn. 89.
(146) Schmidhäuser, a. a. O.（Stub）S. 369, Rn. 91.
(147) Otto, a. a. O. S. 249.
(148) Eser, a. a. O. S. 378, Rn. 59.

(149) Eser, a. a. O. S. 379, Rn. 66.

(150) その他、帰責説を採るものとして、Baumann/Weber/Mitsh, a. a. O. S. 573, Rn. 28 ; Lackner/Massen, a. a. O. S. 169. Rn. 19b.

(151) Jakobs, a. a. O.（Stub）S. 751, Rn. 19 a. noch vgl. S. 752, Rn. 21 ; derselbe, a. a. O.（ZStW）S. 90.

(152) Jakobs, a. a. O.（Stub）S. 752, Rn. 19 a ; derselbe, a. a. O.（ZStW）S. 90. 同じ考えとして、Heintshel-Heinegg, a. a. O. S. 29ff.

(153) Jakobs, a. a. O.（Stub）S. 752, Rn. 19 a.

(154) 私が危険の消滅を「確実な」ものとしないで、「確実に近い」ものとするのは、そうしないと、ほんの僅かな危険性、すなわち相当因果関係さえもないような結果発生の微妙な可能性が残っていても、中止行為が認められなくなるからである。

(155) Baumann/Weber/Mitsh, a. a. O. S. 573, Rn. 28 ; Jakobs, a. a. O.（Stub）S. 754, Rn. 22 ; derselbe, a. a. O.（ZStW）S. 92, Anm. 15.

(156) たとえば、中・前掲教科書二一五頁、藤木 前掲教科書二六三頁、これに対して、小野・前掲論文二八九―二九〇頁は不要とする。

(157) 木村（静）・前掲論文二八頁。

(158) 曽根・前掲書二六九頁。

(159) 彼が、ここでansetzenを用いたのは、未遂を規定した第二二条が、zur Verwirklichung des Tatbestandes unmittelbar ansetzen（構成要件の実現を直接に開始した）場合に、未遂への着手を認めていることに対応させたものであろう。

(160) Jakobs, a. a. O.（ZStW）S. 91.

(161) H. Schröder, a. a. O.（StGB）S. 306, Rn. 32 ; Eser, a. a. O. S. 379, Rn. 65 ; Baumann/Weber/Mitsh, a. a. O. S. 568, Rn. 13（ただし、相手の運転手に重過失があった場合にかぎられるという）.

(162) たとえば、事故が相手の故意によって惹き起こされた場合。

(163) Schmidhäuser, a. a. O.（Lb）S. 626 ; derselbe, a. a. O.（Stub）S. 360. 彼がmißlungener Rücktrittという名称を用いたのは、おそらくfehlgeschlagener Versuchに対応させたものであろう。

(164) ヴォルターは、中止行為に失敗して結果が発生すればその結果は行為者に帰せしめられるが、医師の過失に基く技術上の失敗（leichtfertige Kunstfehler）のあった場合には別であるとしている。Wolter, Vorsätzliche Vollendung ohne Vollendungsvorsatz und Vollendungsschuld, in : Festschrift für Leferenz, 1983, S. 548.

(165) Ulsenheimer, a. a. O. S. 99f ; Wolter, a. a. O. S. 562 ; Rudolphi, S. 191, Rn. 28 ; H. Schröder, a. a. O.（StGB）S. 306, Rn. 32 ; Eser, a. a. O. S. 379, Rn. 65 ; Baumann/Weber/Mitsh, a. a. O. S. 567f, Rn. 13.

(166) たとえばTが、殺意をもって重傷を負わせたOの命を助けるべく彼を病院に運び、そこでの医師による手術が無事成功したとする。この場合、一般人の目からみてOの死の危険は確実に近いほど消滅したと考えてよいであろう。したがって、Tに中止行為を認めることができる。ところが、通常なら手術の成功によって命が助かるはずのOが、稀有な異常体質のために亡くなったとする。この場合、Oの死の結果は相当因果関係の外にあるものとしてTには帰せしめられない。

(167) 野村・前掲教科書三六三次頁、また中山・前掲教科書三〇六頁。

(168) 宮本・学粋三七九—三八〇頁、同・大綱一八六頁、団藤・前掲教科書三六五頁、木村（静）・前掲論文二九頁、中・前掲教科書二一五頁、曽根・前掲書・二六九頁、中山・前掲教科書三〇六頁、前田・前掲教科書一六五頁、小野・前掲論文二八五頁、同・前掲教科書一八七頁（ただし、小野博士は、わが刑法のように中止犯に可罰性があるなら、立法論としては結果発生の場合にも中止を認めてよいとする、一八五—一八六頁）。

(169) たとえば、曽根・前掲書二六九頁、中山・前掲教科書三〇六頁。

(170) 前田・前掲教科書一六五頁。

(171) 香川・前掲論文一二八頁。

(172) また、中止犯の立法理由を、法益侵害の防止に求める黄金の架橋説、結果阻止に対する褒賞とする褒賞説の立場からも、犯罪が既遂となった以上、中止を認めることはできないであろう。

(173) H. Schröder, a. a. O. (Jus) S. 82, l. Sp.; derselbe, a. a. O. (StGB) S. 306, Rn. 32d ; Ulsenheimer, a. a. O. S. 98 ; Lenckner, a. a. O. S. 292 ; Rudolphi, a. a. O. S. 191, Rn. 28 ; Jescheck, a. a. O. S. 492 ; Otto, a. a. O. S. 252 ; Baumann/Weber/Mitsh, a. a. O. S. 575, Rn. 33（前後の関係からそう解してよいであろう）.

(174) Jakobs, a. a. O. (Stub) S. 752, Rn. 20.

(175) Maurach/Gössel/Zipft, a. a. O. S. 81, Rn. 95 ; Eser, a. a. O. S. 379, Rn. 62 ; vgl. Lenckner, a. a. O. S. 292, Anm. 32.

(176) Rudolphi, a. a. O. S. 191, Rn. 28 ; Otto, a. a. O. S. 252 ; Jakobs, a. a. O. (Stub) S. 752, Rn. 20 ; Baumann/Weber/Mitsh, a. a. O. S. 575, Rn. 33 ; Triffterer, a. a. O. S. 371, Rn. 60.

(177) Jescheck, a. a. O. S. 429 ; Eser, S. 379, Rn. 62 ; Maurach/Gössel/Zipf, a. a. O. S. 81, Rn. 95 ; Lenckner, a. a. O. S. 292（中止者に不利に扱われてはならないとするのも、その趣旨かと思われる）.

(178) ヤコプスは、被害者の了解を得ることによる中止も可能であるとする。たとえば器物損壊罪において、その未遂終了後でその結果発生前に、損壊しようとした物を所有者から買い取る場合がそれであるという。Jakobs, a. a. O. (Stub) S. 750, Rn. 18.

(179) レンクナーは、殺人未遂の中止を被害者の放棄しえない法益の場合として扱っているが（Lenckner, a. a. O. S. 292, Anm. 32.）、本文のように解すれば、放棄しうる法益についての中止と考えることができるであろう。
(180) Kohlrausch/Lange, a. a. O. S. 157, vgl. S. 156.
(181) Robert von Hippel, a. a. O. S. 413f.
(182) H. Schröder, a. a. O.（Jus）S. 82. l. Sp. なお、香川・前掲論文一一〇―一一一頁をも参照。
(183) なお、この規定は、その後現行ドイツ刑法第三〇条ないし三一条に受け継がれている。
(184) こうしたシュレーダーの見解の影響の下に、真摯性を条件にヴェルツェルやマウラッハも不能未遂の中止を肯定する。Welzel, a. a. O. S. 199 ; Maurach, a. a. O. S. 524. なお、現行刑法後学説が、かかる場合の中止を一般に認めることはいうまでもない。
(185) M. E. Mayer, a. a O. S. 373.
(186) Meyer/Allfeld, a. a. O. S. 202.
(187) Meyer/Allfeld, a. a. O. S. 202f, Anm. 53 ; noch, vgl. Allfeld, a. a. O. S. 81.
(188) またフランクが、中止者本人の行為によらないからであるとし（Frank, a. a. O. 98.）、メッガーが、中止を認めることに反対はしないが、現行法上は不可能であるとするのも（Mezger, a. a. O. S. 406.）、因果関係が存在しないからとする趣旨であろう。
(189) 前者については、RGSt. 68, S. 82、後者については、RGSt. 68, S. 306（ただし右の二つの判例については参照できなかった）。
(190) BGHSt. 11, S. 324ff. この判例の評釈として、清水・「不能未遂と中止未遂」（警研・五三巻八号・昭五七）五七頁以下。
(191) BGHSt. 11. S. 325f.
(192) BGHSt. 11, S. 327f.
(193) (二)の理由が挙げられていないのは、判例が主観的未遂論の立場に立つからであろう。
(194) 平野・前掲論文一四七次頁、香川・前掲論文一一六頁、木村（静）・判例刑法研究四（昭五六）六五頁（ただし、前掲論文二九頁では否定）、中山・前掲教科書三〇五頁、川端・前掲教科書四七〇―四七一頁、前田・前掲教科書一六九頁、荘子・前掲教科書四三六頁注六、団藤・前掲教科書三六五頁、大谷・前掲教科書三九一頁、中・前掲教科書二一五頁、福田・前掲教科書二三一頁。これに対して、否定説を採るものとして、佐伯・前掲教科書三二六頁、藤木・前掲教科書二六四頁。
(195) 曽根・前掲書二六四頁、中山・前掲書三〇五頁、前田・前掲教科書一六九頁。
(196) 平野・前掲論文一四七―一四八頁。最近では、野村・前掲教科書三六二―三六三頁。
(197) 香川・前掲論文一一三頁以下。

(198) 同旨、内藤「改正刑法の研究Ⅰ概論・総則」（平場・平野編）（昭四七）二二五―二二六頁。

(199) 団藤・前掲教科書三六五頁、香川・前掲論文一一六頁、木村（静）（判例研究）六五頁、荘子・前掲教科書四三六頁注6。

(200) H. Schröder, a. a. O.（Jus）S. 82.

(201) H. Schröder, a. a. O.（StGB）S. 300, Rn. 9, Rn. 9 b.

(202) Eser, a. a. O. S. 371, Rn. 23.

(203) Eser, a. a. O. S. 371, Rn. 24.

(204) Jakobs, a. a. O.（Stub）S. 747, Rn. 13.

(205) その他、中止未遂を肯定するものとして、Allfeld, a. a. O. S. 79 ; Backmann, Strafbarkeit des vor Tatbeginn zurückgetretenen Tatbeteiligten wegen vollendeter Tat ? Jus 1981, S. 339ff ; Lönnies, a. a. O. S. 1951, l. Sp ; Scheurl, a. a. O. 50.（ヴォルターは、ショイルを否定説とする。確かに、S. 48ではそのように思わせる叙述があるが、結局S. 49f. で肯定している）。

(206) むろん、場合によっては、相手の異常体質のために致死量の半分で死ぬということもありうる。しかし、この場合は相当因果関係がないから死の結果は行為者に帰せしめられず、法律上は結果の不発生と同じである。

(207) この場合、Tは最初の発砲を失敗したと思い、二発目を射とうと思えば射てたのだから、彼の主観からすれば未終了未遂であり、客観的には初めの発砲でOに死の危険が生じているのだから終了未遂である。

(208) BGHSt. 33, S. 298f.

(209) もっとも、BGHは略ぼ次のように述べてここでのTの錯誤を否定した。すなわち、終了未遂が認められるには、行為者が結果発生を確実と思う必要はなく、結果発生の明白な可能性（naheliegende Möglichkeit）を認識していれば足りる。そして、本件では、至近距離から九ミリ口径のピストルで人の頭に向って弾丸を発射したのであり、それがほとんど例外なく生命の危険に結びつくことは、被告人も認識しえたはずである。そうである以上、彼は結果の発生を可能と思ったのであるから終了未遂である（S. 300.）、と。

(210) これに対して、結果が発生しなかったときはどうであろうか。冒頭の例で、Tは三回目の毒薬を投与しないという中止しか行なわなかったが、その後、毒薬を飲まされたことに気付いたOが自分で解毒剤を飲んだ場合である。この場合も、Tにおいて危険を客観的に消滅させる行為がなされていない以上、中止は認められない。

(211) Schmidhäuser, a. a. O.（Lb）S. 627, Rn. 76.（因果関係に著しい逸脱がない）; derselbe, a. a. O.（Stub）S. 361, Rn. 75 ; Baumann/Weber, S. 533.（故意は行為のときにあればよく、結果発生まで存在する必要はない。また、因果関係の著しい逸脱もない）; Ulsenheimer, a. a. O. S. 97f., S. 101（右のバウマンと同じ理由）; Wessels, a. a. O. S. 191 Stratenwerth, a. a. O.（Deutsch）S. 209,

Rn. 715 ; derselbe, a. a. O.（Schweizerisch）S. 325f, Rn. 65, S. 329, Rn. 75 ; Robert von Hippel, a. a. O. S. 411, Anm. 6 ; Bockelmann, a. a. O.（Lb）S. 210.

(212) Maurach/Gössel/Zipf, a. a. O. S. 77, Rn. 80（既遂の故意は排除されるが未遂の故意は排除されない）、フランク（注216）、ヴォルター（注219）。

(213) Rudolphi, a. a. O. S. 188, Rn. 16.

(214) Wolter, a. a. O. S. 562f.

(215) Jescheck, a. a. O. S. 487, Anm. 19.

(216) Frank, a. a. O. S. 100.

(217) フランスでもコントゥ／ドゥ・シャムボンは、故意は既遂の境まで存在（être continue et se prolonger jusqu'aux confins de la consommation）していなければならないとする。Conte et du Chambon, op. cit., p. 180, n°339.

(218) Wolter, a. a. O. S. 550, S. 569f.

(219) Wolter, a. a. O. S. 564f.

(220) 大判昭一三・四・一九刑集一七・三三六頁。

第三章

任意性の意義

中止未遂が認められるためには、前章において検討した中止行為が行なわれただけでは足らず、それが任意になされたものでなければならない。したがって、中止犯の第二の成立要件は任意性である。それゆえ、ここでは、先の章同様、中止未遂の基本思想を手懸として任意性の内容を明らかにすることとする。

第一節　欠効犯（失効未遂）の理論

第一款　欠効犯の概念とその本質

一　前章で述べたように、ドイツ刑法第二四条第一項は、中止行為をして、所為の実行の継続の放棄もしくはその完成の阻止を規定する。この中、未終了未遂についての中止である「放棄する（aufgeben）」とは、その言葉の本来の意味にしたがえば、未遂を継続することができたのにこれをしなかった、ということをその内容とする。すなわち放棄とは、未遂の継続可能性をその前提とするのである。したがって、この継続可能性が欠けるときには、たとえ行為者による未遂の中断があったとしても、それは放棄ではないとして中止未遂が否定されることとなる[1]。

たとえば、㈠Tが殺意をもってOに向けたピストルを発砲しようとすれば発砲できたのに、これをしなかった場合、殺人の未遂を継続できたのにそれをしなかったのであるから放棄である。これに対して、㈡TがOに向けたピストルを発砲しようとしたが、弾丸が装填されていないことに気付いて発砲しようにもできなかった場合、それ以後の殺人未遂を継続することは不可能であったから放棄ではない。

これらの場合、従来の学説では㈠㈡双方とも任意性の問題として扱われていたが、右の考え方にしたがえば、任意性が問題となるのは㈠の場合だけであって、㈡の場合には任意性を検討するまでもなく、すでに放棄がないとして中止犯が否定されることとなる。㈡の場合は、ピストルが空であったために殺人未遂に失敗した（fehlschlagen）のであるから、失敗した未遂（fehlgeschlagener Versuch）と呼ばれる[2]（ただし、本稿では失効未遂もしくは欠効犯と呼ぶ。なぜならば fehlgeschlagener Versuchは、フランス刑法の délit manqué 同様これまで欠効犯と訳されてきたからである[3]）。

欠効犯というとき、従来それは終了未遂についてのみ認められるのが一般的であった。しかし、右のように考えることによって、未終了未遂についても欠効犯が肯定されることとなる。ここでの見解によれば、任意性の判断基準として示されたフランクの公式も、実はこの未終了未遂における欠効犯の判断基準なのであるという[4]。すなわち行為者が、「できたとしても、成し遂げることを欲しなかった」場合には放棄が認められるが、「欲したとしても、成し遂げることができなかった」場合には、放棄が否定されることになるというのである。

かかる意味での欠効犯の概念を最初に主張したとされるシュミットホイザー[5]は、欠効犯をして、「行為者が、未遂のときに有している行為の可能性をもってしては、もはや彼の行為の目標を達しえないと思った場合[6]」であるとする。また、この概念の有力な支持者であるロクシンは、「欠効犯とは、継続することができず、それゆえもはや放棄できないような未遂[7]」であり、「それは、行為者が彼の目標が具体的な所為の枠内においては達成不可能となったことを認識したか、少なくとも想定した場合に存する[8]」としている。

今日のドイツにおいて、こうした欠効犯の概念は次第に支持者を増しつつあり[9]、これを認める判例[10]も現われ始めている。しかしその反面、これらの間でも、その適用範囲については必ずしも意見が一致しておらず、いまだ発展途上にある理論でもある。また、かかる見解を否定する学説[11]の存することも事実である。

二　では、こうした欠効犯の概念は、如何に理解されるべきであろうか。結論を先に述べるならば、それは、この概念を認める論者がいうように中止行為の検討に先立って調査されるべき独立した範疇に属する、ものではなく、中止行為の領域に属すべきものであると考える。すなわち、中止行為をして、法益侵害に対する危険性を消滅させる行為と解した場合、それが行なわれるためには、その前提として、中止時に、消滅させられるべき危険性が存在していなければならない[12]。しかし、欠効犯の場合、こうした危険性の存在を認めることは困難である。なぜならば未終了未遂とは、結果の惹起に必要な行為がまだ完了していない未遂であるから、その完了前に未遂の継続が不可能となれば、これまで行なわれた実行行為はもはや危険なものではなくなるからである。先の設例(二)でいうならば、TがOにピストルを向けることによって発生したOの死に対する危険性は、ピストルが空であることが判明した瞬間に消えて無くなる。

同様のことは、終了未遂における欠効犯についても当てはまる。たとえば行為者が、一発の弾丸しか装填されていないピストルを相手に向けて発砲したが外れた場合、人の死を惹起するのに必要な行為は行なわれたが、弾丸が外れた以上、消滅させるべき相手の死の危険性は存在しない。

以上のことから判るように、欠効犯とは、中止行為の前提条件である中止時における危険性の存在の有無に関する問題なのである。したがって、それは中止行為の領域に属すべきものであって、ロクシン[13]や判例のいうような独立した範疇を構成すべきものではない[14]。また、かように解することによって、終了未遂における欠効犯と未終了未遂におけるそれとを統一的に理解することも可能となる。すなわち双方とも、中止時の危険性の不存在を示す概念なのである。

欠効犯の概念を否定するバウマンは、こうした概念に当るとされる場合を、中止行為の意思の欠如の問題として捉え[15]、また同様に否定的な立場に立つゲセルは、中止行為たる放棄の要件として、放棄の決意と法益侵害的行態の終了可能性（Möglichkeit zum Abschluß der rechtsgutsbeeinträchtigenden Verhaltens）とを挙げ、欠効犯をこの何れかの要件に属せしめている[16]。また彼は、欠効犯の場合、未終了未遂においては放棄が、終了未遂においては既遂の阻止行為が、其ぞれ欠如することを認めている[17]。これらの見解は、私見同様、欠効犯を中止行為の問題とみる点で正しい認識に立つものである。

そこで、次に問題となるのは、もし欠効犯が中止行為に属すべきものなら、それはかかるものとして処理すれば足り、あえてこうした概念を認める必要はないかということである。右のバウマン等は、不要であると解しているようである。しかし、私は必要であると考える。なぜならば、中止行為が否定される事由は一律ではなく、次の四つの場合、すなわちａ中止行為によって消滅させられるべき危険性が存在しない場合、ｂ中止行為に危険性を消滅させるだけの客観的可能性がない場合、ｃ中止行為によって危険性が確実に近いほど消滅させられなかった場合、ｄ中止の故意が欠如する場合が考えられるが（ｂ～ｄについては、すでに前章で述べた）、この中、欠効犯は、ａの場合に当る中止の否定を示す事由として依然意義を有するものと思われるからである。それゆえ、私の立場では、欠効犯は中止行為、任意性と並ぶ独立の範疇を形成するものではないが、中止行為の領域において、中止が否定される固有の事由を示すものとして役立つ限度でこれを認めるものである（欠効犯は、中止行為の消極的要件を表わす）。

そこで、私なりに欠効犯を定義すると、それは、未遂の終了の有無を問わず、中止行為によって消滅させられるべき法益侵害に対する危険性が中止時にすでに存在しないため、中止行為が不可能な場合であるということになる。

三　次に、わが国についてみた場合、すでに平野博士が以下のように述べて、欠効犯に当る場合のあることを示唆している。「中止犯は止めたことが必要である。いいかえると、未遂犯には、止めない未遂と、止めた未遂とがあり、止めた未遂の中に、自己の意思に因るものと、自己の意思に因らないものとがある。止めない未遂ははじめから除外され、問題にならない[18]」と[19]。

また最近では、中野元判事が次のように述べている。「『中止する』というためには、以後その行為を続ける余地があるのでなければならない。したがって行為者としてその目的を遂げることが不可能になったためそれ以上行為しなかったのは、実行行為を『止めた』ものとはいえない。このような場合を失効未遂（的を外れた未遂）という[20]」と。

これに対して、欠効犯の概念を否定する学説は、ドイツ同様、これを従来どおり任意性の問題とするもの[21]と、中止行為の問題とするものとの二つに分かれる。この中、後者の立場に立つ山中教授が欠効犯の問題は、中止行為の前提要件としての「行為の続行可能性」に位置づけられるべきものではないか[22]として、欠効犯が中止行為の領域に属すべきことをはっきりと認めたのは[22]、正しいものであろう。もっとも、そこから欠効犯の概念を否定するのは、右に述べた理由から疑問に思う。

第二款　欠効犯の範囲

右に述べたような意味で欠効犯が認められるとして、では、それはどの範囲で肯定されるべきものであろうか。すでに述べたように、かかる概念を認める学説の間でも、その成立範囲については必ずしも意見が一致していない。そこで、これらの学説を参考に私なりの分類方法にしたがって、その領域を定めると以下のようになる。

㈠構成要件の実現が不可能な場合　これは、a事実上不可能な場合[23]とb法律上不可能な場合[24]とがある。aの例としては、Tが窃盗の目的で金庫を破ったが中は空だった場合（客体の不能[25]）、Tが殺意をもってOに向けたピストルの引金を引こうとしたとき、弾丸が装填されていないことに気付いた場合（方法の不能[26]）等が挙げられる。これらの場合、Tは其ぞれ窃盗、殺人の実行に着手したが、その後に判明した客体もしくは方法の不能ゆえに、犯罪を完成させることができなくなったのである。

bの例としては、TがOに対する強盗もしくは強姦の目的で暴行・脅迫を行なったが、それとは無関係に、Oが自らすすんでTに財物を提供し、あるいは身を委ねた場合等が挙げられる。強盗罪や強姦罪は、相手の意思に反してこれを行なうことを要するから、Oがこれに同意した以上、Tは以後の実行行為を継続することはできなくなる。

㈡行為者の意図した犯罪計画の実現が不可能な場合　行為者が一定の犯罪計画を立てていたが、その実現が不可能となった場合にも欠効犯は認められる。これには、a客体の不存在、b客体の部分的存在、c客体の事後変質の場合の三つがある。

a客体の不存在とは、たとえばTがOを殺害しようとして、Oの寝室に侵入し、ベッドに向かってピストルを発砲しようとしたところ、そこに寝ていたのはOではなく、留守番のDであることに気付いたという場合のように、行為者が目的とした犯罪の客体が存在しない場合である。かかる場合、TはDに発砲することによって、殺人罪の構成要件を実現することはできる。しかし、彼の目的とする犯罪はOの殺害であって、DのそれではないD。したがって、Oの存在しない以上、Tの意図する犯罪の実現は不可能である(27)。

ドイツにおいて有名なゴムボール事件(28)が、この種の事例である。T_1とT_2とは他家の庭に赤い色をした物があるのを見付け、それをゴムボールだと思った。T_1はそのボールを妹（Geschwister）に贈ろうと考え、T_2にそれを取らせにやった。ところが、T_2が庭に入ってそれを拾い上げてみると、それがボールではないことが判ったので元へ戻した。そして、(29)初めは盗るつもりではなかった人形をもって庭を出た。これに対して、T_1は窃盗の間接正犯、T_2は領得意思の欠如ゆえに故意ある道具とされた（ただし、双方とも中止未遂とされた(30)）。

ＲＧはこの事案を任意性の問題として扱い、次のように判示した。「認定されたように、被告人両名の故意の内容は、何か他人の物（eine beliebige fremde Sache）ではなく、彼らがゴムボールと思った物、すなわち一定の有体物を奪取し、それをT_1が領得するというものであった。事実の状況からみて、T_2は、こうした特定の物に限定された目的（Absicht）の実現を、彼の意思とは無関係な外部的事情によって妨げられたものではない。とりわけ、本人の意思とは当然無関係な事実、すなわち、よく見たらそれは彼の期待に反して木製の球であるということが判ったという事実によって妨げられたものではない。むしろ、全く内面的な精神的事象、つまり事の真実を知ってよく考えた結果、T_2はすでに手を取ってはいたが、他人の占有（Gewahrsam）を害して自己の占有にはまだいたらしめていない木製の球を、地面に戻す気になったのである。したがって彼は、本来意図した行為の継続が不可能ではないと思えたにもかかわらず、自発的に（aus eigenem Antrieb）、すなわち任意にそれを放棄したものなのである」と。

　しかし、ここでのT_2の犯罪目的は、ゴムボールの窃取である。そのゴムボールが存在しないことが判明した以上、窃取行為の継続は不可能であり、その放棄ということもありえない。RGは、T_2が「本来意図した行為の継続が不可能ではないと思えたにもかかわらず」としているが、存在しないゴムボールの窃取行為の継続が如何にして不可能ではないのか、疑問を呈さざるをえない。また、かりに本件を任意性の問題として捉えた場合にも、T_2に任意性を認めたここでの判決には疑問がある。すなわちT_2は、ゴムボールと思ったものが実はそうではなかったという事実によって、犯罪の実現を妨げられたものではないとされるが、彼はまさにこうした事実によって犯罪を妨げられたのであり、その事実が行為者の意思とは無関係なものである以上、任意性を認めることはできないのである。[32]

　b客体の部分的存在とは、たとえば多額の負債に追われたTが、盗んだ金でその弁済をしようと企て、裕福そうなOの家へ窃盗に入ったが、僅かな金銭しか発見できなかったという場合のように、客体が全く存在しないわけではないが、行為者の意図した程度には存在しない場合である。かかる場合、部分的に存在する客体の侵害をもって、構成要件を実現することはできる。しかし、行為者の予定していた完全な客体の存在に欠ける以上、彼の意図する犯罪の実現は不可能である。[33]右の設例でいうならば、TはOの家にある僅かな金銭の窃取をもって、窃盗罪の構成要件を実現することはできても、弁済に必要な金銭の窃取という彼の犯罪目的は達せられない。

　この種の事例としては、有名な三〇〇マルク事件[34]がある。Tは、事業を始める資金として約三〇〇マルクの金が必要であったが、Oの飲食店で食事をしている際、店のレジから現金を奪うことを思いつき、店の入口を閉めると、ナイフで脅しながら主人のOに金を要求し、その場に居合わせた客と主人とを大人しくさせた後、レジの引出を開けたが、中には二、三〇ペニッヒしか入っていなかったため、何も盗らずに逃げた。

　BGHは、この事案を任意性の問題として扱い、その判断基準について、「原則として、行為者の本来の計画、すなわち彼が窃取しようとした物（Beute）の量もしくは価値について抱いていた表象から出発されなければならない。

その際、どのような目的のために、行為者がその盗んだ物を用いようとしていたかを明らかにすることが有益である[35]」とした上で、これを本件に当てはめて次のように述べている。「刑事部も、こうした考えから出発した。被告人が約三〇〇マルクの金額を要したこと、この金を飲食店の主人から奪うことによって調達しようとしたこと、なるほどレジの中には全く金がないわけではなかったが、期待に比べてはるかに少額であったこと、これらのことを刑事部が重要なものであるとみなしたのは正しいものである。レジにあった金額は、彼にとって必要な金銭の僅か一〇分の一にすぎず、被告人は額の少なさに怒って金銭の奪取を止めたのであるから、刑事部が刑法第四六条第一項の意味における不処罰の中止の要件を否定したのは正当である[36]」と。

しかし、レジの中には僅か数十ペニッヒの金銭しかなかった以上、事業に必要な資金の調達を目的とした強盗は実現不能となったのであるから、任意性の有無を問うまでもなく[37]、すでに中止行為が不可能な場合（したがって、右の判決が「被告人は、額の少なさに怒って……止めた」としているのは誤りである。実行継続の可能性がない以上、彼は止めたくても止められなかったのである）として処理すれば足りる事案であった。

c 客体の事後変質とは、客体は完全に存在するが、未遂の着手後にその客体の性質が変化したために、行為者が計画した犯罪の実現が不可能となる場合である[38]。たとえば、Tが高価な観賞魚を窃取しようとしたが、行為の最中あやまってその魚を死なせてしまったような場合である。この場合、Tの窃盗の客体である観賞魚は完全に存在しているが、それが死んでしまった以上、魚の価値は下落し、高価な観賞魚の窃盗という彼の当初の犯罪目的は実現不可能となる。

ドイツの網戸事件[39]がこの種の事例に当る。T_1ら（人数不明）は、網戸と金網とを窃取しようとして、棒（Stange）でそれらを取り外すさい誤って穴をあけてしまったために使いものとならず、窃取を止めた。先の二つの判例同様、RGは本件を任意性の問題として捉え、次のように判示している。

「被告人らが窃盗の既遂を断念した動機は、たんに内面的領域に存したものでもなければ、もっぱら彼らの自由な意思決定に基いたものでもない。むしろ、被告人らの窃取を妨げさせるような外部的事情が生じ、この事情が彼らをして窃盗の断念を決意せしめたのである。こうした事情は、本人らの意思の外に存したものである。なぜならば、網戸の損壊は被告人らの意思をもって生じたものではなく、また本人らの表象した事象というものは、彼らが、自分達にとって役には立たず価値のないものとなった物にこれ以上係りたくはない、というものであったからである。被告人らが意思決定する原因となった障害とは、彼らが窃盗を犯す事由となった目的の挫折である。中止が任意的か否かの問題に答えるのにとって重要なのは、行為者が、着手した犯罪行為の実行を放棄する気になった動機である。……障害が、可罰的行為を既遂ならしめたであろう行動と直接関係するものであったか、あるいは行為者が念頭においていた行為の目的に関係するものであったかは、こうした障害が行為者の意思とは無関係で、彼に障礙と感ぜられた外部的事情に基くものであったかぎり、重要ではないのである」[40]と。

しかし、ここでの被告人らの犯罪目的は、網戸等を損壊することなく奪取することであるから、それがもはや不可能となった以上、彼らは、当初意図した犯罪計画を実現することができなくなり、犯罪実現の放棄ということもありえないから欠効犯であり、中止行為の不存在を理由として中止未遂を否定すれば足り、あえて任意性を問題とする必要はなかった[41]。

右のa～cは、広い意味ですべて客体の不存在である。けだし、これらの場合、行為者の期待したとおりの客体は存在しなかったからである。では、行為者の期待どおりの客体は存在するが、彼が当初意図した手段が、未遂の着手後何らかの事由で使用不能となった場合にも、欠効犯を認めることができるであろうか。先の㈠と㈡の場合については、分類の相違こそあれ、ドイツの学説は一般に欠効犯を肯定するが（もちろん、かかる概念に否定的なものは除く）、手段の不能については意見が分かれている。

㈢手段の不能とは、たとえばTが、検出不能の毒薬を用いてOを毒殺しようと企て、その毒の入ったワイングラスをOに手渡そうとしたところ、Tが誤ってグラスを落としてしまい、他の毒薬はあるが、その検出不能の毒薬はもうないため、結局TはOの毒殺を諦めたというような場合（フルシュカの例による）[42]である。この場合、検出不能な毒によるOの毒殺というTの意図した犯罪目的は、Oがグラスを落とした瞬間からもはや実現不可能であるから、先の客体の不存在の場合同様、ここでも欠効犯を認めてもよいのではないか[43]、という議論が起こる。

肯定説に立つウルゼンハイマーは、その理由を次のように述べている。「なぜならば犯罪実現の方法、すなわち行為の手段、犯行場所および犯罪時期（Örtlichkeit und Zeitpunkt des Geschehens）は、攻撃の対象となる所為の客体同様、個々の場合において、行為者の計画にとって重要なものであり、それゆえ正確に決められているからである」[44]。所為の客体と手段との相違は、「行為者が不可能であると認識したものが、前者においては、彼の欲したところのもの（Was er wollte）に関係するのに対して、後者においては、実行の〝方法（Wie）〟に関係するものである、という点にあるにすぎない。彼が行為を継続しなかった動機は同じだったのである。すなわち行為者は、彼の所為計画を継続することによって、みずからの目標にさらに近付くチャンスをもはや見失っているのである。そのため、〝放棄〟については語りえないのである」[45]、と[46]。

しかし、行為者の意図した手段が彼の犯罪計画にとって重要なものであったとしても、客体と手段とでは、犯罪実現にとってそのもつ意味が本質的に異なる。すなわち、一般に人が犯罪を犯そうとするとき、彼はその犯罪を通じて、みずから意図する一定の結果の実現を目指すものである。それゆえ、その者の意図した結果の実現が不可能であると判った瞬間、彼の未遂は失敗したもの、したがって欠効犯ということができる。客体の不存在の場合、その客体を侵害することはできないから、彼の意図した結果の実現は不可能である。これに対して、行為者の予定していた手段の使用が不能となった場合、客体は存在するのだから、彼はその手段を変更することによって依然みずから意図した結果を実現することができる。なるほど、行為者が当初予定していた手段による犯罪計画は挫折したかもしれない。しかし、客体が存在する以上、彼の最終目的である結果の実現は依然として可能なのである。

かように述べると、客体の不存在の場合にも、侵害すべき客体を変更することによって犯罪の実現が可能ではないか、という批判があるかもしれない。しかし、客体に対して欠効犯が認められるのは、その客体が行為者によって限定されている場合のみである。したがって、客体の変更によって、彼の意図した犯罪が実現するということはありえない。もし実現するというのであれば、彼は、元もと客体を限定していなかったことになる。

かように、手段の不能については欠効犯を認めることはできないが、例外的にこれを肯定してもよいと思われる場合が一つある。それは、行為者の意図した一定の手段を用いることによって始めて、彼の犯罪目的が達せられるようなときである。たとえばTが、生物兵器として開発した細菌の効果を知るため、これをOに与えようとしたような場合がそれである。この場合、Tの犯罪目的はOの殺害というよりは、むしろその手段たる細菌の効果なのであるから、こうした手段が使用不能となった以上、彼の犯罪目的の実現は不可能ということになる。したがって、かかる場合にかぎって、例外的に欠効犯を認めてもよいと思われる。

なお、欠効犯の概念を認めると、行為者の計画が綿密であればあるほど欠効犯が肯定されて、中止未遂が認められにくくなるとする指摘[47]がある。しかし、綿密な計画が立てられるのは、一般に犯罪の客体よりも、むしろその方法、犯行日時および場所、犯行後の逃走経路等に関してであろうから、原則として客体の不存在についてしか欠効犯を認めない私見の立場では、それほど不都合はないと考える。

以上の考察によって、行為者が構成要件を実現できない場合、また客体の不存在ゆえに彼の意図した犯罪計画が実現不可能な場合は、従来考えられていたように任意性の問題ではなく、中止行為の領域に属するものであることが判った。したがって、これらの場合には、任意性を検討するまでもなく、中止行為がないものとして中止未遂を否定すれば足りるのである。

第二節　心理的任意性判断

今日のドイツにおいては、任意性の判断基準をめぐって、心理的任意性判断と規範的任意性判断との対立がある。心理的任意性判断とは、行為者の表象した外部的事象が彼をして中止を余儀なくせしめたか否かによって、任意性を判断するものであって、いわば行為者の選択の自由の存否もしくは程度によって任意性の有無を決定するものであるのに対して、規範的任意性判断とは、右の外部的事象によって行為者の中止した理由が、法によって承認されうるようなものであったか否かによって任意性を判断するものであって、いわば中止事由の法的承認の有無によって任意性の存否を決定するものである。

以下、本節においては前者について、次節においては後者について、其ぞれその具体的内容についての検討を行なうこととするが、その際、二つの視点からこれをなすこととする。すなわち、その一つは理論的観点で、その判断基準から得られる結論が中止未遂の基本思想に矛盾するものではないか否かということであり、他の一つは実際的観点で、その基準の明確性、およびその基準を適用した結果えられる結論の実際的妥当性の有無ということである。

第一款　主観説

心理的任意性判断は、外部的事象が行為者をして中止を余儀なくさせたか否かの判断基準を、行為者の主観に求める主観説、(48)一般人に求める客観説、法規範に求める帰責可能性説の三つに大別できる。この中、本款では主観説の検討を行なう。

第一項　フランクの公式

一　フランクの公式（Franksche Formel）[49]とは、いうまでもなく、行為者が、「たとえできたとしても、成し遂げることを欲しない（Ich will nicht zum Ziele kommen, selbst wenn ich es könnte）と思って犯罪を止めた場合には、任意性が肯定されるのに対して、「たとえ欲したとしても、成し遂げることができない（Ich kann nicht zum Ziele kommen, selbst wenn ich es wollte）と思って止めた場合には、任意性が否定される[50]というものである[51]。しかし、この公式については、その内容に稍や不明瞭と思われる点があるので、まず、それを明らかにすることから始めよう。

最初に問題となるのは、右の公式のいう「成し遂げる」とは、何を意味するのかということである。すなわち、それは構成要件の実現を指すのか、それとも行為者の意図した犯罪計画の実現を指すのか、ということである。たとえばTが、前に佇立している人物をOだと思ってピストルを向けたが、Dであることに気付いて射つのを止めたとする。この場合、もし「成し遂げる」が前者を意味するならば、Tは殺人罪の構成要件を実現できたのに、これを止めたのだから任意性が認められるのに対して、後者を意味するならば、Tの意図するOの殺害は実現不可能なのだから、任意性が否定されることとなる。

これに関して、中博士は前者の意味に解し、「ほんものだと思って手にしたダイヤモンドの指輪が模造品であったので盗らずに帰」った場合、フランクの公式によれば中止未遂が成立する[52]としている。けだし、模造品の窃取によって、窃盗罪の構成要件を実現することが依然可能だからであろう。しかし、フランクがRGの判決[53]を引用して、行為者に、「一定の物の奪取もしくは一定の種類の客体に向けられた故意」がある場合に、この種の物が見出せなかったときは任意性を否定している[54]ところから推測して、「成し遂げる」とは、後者を意味しているように思われる。

次に問題なのは、「成し遂げることができる」という、この「できる」とは、どういう意味かということである。

この点について、木村博士は次のように述べている。「この『得る』といふことには、シュウマッヘルのいふやうに、普通、二つの意味が区別せられるのであつて、その一は、それが『行為の倫理的可能性』(ethische Möglichkeit zum Handeln)を意味する場合であり、その二は、それが心理的物理的可能性を意味する場合である。それで、フランクのいふところの『為し遂げ得たとしても』とか『為し得ない』とかいふ場合の『得る』は右の二つの中のいづれの意味であるかといふことが問題となるのである。例へば、子供が親に向って発砲するといふことは、心理的物理的には為し得るところであるが、倫理的には為し得ない。それで、フランクの公式は、この『得る』といふ言葉の意味が一定しない限り、一義的な解決を与へ得る標準だとは為し得ないのである。かかる意味において、フランクの公式は必ずしも十分に役立ち得るものではない(55)」と。つまり、博士によれば、「できる」とは倫理的可能性を意味するのか、それとも心理的物理的可能性を意味するのか不明であるというのである。

これに関して、フランクは、任意性の認められる場合、必ずしも「行為者の動機が倫理的なもの(たとえば後悔)である必要はない(56)」と述べている。これを逆に解せば、動機が倫理的である場合には、任意性が認められるということであろう。もしそうならば、行為者が倫理的になしえない場合に任意性が否定されるということはありえないのであるから、「できる」とは、倫理的可能性ではなく心理的物理的可能性を意味するということになる。右の木村博士の批判は当らないと思う。

二　以上、フランクの公式に関して不明な点が明らかになった上で、次にこの公式について、理論的、実際的観点からする考察を行なってみよう。まず、抽象的に観た場合、彼の公式は中止未遂の基本思想と矛盾するものではない。なぜならば、この公式によれば、中止犯が認められるためには、犯罪を行なうと思えば行なえた者でなければならないが、かかる者には、それを止めさせるために黄金の橋を架ける必要があるであろう(黄金の架橋説)し、また犯罪の実現が可能であるにもかかわらずそれを欲しなかった者は、刑法上称賛に値するものであって、彼に不処罰という褒賞を与えることが許されるであろう（褒賞説）。さらに、犯罪を成し遂げることができたのに成し遂げなかった者は、自力で合法の世界へ立ち戻る能力を有するものと考えることもできる（刑罰目的説）し、こうした者には、反規範的な意思の合法な意思への転換があったと推定することも不可能ではないから、彼に刑罰を科さないとすることも可能であろう（謙抑説）。

しかし、具体的に観た場合、ここでの公式は中止犯の基本思想と矛盾する。フランクは、みずからの公式を発覚と発覚の恐れの場合に適用して、次のように述べている。すなわち、「行為者が既遂の阻止を恐れるという意味で発覚を評価した場合、彼の中止は不任意である」のに対して、「発覚によって行為者が中止する気になった理由が、告発と処罰とを予想したためであった場合には、彼の中止は任意である」[57]と。つまり、前者の場合には、発覚によって既遂が物理的に妨げられる恐れがあるから「できない」のであるのに対して、後者の場合には、犯行後処罰される可能性はあっても、既遂が妨げられる可能性はないから「できる」とするのであろう[58]。

しかし、こうした結論は、中止未遂の基本思想と相入れないものである。けだし、発覚して処罰を恐れた者は、黄金の橋を架けなくても犯罪を止めるであろうから、かかる橋は不要であろうし、またこうした者にまで褒賞を与える理由もないであろう。さらに、発覚によって犯罪を止めた者が、自力で合法の世界へ立ち戻ったと考えることも困難であろう。加えて、かかる者に合法な意思への転換があったとみることも無理であろう。

右のフランクの結論は、実際的観点から観ても妥当ではない。発覚から処罰を恐れて中止した者に任意性を否定することは、今日のドイツおよび我が国における通説・判例である。しかも、発覚によって犯罪を中止する事例は必ずしも稀有ではない。しかし、右の公式に忠実であるかぎり、任意性を肯定せざるをえず、この意味において、ここでの基準は具体的妥当性を欠くものである。

これに加えて、ここでの公式は、物理的可能性さえあればすべて任意性ありとする点で広きにすぎる一方、心理的可能性がない場合にはすべて任意性なしとする点で狭きにすぎるという欠点をもつ。後述するように、物理的可能性のある場合でも任意性が否定されるべき事例がかなりある反面、心理的可能性のない場合でも任意性が肯定されてよい事例が存在するのである。これに関連して、グラーフ・ツー・ドーナは次のように述べている。フランクの公式は、「不処罰の中止の領域を途方もなく拡張し、その境界線は、行為者がその行為の継続を物理的に阻止された（もしくは物理的に阻止されたと思った）ところ、あるいは結果の回避を強要されたところにおいて始めて、見出されるのである」と。[59] そこで、こうした欠陥を回避するためには、不処罰の拡張を阻止するために、一定の制限を設けることが必要となってくるが、こうした試みを行なったのが、次に検討するH・シュレーダーの自律的動機説である。

第二項　自律的動機説

一　自律的動機説（Autonomietheorie）は、基本的には、先のフランクの公式と軌を一つにするものである。しかし、彼の公式が、右に述べたように任意性の範囲を不当に拡大する傾向があったのに対して、ここでの説は、それに適当な制限を加えようとするものである。学説の中には、両者を一緒にして取扱うものもあるが、[60] 自律的動機説の主唱者であるH・シュレーダーが、フランクの公式の批判の下にその説を展開したことを考えて、[61] 本項では両者を分けて扱うこととした。この説は、今日のドイツにおいて、通説もしくはそれに近いものではないかと考えられる。[62]

シュレーダーによれば、中止は、それが行為者の自律的動機（autonome Motive）によってなされたときには任意的であるが、他律的動機（heteronome Motive）によってなされたときには不任意であるという。前者の意味での動機が認められるのは、行為者が、彼にとって状況が不利に変化することなしに、内部的熟慮に基いてのみ中止を決意した場合（たとえば、勇気の喪失、同情、処罰に対する恐れ）であるという。

これに対して、後者の意味での動機は、以下の二つの場合に認められる。㈠その一つは、所為の継続が客観的に不可能となったときである。すなわち、行為者に犯罪を決意させた要因が、実行の着手後に消滅し若しくは存在しないことが明らかになったために、彼に犯罪を動機づけたものがもはや存在せず、それゆえ、動機づけの状況が本人にとって決定的に変化した場合である。かかる場合、どのような要因が行為者を動機づけたか、すなわち、彼の所為計画が何であったかを確定することが重要である。たとえば、本物だと思った絵が複製であることに気付いて盗むのを止めたときや先のゴムボール事件の場合、又その政治的主義ゆえに殺害しようとした大臣が解任されたときがそれであるという。

(二)他の一つは、外部的事情が行為者にとって不利な状況に変化したため、犯罪を中止することが、合理的、賢明(vernünftigerweise)であるような場合である。すなわち、実行の着手後に生じた事情によって、所為の継続が行為者に著しい不利益をもたらすときである。たとえば発覚したために、あるいは火事になった自分の家を消火するために、犯罪を止めた場合がそれである。そしてこの場合、任意性を排除する事情の決定は、もっぱら主観的規準にしたがって、すなわちこの種の妨害が行為者の決意に及ぼす影響にしたがって行なわれなければならない。それゆえ、問題となるのは、状況の不利な変化が客観的に生じたか否かではなく、行為者がかかる状況を認識していたかどうかということなのである(63)。

以上が自律的動機説の内容であるが、この説の検討を行なうにあたって、まず注意しなければならないことは、その中に、任意性の問題とは無関係な場合が含まれているということである。すなわち、任意性が否定されるものとする第一の事由がそれで、これは明らかに欠効犯に相当する場合である。けだし、所為の継続が客観的に不可能となったならば、その段階で法益侵害に対する危険性は喪失するのだから、中止行為によって消滅させるべき危険性はもはや存在せず、中止は不可能だからである。したがって、シュレーダーがここでの例として挙げている、本物であると思った絵が複製であった事例やゴムボール事件は、欠効犯における客体の不存在の場合であり、また大臣が解任された事例は客体の事後変質（大臣であった者がそうでなくなった）場合である。シュレーダーの自律的動機説を支持する他の学説も、他律的動機の認められる場合として、次に検討する第二の事由しか挙げていない。

二　そこで、こうした夾雑物を排除した後に問題となるのは、他律的動機が認められるとする第二の事由である。ここでは、実行行為後に生じた事情によって、所為の継続が行為者に著しい不利益をもたらすときに他律的動機が肯定されるという。すると、その反対解釈として、未遂着手後に状況が変化しても、それによって所為の継続が、行為者にとって特に不利益となるようでない場合、むしろ利益となるような場合には、犯罪の中止は自律的動機に由るものであるから、任意性が認められることとなる。

そこで、次のような例を考えてみよう。㈠金に困ったTが、以前勤めていた会社に忍び込んで金を盗もうと金庫を開けたところ、期待した程度の金が入っていたが、翌日が集金日であることを思い出し、その時になれば会社にもっと金が入るであろうと思い、金庫を元どおりにして窃盗を翌日まで延期したとする（中止による犯罰客体の多利性）。あるいは、㈡Tが知人のOの家に盗みに入って、彼の熟睡している下の部屋で盗る物の物色を始めたが、数日後にOが旅行に出ることを思い出し、留守宅の方が犯行がやり易いと思って窃盗をその時まで延期したとする（中止による犯罪実行の有利性）。

これらの場合、所為の継続がTにとって不利益となるものではない。金庫の中には、Tが期待していた程度の金が入っていたし、Oの家で気付かれることなくそのまま犯行を継続することも可能であった。したがって、ここでの説にしたがえば、Tの中止は自律的動機に由るものであって任意性が認められることとなる。

しかし、こうした結論は、中止未遂の基本思想と矛盾するものであろう。すなわち、犯行の中止が行為者にとって有利であるときは、彼は一般に犯罪を行なわないであろうから、あえて黄金の橋を架ける（不処罰とする）必要はない。また、より多くの金を盗むために、あるいはより容易に犯行を実行するために窃盗を中止した者に、刑法が不処罰という褒賞を与えるということも考えにくい。さらに、特別予防説の見地からみて、こうした者の犯罪意思が、犯罪を貫徹するのに必要とされるほど強いものではなかったなどとは、到底いいえないであろうし（彼は、後日ふたたび犯行を行なおうとしている）、かかる者を不処罰としても、一般予防の効果が害されないなどということもありえないであろう。加えて、より有利に犯罪を実行するために犯行を延期した者に、反規範的意思の合法な意思への転換を認めることも困難であるから、謙抑説の立場からも中止未遂を肯定するわけにはいかない。自律的動機説は、中止未遂の基本思想との関係で理論的な誤謬を犯している。

三　確かに、この説は、先のフランクの公式が不処罰の中止の範囲を余りに拡張する傾向があったのに対して、これに一定の制限を設けることによって、こうした傾向に歯止めをかけるようにした点において優れたものである。また、基準の明確さにおいても曖昧ではない。しかし、ここでの説が、所為の継続に対する外部的事情の不利な状況の変化の存否によって、任意性の有無を決定しようとしたために、状況の有利な変化による中止の場合には、すべて任意性を認めざるをえなくなったという点において問題のあるものである。

こうしたことから生ずる不合理を、ロクシンは次のような例を挙げて説明している。(三)Aは、Cを殴打するためのステッキをBから奪おうとした。しかし、Cに悪意をもつ他の者が、殴打するのにもっと適した節の多い杖をAに手渡したので、AはBのステッキを奪うのを止めた。この場合、状況の不利な変化なしにAは中止したのだから、任意性が認められることとなる。しかし、Aが中止した理由は、犯罪により適した手段を得たというものである。[64]かかる場合にまで中止未遂を認めることは、刑事政策的にみて疑問ではあるまいか。自律的動機説は、その基準から得られる結論の妥当性の観点からも問題がある。[65]

ここでの説は、右とは逆に、状況の不利な変化によって、所為の継続が行為者に著しい不利益をもたらすために中止したときには、任意性を否定する。そして、ここでの不利益の判断は行為者の主観を基準としてなされる。そこから、右とは反対の意味で、その結論の妥当性が問題となる。

たとえば、Tが他人の留守宅に空巣に入り部屋を物色中、偶たまそこに掛けてあった警察官の制服が目に入り、そこが警察官の家であることを知って、もし窃盗を犯せばすぐに捕まるのではないかと思いこれを止めたとする。この場合、Tの恐れた処罰の可能性は、実際の発覚等に基く具体的なものではなく、あくまでも抽象的なものである。しかし、普通の人の家だと思って入ったところ、それが警察官の家であり、それによって、もし窃盗を犯せば捕まるのではないかとTが真に考えたならば、一般人はともかく、彼にとっては状況の不利な変化であり、所為の継続はTに処罰という重大な不利益をもたらすこととなるであろう。もしそうならば、本人を基準に不利益の有無を決定する自律的動機説の立場からは、右のTには任意性が認められないこととなる。しかし、抽象的な処罰の恐れに任意性を認めるのは、ドイツのみならずフランスおよびわが国の圧倒的通説（全く異論をきかない）であり、ここでの説の主張者達もそれにしたがうが、これは矛盾であろう。

第三項　関心説

一　自律的動機説同様、主観説の立場に立ちながら、右とは異なった基準を用いて、任意性の判断を行なおうとするのはシュミットホイザーである。(66) 彼は、まずその教科書（Lehrbuch）において次のように述べている。「任意性の基準となるのは、行為者の主観的な価値体験（Werterleben）である。すなわち、計画の実行の継続が彼にとって無価値なものとなったときは、放棄に任意性は認められないが、すべての要因を比較考慮した場合、無価値なものとはならなかったときは任意性が認められる」。「ここで問題なのは、行為の意欲と嫌厭《けんえん》（Lust–Unlustvorstellung）である。計画の実行の継続が、彼に対するすべての価値を失わせるような所為情況の変化を体験したときは――すなわち、行為を継続しようとするどんな気持をも排除する程度に嫌厭が強いときは――放棄に任意性は認められない。これに対して、行為者が行為の継続に対する欲求を、怜悧、打算、分別、意識の変化（Klugheit, Berechnung, Einsicht, Sinneswandel）から克服したときは、放棄に任意性が認められる」と。(67)

しかし彼は、その後の教科書（Studienbuch）において、みずからの説を関心説（Interessentheorie）と名付け、それを以下のように説明している。「具体的所為そのものが、その帰結を考慮に入れても、行為者にとって依然関心事である場合」には任意性が認められるが、「その所為そのものが、予想される帰結を考慮するならば、無関心なものとなる場合」には任意性が否定される[68]。ここでの任意性判断は一定の関係と結びつくが、その関係とは、一面において、行為者が所為を決意する事由となり且つ中止時においても未だ捨てきれない望みや欲求や関心や目標であり、他面において、彼に犯罪行為を断念する気を起こさせた行為事由である。関心説は高度に個別化された観察を要求するものであるが、こうした観察は、客観的基準を採用する学説では歪められる可能性がある。ここでの説は、所為が中止者にとって何ら魅力を失っていないことを前提とする。魅力を失った場合には、行為者の中止は、いわば〝外から（von außen）〟押しつけられたものであり不任意なのである。中止の動機を考慮する必要はない。なぜならば、ある者が法に即した態度をとるとき、その理由が法的に重要でないのと同様、ある者が合法の世界へ立ち返る（in die rechtliche Konformität zurückkehren）決意をしたとき、この立返りが、行為者の望みや関心に目を向けた場合、強要されたものではなく、この意味において不任意でないかぎり、その決意の理由は問題ではないのである[69]、と。

二　このようにシュミットホイザーは、任意性の判断基準を、所為の継続が行為者にとって価値のあるものであったか否かということから、関心のあるものであったか否かということに変化させているが、その実質的内容についてはそれほど異ならないであろう。しかし、理論的および実際的観点から観た場合、彼の説もまた先の自律的動機説同様の問題を孕んでいる。なぜならば、ここでの説によっても、未遂着手後に生じた有利な状況のために中止した場合には、任意性が肯定されることになるという欠陥を克服することができないからである。けだし、状況が有利に変化した場合、所為をそのまま継続しても、行為者の初めの予定どおりに犯罪の実行が可能なのであるから、彼にとって犯行の継続が価値なきもの、関心のないものになったとはいえないであろうからである[70]。シュミットホイザーは、より多くの利益を約束する他の犯罪を実行するために中止した場合にも任意性を認めている[71]が、これも右と同じような理由に由るものであろう。

しかし、そうなると、彼の説く中止未遂の基本思想に矛盾することになりはしないか。彼は、一般予防説の立場から、中止未遂が不処罰とされるのは、そうしても刑罰の一般予防の効果が害されないからだとしている（第一章第一節第三款参照）。しかし、より多くの利益を約束してくれる他の犯罪実行のために中止した者を不処罰としても、一般予防の効果が害されないと果していえるであろうか。疑問に思わざるをえない。

次に、自律的動機説が基準とする不利益の有無は、その認定がさほど困難であるとは思えないが、ここでの説のように関心の有無となると、その認定は中なか難しいのではないか。けだし、不利益というと、ある程度一般に共通した認識があるであろうが[72]、関心となると、個人によってその対象および程度にはかなりの差があり（とくに個人主義の強い国では）、容易に認定しえないからである（シュミットホイザーが、関心説は、高度に個別化された観察を要求するものであるとしているのも、このことを認めるものであろう）。したがって、基準の明確性という点で、彼の説は自律的動機説よりも劣るということができよう。

また、ここでの説のように、関心の喪失の有無によって任意性の存否が決定されるとすると、倫理的嫌悪感から中止したような場合にも、任意性が否定されることになりはしないであろうか。たとえば、遊興費欲しさから、ＴがＯの金を強取しようとしたが、それがＯの妻の入院費と知ってこれを中止したとしよう。この場合、Ｔがそのような金を奪ってまでも遊ぶ金が欲しいとは思わなかったならば、ＴのＯに対する強盗への関心は喪失したといってよいであろうから（彼は、犯罪によって得られる結果、すなわち遊興費の獲得よりも、犯罪の中止によって得られる結果、すなわち倫理的嫌悪感からの解放に価値を見出した、あるいはより大きな関心を示したといえるであろうか）、任意性が否定されることになるであろう（こうした例は、他にも容易に考えつく）。しかし、これは、同情等に任意性を認めるシュミットホイザーの立場と矛盾するであろう[73]

第四項　所為計画説(74)

所為計画説（Tatplanstheorie）は、グラーフ・ツー・ドーナによって唱えられたものである。まず彼は、外部的事情が行為者に及ぼした強制の程度によって任意性の有無を決定しようとする見解（客観説を示す）を批判した（これについては、次款参照）後、みずからの説を次のように展開する。

「決定的な問題は、行為者が其ぞれの場合に一体なにを意図していたかということである。それに答えて始めて、任意な中止、したがって不処罰な未遂の制限が引き出されうるのである。従来このことは、ほとんど注目されてこなかった。RGは、窃盗行為に関する二つの判決（RGSt. 24, RGSt. 70.）においてしか、正しい認識をもって、具体的に行為者の要求が何に向けられていたかについて目を向けようとはしなかったのである。すなわち、盗ろうとした物は何でもよかったのか、一定の物であったのか、より多くの金銭であったのか？　このことを問題にした後、こうした目的の実現が可能であったか否かによって決定が下されるのである」と(75)。

そして、右の主張の具体的適用例として、彼は発覚を取上げ次のように述べている。発覚したために処罰を恐れて窃盗を中止した場合に、その任意性が否定されるのは、心的圧力が行為者の意思を不自由にする程度にまで達したからではなく、行為者が処罰されることなく窃盗を実行することを考えていたからであり、こうした目標が達成不可能となったからである。「ここで重要なのは、実生活から得られ且つあらゆる経験によって証明された命題、すなわち、いかなる者でも刑罰という代償を払ってまでも犯罪を実行したがるものではない、という命題を認めることである。なるほど、どんな行為者でも捕まって有罪とされる危険を意識的に冒している。しかし、彼はみずからの好運と手腕とを信頼して、発覚しないことを期待しているのである。もし発覚したならば、行為者が実行に着手する際に前提としていたものが消滅する。彼の計画は失敗したものなのである(76)」と。

ドーナが、任意性の判断基準を心理的強制の有無に求める見解から脱して、新たな基準を見出そうとした態度は、それ自体正しいものである。しかし彼が、それに代るべきものとして提案した基準には、次のような問題点が含まれている。

まず、ここでの説は、畢竟、行為者が犯罪実行前に予定していた事実と、犯罪後に生じた事実との間に齟齬があり、その齟齬ゆえに犯罪を止めたか否かにより、任意性の有無を決定しようとするものであろう。しかし通常、行為者が予め表象した事実と現実の事実とが全く一致するということはありえないから(77)、この説を貫徹すると、任意性はほとんど認められないこととなる。そこで、こうした不都合を避けるためには、多少の齟齬があっても任意性の存否に影響を与えるものではないと考えざるをえないであろう。しかし、もしそうだとすると、どの程度の相違までは許されるのかということが問題となる。だが、ドーナはこの点について何ら触れていない。しかし許容の程度を示す基準が明らかにされていない以上、彼の説を実際に使用することは困難であろう。

次に、彼の見解は、その具体的適用において不合理な結論をもたらす。たとえば、金に困ったTが親友であるOの家に金を盗みに入ったが、彼は発覚しないことを願っていたとする。しかし、それは処罰されることを恐れてというよりも、むしろ自分が友人の金を盗むような人間であることを、Oに知られることを恥じてのことであった。期待に反して、Tは金を盗むところをOに見られてしまった。Tは恥じて窃盗を止めた。

この場合、Tの計画は、自分が親友の金を盗むような人間であることを知られたくないために、Oに発覚することなしに彼の金を盗むことであったから、発覚によりTの計画は失敗したことになり、ドーナの説によると、Tは任意性を否定されることになる。しかし、この場合のTは、Oに発覚したことにより羞恥心を感じて止めたのであり、羞恥心による中止に任意性を認めることは圧倒的通説である（全く異論をきかない）。

また、たとえば、不治の病に冒された妻が、夫に自分を殺してくれるよう頼んだとする。要求に応じた夫は、妻を楽に死なせてやろうと思い、苦痛を感じることなしに死の結果をもたらすような薬物を彼女に飲ませたが、予想に反して、相手が苦しみだしたので憐れに思い、医者を呼んで手当てを受けさせたために、妻は死ななかった。

この場合、夫の計画は、苦痛を与えることなしに妻を殺害することであったから、予想に反して妻が苦しみだしたためになされた殺人の中止は、右の説にしたがえば、任意性がないことになる。しかし、ここでの中止は、苦しんでいる妻に対する憐れみからなされたものである。そして、憐れみによる中止も、また任意性が認められる典型的な例なのである（全く異論をきかない）。こうした例は、まだ比較的容易に考えつくように思われる。以上のように観た場合、ドーナの説は、任意性の判断基準としては不適切なものといわなければならない。

第二款　客観説

一　これまで観た主観説が、任意性の判断をあくまでも行為者に標準を合わせて行なおうとしたのに対して、ここでの客観説は、行為者を捨象して、一般人の視点からこれを行なおうとするものである。こうした客観説は、ドイツの判例の採る立場である。これに対して、今日の学説でこの説を採るものは少ない[78]。この点、客観説が支配的地位を占めるわが国とでは事情が異なる。

ドイツにおいて客観説のリーディングケースと思われるのは、一九二〇年七月八日のＲＧの判決[79]である。それは、次のように述べている。「行為者をして、彼の意図した犯罪行為を既遂ならしめまいと、何らかの方法で決意させた外部的事情のすべてが、中止の任意性を排除するものではない。刑法第四六条第一項（未終了未遂の中止――訳者注）の意味において、行為者の意思とは無関係であって且つ彼の実行を阻止する事情が存するのは、以下の場合にかぎってである。すなわち、こうした事情が、企図した所為の実行を絶対に（schlechthin）不可能ならしめる場合、もしくは右の事情が、通常の生活観（gewöhnliche Lebensauffassung）にしたがえば、実行の断念の強制原因となる程度に行為者の意思方向に作用する場合である。つまり、外部的事情が行為者の決意に及ぼす影響の程度が問題なのである。

その影響は、行為者がそれによって行為の実行を妨げられたと法律的意味においていいうる程度のものでなければならない。その時には、中止はもはや任意的ではないのである」と。[80][81]

また学説では、アルフェルトが次のように述べて客観説を唱えている。「行為の継続を止めるにいたった動機が、行為者の内部から生じたものではなく、外部によって惹き起こされたものであり、かつそれが本人の意思に及ぼす影響があまりにも強いため、彼が一般的に若しくは合理的にみて（überhaupt oder doch vernünftigerweise）その影響から免れえない場合、行為者は、本人の意思とは無関係な事情によって実行を妨げられたのである」と。[82]さらにまた、彼はフランクの公式を妥当としつつも、「できない」がどのように解されるかが問題であるとして、[83]それを「合理的に考える者（vernünftig Denkenden）の立場からみて」、「できない」の意味に解すべきであるとする。[84]

二　こうした客観説を理論的観点から考察した場合、一見それは、中止未遂の基本思想と矛盾するものではないかの観を呈する。すなわち、右の判決当時に判例が採用していた黄金の架橋説から観た場合（アルフェルトもこの説を採る）、通常の生活観にしたがえば、実行の断念を余儀なくする事情の下にある行為者は、あえて黄金の橋を架けるまでもなく、犯罪を中止するのが一般的であろうから、かかる場合に中止未遂を認める必要はないと考えることができる。また、その後の判例によって採用されることになる刑罰目的説の視点から観た場合も同様である。けだし、一般的には犯罪の継続が行なわれるような状況で、それにもかかわらず行為者が犯行を断念したならば（この場合は、客観説によれば任意性が肯定される）、彼は自力で合法の世界へ立戻ったと考えることも可能であるから、彼には特別予防の必要がないとすることもできるし、かかる者を不処罰としても一般予防が害せられるということもないであろう（一般人なら犯罪を行なったのに、それを止めたのだから）。さらに、褒賞説の観点から観ても、普通なら中止が行なわれえないような状況にもかかわらず、行為者があえて中止したことに対して、刑法がこれを称賛し彼に中止犯を認めることは、褒賞の思想とも一致するであろう。

だが、客観説によれば、任意性が否定されるのは、通常の生活観にしたがえば、犯罪の実行の断念を余儀なくするような事情の存する場合であるから、そうでない場合、すなわち犯罪を継続することに特段の不都合はないが、犯行を延期した方が有利であるために中止した場合（前款第二項参照）には、任意性が肯定されることとなる。しかし、かかる場合に中止犯を認めることが、中止未遂の基本思想と相入れないものであることはすでに述べたとおりである。

次に、実際的観点から、客観説の基準の是非について観てみよう。これについては、すでに以下のような二つの批判がある。その一つはドーナによるもので、彼は、外部的事情が行為者に及ぼした強制の程度によって任意性の有無を決定しようとする客観説を、次のように批判する。「我われの行為というものはすべて、通例、何らかの外部的事情によって生ぜしめられる様ざまな表象を通じて、惹起されるものである。これらの表象が人にどのような影響を与えるかは、各人によって異なる。……しかし、こうした動機によって生ぜしめられる精神的な強制というものは、無限のニュアンスで段階づけられるものであり、こうした段階をどこかの点で区切ることは不可能であろう。自由な決意がどこで強制されたものに変ったか、を決定しうるような測定器というものは存在しないのである。意図した行為を実行するか否かの選択がもはや残されていないところ、すなわち、その実行が不可能なところにおいて始めて、境界線が引かれるのである(85)」と(86)。またH・マイヤーも、「かかる心理的強制というものは、精神的不随（seelische Lähmung）を除いて、ほとんど確認されえないであろう(87)」としている。

他の一つはボッケルマンによるもので、彼は、任意性を中止の動機の量的メルクマールにしたがって決定しようとすると、行為者が良心の重みに耐えかねて犯罪を断念せざるをえなかった場合、任意性を否定せざるをえないとする(88)。すなわち、抵抗できないほどの強い倫理的動機によって中止した者には任意性が認められない反面、その程度にいたらないで中止した者には任意性が認められるという、不合理な結論になるというのである。

こうした指摘に加えて、さらに私見から次のような批判を行ないたい。それは、客観説がその任意性の判断基準としている「通常の生活観」についてである。これについては、まずかかる生活観が実際に存在するのか(89)、といった疑問が提起されている。しかし、一定の事象に対して人が通常どのような態度をとるか、についての一般的認識というものはあるだろう。たとえば、刑法の目的を刑罰の威嚇をもってする犯罪の防止と理解した場合、処罰を規定すれば人は一般に犯罪を犯さないであろう、という認識がその前提となっている。

しかし、通常の生活観からみて妥当することが、行為者本人にも妥当するとは必ずしもかぎらない。たとえば右のように、刑法が人は刑罰を恐れて犯罪を犯さないであろうと考えても、犯罪を犯す者は跡を絶たない。また、性犯罪は変質的な人びとによって犯されることが多いが、こうした人びとの行動形式は、一般人のそれから逸れることが少なくないであろう。さらにウルゼンハイマーは、激情犯や衝動犯の場合、状況の一回性や特殊性が支配しているから、通常の生活観をもち出すことはできない(90)としている。このように考えた場合、一定の状況下における行為者の行動形式と、一般人のそれとの間には逕庭を生じうるから、客観説の基準をもって、行為者の任意性を判断することは困難であるといわなければならない。

これに加えて、通常の生活観から任意性の有無を決定しようとすると、実際の結論において不都合な場合が生ずることがある。たとえば、ある母親が幼い子供を道連れに無理心中を図ろうとして、その子の首に手をかけたが、自分が殺されるのを本能的に悟った子供が泣き出したので、わが子に憐れみを覚えてこれを止めたとする。この場合、一旦は幼いわが子を殺そうとした母親でも、その子に手をかけたとたんに泣き出したなら、憐れみを覚えて犯行を中止するのが母親として普通であろう。しかし、もしそうだとすると、母親の中止は通常の生活観に即した態度であるから、任意性が否定されることになるであろう。しかし、かように憐れみに基いてなされた中止に任意性を否定することがはたして妥当であろうか。疑問に思わざるをえない。

これに対して、客観説が、たとえ母親であっても、殺人罪を犯すことを考えるような者は、最後まで犯行を成し遂げるのが普通であると反論するならば、それは現実を見誤った意見である。けだし、人情と規範意識とは別の次元に属するからである。規範意識に欠如する者が、人の情に欠けるとは必ずしもかぎらないのである。

また、刑法が犯罪を処罰する理由の一つが、そうすれば、人は一般に刑罰を恐れて犯罪を犯さないであろう、というものであるとすると、一旦はかかる恐れをもつことなく犯罪に着手したが、やはり万が一処罰されることを嫌って、中止した場合にも任意性が否定されることになるであろう。なぜならば、彼は、刑法がその前提とする通常の生活観、すなわち、刑罰を規定すれば人はそれを恐れて犯罪を犯さないものであるという生活観にしたがって、結局は中止を行なったものだからである。

しかし、先の憐れみにせよ、ここでの抽象的な処罰の恐れにせよ、これらは任意性が認められる典型的な例とされるものであり、客観説を採る論者もこれを否定するものではあるまい。すると、この説は、その基準の具体的適用の結論において、矛盾的な態度をとっていることになる。以上述べた客観説の様ざまな問題点を考えた場合、今日のドイツにおいて、こうした説があまり支持を受けないのも、故なきことではあるまい。

第三款　帰責可能性説

第一款で観た主観説が、任意性の判断基準を行為者の主観に、第二款の客観説が通常の生活観に求めたのに対し、ここでの帰責可能説（Zurechenbarkeitstheorie）は、その規準を法規範に求めるものである。そこから、この説は、規範的任意性判断に属するものではないかとの疑問が生ずるが、それは誤りである。なぜならば、評価の規準は法規範であっても、その対象は依然として、行為者が外部から受けた心理的圧力の程度だからである。すなわち、外部的事情が、行為者に中止を余儀なくする程度に心理的影響を与えたかどうかを、法規範の観点から決しようとするのである。今日のドイツにおいて、かかる説を唱えるのは、ヘルツベルクとヤコプスである。以下、其ぞれの所説について考察してみよう。

一　まず、ヘルツベルクから始める。すでに第一章で観たように、彼は中止未遂の基本思想を責任履行説に求め、中止犯が処罰されない理由を、「任意に中止する者は、彼が、その責任をみずからに帰責されうる行為（Leistung）を通じて履行したものであるがゆえに、国家の強制規定から解放されるのである」[91]と説明する。したがって、彼の立場からは、中止未遂の存否は、責任の履行（結果の阻止）が帰責可能な行為を通じてなされたか否かによって決せられることになるから、任意性の有無も行為の帰責可能性の存否に求められることになる（それゆえ、彼の態度は、中止犯の基本思想に関しては、理論的に一貫したものといえる）。

そこで問題となるのは、任意性の判断基準を行為の帰責可能性の有無に求めることの是非である。ヘルツベルクによれば、帰責可能性の判断は法規範からみちびき出されるという。彼はその例として、夫が妻の命を助けるために犯罪を中止した場合を挙げ、かかる場合には任意性が否定されるとして、その理由の一つ[92]をドイツ刑法第三五条の免責事由たる緊急避難の規定に見出す[93]。すなわち同法は、自己や親族（むろん、この中には妻も含まれる）等に対する緊急避難を認めているが、それは、こうした場合には行為者の行為が自由を奪われた（unfrei）ものであるから、すなわち帰責されえないものであるからであるという。つまり、妻等の親族を助けるためになされた行為には、帰責可能性が否定されるのである。もしそうであるならば、右の妻の命を助けるためになされた中止行為にも帰責可能性が否定されるから、任意性がないことになるというのである[94]。

しかし、緊急避難における帰責可能性の有無と中止未遂におけるそれとを同一視することには疑問がある。けだし、両者の規定は、その機能を異にするからである。すなわち、かりに双方が帰責可能性の問題であるとしても、前者は、行為者に法の遵守が期待可能か否かという観点から、帰責可能性の存否を決定するものであるのに対して、後者は、行為者が中止を行なった場合、それを理由として彼を不処罰とするには、その中止行為がどの程度彼の仕業（Werk）としてみなされなければならないか、という観点から帰責可能性を決定するものであると考えられるからである。したがって、前者における帰責可能性の概念を、そのまま後者におけるそれに当てはめるわけにはいかない。

両者を同一視することが誤りであることを証明しよう。右の第三五条は、生命、身体、自由にかぎって緊急避難を認め、財産等についてはこれを認めていない。すると同法は、自己の財産を守るための緊急避難には、帰責可能性が存するものと考えていることになる。もしそうならば、行為者が、犯行の最中に自分の家が火事であることを知ってそれを消火するために、すなわち自己の財産を守るために犯罪を中止した場合には、任意性が認められることになる。なぜならば、財産を保護するための緊急避難に帰責可能性が存するならば、財産を守るためにした中止にもかかる可能性が存するからである。しかし、右の結論は、損失や不利益を回避するためになされた中止の任意性を否定する、[95]ヘルツベルクの立場と矛盾するであろう。

さらに、刑法のみならず民法の規定からも、彼が帰責可能性の判断を引き出そうとしている[96]ことの誤りを、第一章の繰り返しになるが、ここでもう一度指摘しておこう。すなわち、債務者Ｓが、彼の妻Ｆに借金を弁済しなければ自殺するといわれたので、妻の命を助けるために、已む無く債権者Ｇに借金を返済したとする。この場合、Ｓの弁済行為は帰責可能な行為によって行なわれたものであって有効であろう。もしそうであるとすると、妻の命を助けるための中止行為に、帰責可能性を否定する彼の見解と矛盾することとなる。

このように、帰責可能性という同じ概念であっても、それを用いる各規定の立法目的からその概念内容が異なって理解されるのであって、そうである以上、彼のように、任意性の判断を他の法規範から一律にみちびき出そうとする態度には疑問があるのである。また、かりに一歩譲って彼の右のような態度が正しいものであるとしても、様ざまな中止の事案に対する帰責可能性の判断の規準となる法規を、無数の法規範の中からどのようにして見付け出すというのか。これについての明確な指針が示されていない以上、ゲセルも述べているように、「ヘルツベルクの帰責可能性の基準は、あまりにも曖昧である」[97]といわざるをえない。

二　その理論構成は異なるものの、同じく任意性を帰責可能性の問題として捉えるのはヤコプスである。彼によれば、任意性が認められるのは、「中止構成要件の充足が、中止者の行為（Leistung）として彼に帰責されうる」[98]場合であるという。では、それは具体的にどのような場合であろうか。これについて、彼は次のような規準を掲げている。

㈠行為計画の変更に対して、何ら重要な外部的原因が挙げられえない場合。たとえば興味の喪失、羞恥、良心の呵責等がそれである[99]。

㈡計画の変更に対して、外部的事情が原因として挙げられうる場合。これには、二つの場合がある。a外部的事情が不法や責任を高める場合、すなわち規範の訴え（Normappell）を強める場合。この場合、中止は高められた犯罪の放棄にすぎないものであって、任意的ではない[100]。b外部的事情が、不法や責任に何ら影響を与えない（unrechts–und schuldneutral）場合であるか、あるいは不法や責任を減じる場合。この場合、原因たる外部的事情は法的に中止にいたる事由を与えるものではないから、任意性がある[101]。

以上のことから、行為者が困難と感じた事情に屈した場合であっても、その事情が不法や責任を増大するものでなければ任意的である。たとえば知人のたっての頼みによる中止、説得による中止、宗教的、迷信的理由による中止、相手の生理の血を見ての強姦の中止がそれである。これに対して、その障害を克服しようとすれば、不法や責任を増大するであろうが故に中止した場合には任意的ではない。たとえば、窃盗に入ろうとした建物の戸が無理にでなければ開けられない場合、番犬を殺し、あるいは警報器を鳴らなくし、もしくは夜警を殴り倒さなければならない場合等がそれである[102]。

このように、彼の説は外部的事情が計画変更の原因である場合には、その事情が不法や責任の増減に影響を与えるか否かによって任意性の有無を決定しようとするものであるが、この増減の判断は法規範に基いてなされるであろうから、この意味において、この説もまた、任意性の存否を法規範に求めるものであるということができる。

しかし、ここでの説でまず問題となるのは、ヤコブスが帰責可能性の有無を、外部的事情による不法もしくは責任の増大の存否に求めることの理論的根拠が、必ずしも明確ではないということである。不法や責任が高まった場合、なぜ中止行為が行為者に帰責されえないのか。その理由が、ここでは示されていない。

次に、不法や責任の増強は、彼が右に挙げた例（戸の損壊、番犬の殺害、警報器の機能停止、夜警の殴打）からみて、犯行の継続がさらなる犯罪を伴い、またはより重い罪を構成する場合に認められると考えられる。しかし、もしそうなら、強姦の相手が行為者を知っていたために、あるいは発覚して処罰の蓋然性が高まったために中止した場合には、これらの事情によって犯行の継続が別罪を伴うこと等はないのだから、帰責可能性が認められてよいことになるが、ヤコプスは右の基準の具体的適用において、これらの場合における任意性を否定している(103)。だが、こうした場合に、なぜ不法もしくは責任が強まることになるのか、私には理解不能である。

最後に、ここでの説によるときは、これまでの学説かそうであったように、犯罪を実行するについて、行為者が予め予想した以上の困難が生じたものではないにもかかわらず中止した場合、すなわち、犯行の継続に特段の不都合はないが延期した方が有利なために中止した場合は、任意性が認められることになるであろう。けだし、延期することなくそのまま犯罪を続行しても、予定どおりに事が進むのであるから、犯行の継続が不法や責任を増大することはないであろうからである。しかし、こうした場合に任意性を認めることが不合理であることは、すでに繰り返し述べたとおりである(104)。

第三節　規範的任意性判断

前節において考察した心理的任意性判断が、行為者の表象した外部的事象が、彼をして中止を余儀なくさせたか否かを問題としたのに対して、ここでの規範的任意性判断は、その事象によって中止した事由が、法によって承認されうるものであるか否かを問題とするものである。こうした考え方がドイツの学界において注目を浴びるようになったのは、私の知るかぎりでは、ボッケルマン[105]以降である。今日こうした任意性判断は、かの地において、次第に支持者を増しつつある。

たとえば、任意性をして、ロクシンが「合法性への回帰（Rückkehr in die Legalität）」[106]、ウルゼンハイマーが「行為者の法の軌道への回帰（Rückkehr des Täters in die Bahnen des Rechts）」[107]、ヴァルターが「規範の遵守の用意（Normbefolgungsbereitschaft）」[108]と解しているのがそれである[109]。また、私が「反規範的意思の合法な意思への転換」としたのも、同様の基盤に立つものである。けだし、合法な意思とは、法規範によって承認された意思を意味するからである。そこで、問題となるのは、どのような事由で中止した場合に、かかる意味での任意性が認められるかということである。これについての判断基準を示したものとしては、主要なものとして、ボッケルマンとロクシンがいる。以下、彼らの説くところを観てみることとしよう。

第一款　法に内在する道徳説

すでに第一章で述べたように、ボッケルマンは、中止未遂の不処罰の根拠を、行為者が中止を行なったことに対して、刑法が彼に不処罰という恩典を与えたものであると説明する（恩典説）。では、恩典が与えられるべき中止とは何か。彼は、それを次のように説く。

「中止が行為者に恩典をもたらすのは、彼みずから功労のあった（verdienstlich）場合にかぎられる。自由な意思（freier Wille）のみが功労的な意思でありうるという理由で、中止は自由な（freiwillig）なものでなければならない。それゆえ、行為者が現実の、もしくは誤想した外部的強制の下で中止したときは、常に不処罰ではなくなる。なぜならば、この場合には功労が存しないからである。しかし、逆は真ではない。すなわち、外部的な（実際上もしくは想像上の）強制から意思が自由だからといって、それだけの理由で、その意思が常に功労的となるものではない。かかる意思が功労的であるのは、中止の動機が法秩序によって承認される（Anerkennung der Rechtsordnung）場合のみである。それゆえ、通説とは異なって、中止の動機の倫理性はどうでもよいのではなく、決定的なものなのである」。「こうした見解に対しては、刑法は道徳化されてはならない、という異論が唱えられるのが常である。しかし、こうした異論は当たらない」。なぜならば、「裁判官は、その適用すべき道徳基準を何らかの主観的倫理、固有の世界観もしくは宗教、一定の教会教義から引き出してはならない」からである。「彼は、かかる規準を法に内在する道徳（esoterische Moral des Rechts）の中に見出すのである。この道徳には、定言命法のみならず仮言命法も含まれる。かようにして、行為者が処罰に対する恐れから中止する場合にも、当然、充分に功労が認められるのである。なぜならば、刑法典は、彼にこうした恐れに服することを要求するからである[110]」と。

まず、こうした説に対しては、一部の学説[111]から、刑法の道徳化であるとする趣旨の批判がなされている。しかし、ボッケルマンじしんも右に述べているように、「こうした異論は当らない」。すなわち、彼がたんなる「道徳」ではなく、「法に内在する道徳」としていること、また、それには「定言命法のみならず仮言命法も含まれる」としていることから察して、本来の意味での道徳ではなく（命令の形式を右のように峻別したカントによれば、道徳は定言命法であって仮言命法ではないという[112]。したがって、ボッケルマンが法に内在する道徳を本来の意味での道徳と解するならば、仮言命法をも含むとはしなかったであろう）、いわば法秩序の基礎を形成するという意味での道徳であろう。もしそうならば、右の批判は当らないと思う[113]。

彼の説の優れた点は、従来の心理的任意性判断では解消することのできなかった不合理、すなわち、犯罪の継続に特段の不都合はないが、犯行を延期した方が有利なために中止した場合に任意性を認めざるをえない（かかる場合、中止を余儀なくする強制は存在しないので）という結論を回避しうるということである[114]。けだし、ここでの中止の動機というものは、法秩序によって承認されないであろうからである。

しかし、彼の見解には、次のような意味で難点があるように思われる。すなわち、これによれば、任意性が認められるには、中止の動機が、法に内在する道徳に相応するような場合でなければならない。ところで、一般に道徳というとき、それは積極的な価値をもつ概念として理解されうる。このことは、道徳という言葉が、肯定的な評価をもって世間一般に受け入れられていることからも明らかである。そして、これは法の世界においても同じであろう。すると、中止の動機が法に内在する道徳に相応する場合とは、法の目からみてその動機が多少なりとも積極的な価値を有するものでなければならない。それゆえ、こうした価値を有しない動機による中止は、法に内在する道徳に相応しないものとして任意性が否定されることになるであろう。

しかし、もしそうだとすると、価値中立的な動機から中止が行なわれた場合にも、任意性は認められないこととなる。けだし、価値中立的とは、消極的価値を有しない代りに積極的価値をも有しないからである。だがボッケルマンは、価値中立的な動機による中止にも任意性を認めようとする。すなわち彼は、動機が必ずしも称賛に価するものではなくとも、非難されるべきものでなければよいとして、堕胎薬の味を嫌って堕胎を中止した場合にも任意性を肯定する。(115) けれども、右に述べた理由から、彼の立場でこうした価値中立的な動機による中止に任意性を是認することは矛盾であろう。なるほど、後に述べるように、私じしんこうした場合に任意性を肯定することに反対するものではない。しかし、彼の基準をそのまま用いたときに任意性が認められるのは、動機に多少なりとも積極的価値のある場合にかぎられるから、右のような事例に中止犯を肯定することはできない。この意味において、彼の基準は狭きに失するように思われるのである。

第二款　犯罪者の理性説

一　本節の冒頭でも述べたように、ロクシンは、任意性をして合法性への回帰として解している。では、かかる回帰は、どのような場合に認められるのであろうか。彼は、それを判定するための基準を、「犯罪者の理性（Verbrechervernunft）」[116]あるいは「犯罪者仲間のルール（Regeln des Verbrecherhandwerks）」という指導形態に求めている。[117]

彼によれば、犯罪者の理性とは、「具体的な所為計画のリスクとチャンスとを冷静に比較考量する、狡猾な（hart-gesotten）犯罪者の理性である。発覚したと思って中止をする者は、この意味において、〃合理的に〃行為するものである。中止に当てはめられる基準は、なるほど、個人の所為計画から出発されるが、その計画を基礎として一般的に決定されうる犯罪者仲間のルールのこうした遵守は、もちろん、法秩序の報酬（Lohn）を得るに価しない。そのために、こうした中止は、不任意なものとして評価されなければならない。これに対して、窃盗の最中に、具体的な理由もなしに突然激しい不安に襲われて逃げ出すような者は、彼の職業の規準に照らせば〃不合理な〃態度をとるものである（というのは、〃普通の（ordentlich）〃犯罪者なら、理由もなしに恐れたりはしないからである）。それゆえ、その中止は任意的である。なぜならば、法秩序は、犯罪者の理性の規範からの離脱に対しては、報酬を与えるからである。したがって決定的な評価規準は、中止が合法性に回帰しようとする意思の表明であるか、あるいは犯罪者仲間の規範にしたがってのみ合目的な行態であるか、という点に存する[118]」。

「その場合、心理的な動機の強さが決定的な問題となるのではない。前者（発覚したと思って中止した――訳者注）の行為者は、たとえ彼が、自分には処罰されることなく犯罪を実現する充分なチャンスがまだあると思っていたが、ややリスクが大きくなったために、心理的強制を感じることなく中止したものであったとしても、不任意に中止するものなのである。これに対して、後者の場合（不安に襲われて窃盗を中止した――訳者注）、たとえ行為者が彼の不安を心理的に克服できなかったとしても、任意性が存するのである。こうした方法によって、また、なぜ羞恥心や後悔およびこれらに類似した中止の動機が常に不処罰にいたるのかも、難なく説明されうる。なぜならば、こうした感情に屈する者は――犯罪計画の要件と比較して――きわめて〃不合理に〃行為するものだからである。そして彼が、みずからの人間的な心の動きに捕らわれやすければやすいほど、彼は不処罰を得やすいのである。心理的な観察方法では、こうしたことを説明できないのである」(119)と。

二　このようにロクシンは任意性をして合法性への回帰として理解し、その回帰の有無を犯罪者からみて中止したことが合理的であったか否かによって決しようとするのである。こうした考え方をまず理論的観点から観た場合、それは一応論理的に筋の通ったものである。すなわち彼は、中止未遂の不処罰の根拠を刑罰目的の消滅に求めるが、この消滅が認められるためには、行為者が自力で法の世界へ立ち返ったことが必要である。したがって、任意性を肯定するのに行為者に合法性への回帰を要求することは、彼の刑罰目的説と相入れないものではない。

また、中止者の合法性への回帰の有無の判断を、犯罪者の理性という観点から行なおうとすることも、論理的に誤ったものではない。すなわち、犯罪を犯す人びとは一般に反規範的な精神をもった人達であるから、かりにこうした人びとが途中で犯罪を止めるようなことがあったとしても、彼らが規範的な動機から、それを行なったとは考えにくい。したがって、普通なら彼らが犯罪を止めるような事由と同じ事由で、行為者が中止した場合には、その中止の動機は規範的なものではないと解せられる。また、その反対解釈として、普通の犯罪者ならば犯罪を止めないような理由で、行為者が中止した場合には、その中止の動機は規範的なものと考えることができる。

しかし、実際的な観点から、右の基準そのものに目を向けたとき、それには問題があるように思われる。すなわち、すでにドイツの学説の一部(120)において指摘されているように、犯罪者の理性なるものが抑そも存在するのか、ということである。

これについて、ウルゼンハイマーは、次のように述べている。「周知のごとく、何ら〝平均的犯罪者〟というものは存在せず、また事実的所与性の歴史的一回性ゆえに、ある者の態度が他の者の反応と全く抽象的に同置されてはならない。それゆえ、〝犯罪者仲間の規範〟というものは、〝確定しにくく〟非常に曖昧であるばかりではなく、擬制的な基準でもある。そして、こうした基準は、判断する者の其ぞれの確信に左右されるものであり、その為ひどく主観的な不安定さに服するものなのである。……迷信は、狡猾な犯罪者にとって無縁であり、それゆえ、これによって動機づけられた中止は、いわば〝同業者仲間に反する（zunftwidrig）〟もの……であろうか？　〝氷のように冷たい〟殺人者は、第三者に殺人を目撃されたからといって逃げ出すであろうか？[121]」「承認された社会倫理的原則というものは存在しても、承認された〝犯罪者仲間の規範〟というものは存在しないのである[122]」と[123]。

右の批判にもあるように、「承認された犯罪者仲間の規範」というものが実際にあるのかどうかは、きわめて疑わしい。そのため、その概念内容も自然と不明瞭なものとなる。たとえば、行為者が初め強盗の目的で相手に暴行・脅迫を加えたが、その者が美人であったために劣情を催し、同女を強姦するために強盗を止めたとする。この場合、犯罪者仲間のルールという視点からみて、行為者の行動は、どのように評価されるべきであろうか。すなわち、彼は強盗のチャンスを、気が変ってそれよりも欲した強姦のチャンスに切換えたのだから、犯罪者としてそのルールに反したことにはならないのか。それとも、「具体的な所為計画のリスクとチャンスとを冷静に比較考量」した場合、当初計画した犯罪の実行には何ら支障がないのだから、それを実行しなかったのは、ルールに悖ることになるのか。おそらく、二様の解釈が可能であろう。このように、犯罪者仲間のルールという概念はきわめて曖昧なものであり、基準の明確性に欠けるのである。

しかし、右にもまして問題なのは、ロクシンのこうした規準が、抑そも行為者の合法性への回帰の有無を判断するものとして正しく機能しえないということである。すなわち、H・シュレーダーが、妻の命を救うために中止した行為者に任意性を否定することに対して、ロクシンは、「妻への愛情から、結局、合法性への軌道にとどまった行為者は、犯罪者仲間の規範に全くしたがうものではない」として、かかる場合に任意性を認めている[124]。これは、彼が、犯罪者は妻に対する愛などから犯罪を止めるものではないと考えているからであろう。もしそうだとすると、川で溺れている他人の子供を助けるために、あるいは隣家の火事を消火するために中止した者には、なおさら任意性が認められることになるであろう。けだし、犯罪を犯そうとする者は、自分の妻の命を犠牲にしてまでもその実行を成し遂げようとするものならば、他人の子供の死や隣人の不幸によって犯罪を中止することなど、なおさら考えられえないからである。

しかし、かかる場合、行為者が「合法性に回帰しようとする意思の表明」をしたといえるであろうか。彼がこうした意思を表わしたというためには、少なくとも自己の行為に対して否定的評価を下したことが必要であろう。けだし、みずからの犯罪を否定することにによって始めて、行為者は規範意識を覚醒させたといえるからである。つまり合法性への回帰があったといえるからである。だが、右の場合、彼は自己の犯罪行為について消極的判断を行なって止めたのではない。自分の行為とは全く無関係な第三者に対する憐れみや同情から止めたのである。彼は、子供を助けること等によって、憐れみ等の道徳的感情をもつものであることは証明したが、規範意識の回復については何ら示していないのである。犯罪者は、一般に道徳的動機から犯罪を止めることがないから、行為者がこうした動機から中止した場合には彼を不処罰とするならば、それは法と道徳との混同である（このことは、規範的任意性判断にとって重要なので、第六節で再び取り上げる）。

また、右のような行為者を不処罰とすることは、ロクシンの刑罰目的説とも相入れないであろう。すなわち、自己の犯罪行為に対する否定的評価から中止した者ならば、刑罰を科さなくても、彼は将来犯罪を犯すことはないといえるかもしれない。しかし、自分の犯罪について何ら消極的評価を下さない者、すなわち、みずからの行為の反規範性を認識しない者が、たんに道徳的動機から中止したからといって、その者が将来犯罪を犯すことはないといえるであろうか。疑問に思わざるをえない。

以上のように観た場合、ロクシンのいう犯罪者の理性等の基準が、中止者の合法性への回帰を判断するものとして適切なものであるかは、頗るあやしいのである。

第四節　任意性に関するフランスの学説状況

一　次に、フランスの状況について観た場合、そこでは中止未遂における任意性の判断基準をめぐって、ドイツにおけるような様ざまな議論は展開されていない(125)。任意性を判断するための基準を示した学説で唯一のものと思われるのは、優越説（théorie de la prépondérance）ともいうべきもので、この説の首唱者でるヴィダルは次のように述べている。「犯罪実行の中止の事由は、内部的（volontaires ou internes）なものと外部的（casuelles ou externes）なものとに区別される。前者は中止未遂（l'abandon de la tentative ou tentative abandonnée）を生ぜしめ、後者は障害未遂（l'empêchement de la tentative ou tentative empêchée）を発生せしめる。前の場合には目的の放棄、すなわち計画の放棄があるのに対して、後の場合には、実行手段の放棄、すなわち計画のよりよい機会への延期がある」。「右の外部的事由は、さらに物理的事由（causes casuelles physiques ou matérielles）と心理的事由（causes casuelles morales）とに分けられる。前者は、犯罪の完成を物理的に妨害するような事由である。後者は、行為者の意思に反して心理的な圧力を加えることによって、その意思に作用し、彼に計画の実行の放棄を強要するような事由である。こうした事由は、行為者の意思が中止の直接的原因であったという点で、右の内部的事由に類似する。しかし、心理的外部的事由は、以下の点において内部的事由と区別される。すなわち、心理的外部的事由は、意思を強制し行為者をして中止させた事象が本人とは無関係であり、彼じしんの行為（son fait personnel）から生じたものではないという点において。たとえば、ある者が自分と敵対する者を殺害しようとして、相手が通る場所で待伏せし、本人を認めたとき、彼に向けてピストルを発砲しようとしたとする。この場合、(一)中止の事由が後悔、犯罪の重大性ゆえの驚愕、憐れみ等に由るときには、中止者は内部的な個人的感情（sentiment personnel, interne）にしたがったものであり、中止未遂が存在する。㈡相手の方が行為者よりも機敏で腕力が勝っており、あるいは不意に第三者が現われて、これらの者が行為者の腕を掴んで彼の発砲を妨げたときには、障害未遂が存在する。㈢行為者が足音を聞いたり誰かを見たために、あるいはそう勘違いして発砲を中止し、そのまま相手を去らせたときには、それは発覚や密告ないしは逮捕の恐れに由るものであって、心理的外部的事由、すなわち実行手段の放棄が存在する」。

「放棄がたんに内部的（volontaire）だけでなく、それが外部的事由によっても決定された場合、カララ（Carrara）の表現にしたがえば、因果関係と意思との混合（mixture de causalité et de volonté）が存在するのであり、この場合、二つの要素の中、何れに優越性（prépondérance）が与えられるべきかを問題としなければならない。もし外部的なものが優るなら、それは障害未遂であり可罰的である」[126]と。

以上彼の説くところを要約すれば、以下のようになる。a純粋に内部的事由によって中止した場合には、犯罪計画の放棄があり任意性が肯定される。b純粋に外部的事由（これには、物理的外部的事由と心理的外部的事由の二つがある）により中止した場合には、実行手段の放棄があるにすぎず、任意性が否定される。c内部的事由と外部的事由とが競合して中止した場合には、何れの事由が優っていたかによって、任意性の有無が決せられる。

また最近では、ヴィチュ／メルルが、「不可抗力の性格を有しない外部的事由が、行為者の意思に影響を与えて、彼をして放棄を行なわしめた場合」には、「何れが放棄の事由として優っていたか、すなわち、外部的事由か内部的事由かを個々の場合に決すること」によって任意性の存否を判断すべきだとしている[127]。

二　そこで以下、こうした説の妥当性について考察してみることにしよう。まず、ここでの説と中止未遂の立法理由との理論的整合性について観てみることとする。既述のごとく、フランスでは刑事政策説が通説である。行為者が中止するにつき内部的事由と外部的事由とが併存する場合、両者を比較して後者が前者に優るときは、あえて不処罰を認めるまでもなく、行為者は外部的事由に強制されて犯罪を中止する可能性が強いから、中止犯を認める必要はないのに対して、前者が後者に優るときは、右のような可能性は少ないから、不処罰を与えて中止させる必要があり、それゆえ中止未遂を認めることに意義がある。かように考えた場合、内部的事由と外部的事由の優劣で任意性の有無を決する優越説は、中止犯の立法理由との関係において理論的矛盾を犯すものではないとも考えられる。

次に、内部的事由が外部的事由に優るときは、中止の決定に際し、外部的影響よりも行為者の意思決定の自由がより大きな役割を演じたのだから、かかる場合に任意性を認める優越説の考え方は、任意性の判断基準として理論的に筋の通ったものでもある。

しかし、問題なのは、内部的事由と外部的事由との優劣の比較が可能かということである。かような比較は、行為者の中止の決定に際して両者の果した役割の程度を認定し、その多寡の測定によって行なわれると思われるが、中止者の内心に立入ってかような役割の程度を探ることは、言葉の上では可能であっても実際には中なか困難であろう（なお、ヴィチュ／メルル(128)によれば、判例は、双方の事由が競合する場合には任意性を否定する傾向にあるという(129)）。そこで、こうした問題を解決する方法として、双方の優劣を決するための基準が必要であると考えられるが、かような基準を何ら示していない優越説は、実際の使用可能性において難点があるように思われる。

木村博士も、「このヴィダール・マニョールの説は、ヒッペル流の単に外部的事情と内部的動機とに区別するところの説に対して、一歩分析を進めた点において甚だ重要ではあるが、ガローのいはゆる『限界的な場合』における区別の標準として単に原因の『支配的であること』（prépondérance）を掲げるのでは、やはり、不十分であり、その支配的なりや否やを決する標準が更に問はれねばならぬこととなるのである。かかる意味において、ヴィダール・マニョール説はなほ十分に妥當なるものたり得ないといふべきであろう(130)」と述べて、右の点を指摘している。

またヴィダルが、内部的事由による中止のときには犯罪計画の放棄があり、外部的事由による中止のときには実行手段の放棄があるとしているところから観て、彼は、任意性が認められるには、犯罪計画の完全な放棄が必要であると考えているように見受けられるが、放棄の意思は任意性ではなく中止行為の問題であり、また犯意の放棄は完全なものである必要はなく、犯罪行為の単一性の枠内であれば足りるということは、すでに述べたとおりである。

最後に、任意性が完全に否定されるという、物理的外部的事由による中止は、欠効犯に相当するものであって任意性の問題ではない。たとえば、優越説の論者の一人であるプラデルは、かかる事由の例として、行為者が詐欺をはたらいたが相手が何も持っていなかった場合、窃盗しようとしたが金庫が開かなかった場合を挙げている[131]が、前者は客体の不能による、後者は方法の不能による、其ぞれ構成要件の実現が不可能な事例である。

第五節　任意性に関するわが国の学説状況

最後に、わが国の状況について観てみよう。いうまでもなく、この地では、中止未遂の任意性判断の基準をめぐって、これまで三つの学説が鼎立している。すなわち主観説、客観説、規範説（限定的主観説）がそれである。また最近では、これらの説に加えて不合理決断説なるものも唱えられている。そこで本節では、以下これらの見解について観てみることとしよう[132]。

一　主観説　判例においてこの説のリーディングケースとされるのは、有名な昭和一一年三月六日の大審院の判決[133]である。事案は、甲がX宅で二人で酒を飲みながら、以前行なった大工仕事の手間賃を請求したが、Xがこれに応ずる気配がなかったので腹を立て、持参していた短刀を殺意をもってXの胸部に突き刺したところ、相手の胸から「流血ノ迸ルヲ見テ翻然之ヲ止メタ」というものである。
これに対して、大審院は次のように述べている。「犯人カ人ヲ殺サントシテ短刀ヲ抜キ其ノ胸部ヲ突刺シタルモ流血ノ迸ルヲ見テ翻然之ヲ止メタルトキハ障碍未遂犯ニシテ中止犯ト為ラサルモノトス蓋中止犯タルニハ外部的障碍ノ原因存セサルニ拘ラス内部的原因ニ由リ任意ニ実行ヲ中止シ若ハ結果ノ発生ヲ防止シタル場合ナレハ流血ノ迸ルヲ見テ止ムルハ意外ノ障碍ニ外ナラサレハナリ（傍点筆者）」と。[134]

また学説では、小野博士が、「『自己ノ意思ニ因リ』止めたとは、外部的障礙がないにも拘らず、行為者が自由な意思決定に基いて中止したことをいふ。外部的障礙のあることを認識して止めたのでは『自己ノ意思ニ因リ』止めたとはいふことを得ない。之に反して客観的に外部的障礙があったとしても、行為者が主観的にそれを認識せず、外部的障礙がないと信じて止めたとすれば、なお『自己ノ意思ニ因リ』止めたものといふことを得るであろう（傍点筆者）[135]」としている。[136]

このように、主観説は、行為者がその表象した外部的事象を障害と感じたか否かによって、任意性の有無を決定しようとするものである。しかし、障害と一口にいっても、その程度は千差万別である。そこで、この説においては、どの程度の障害で行為者が犯罪を止めたときには任意性が否定されるのか、ということが問題となる。たとえば、ある者が窃盗の目的で金庫を開けようとしたが思ったより難しく、彼の技術からして開けられなくはないが、予定よりも多くの時間を費やすことが判ったので面倒になり止めたとする。この場合、金庫を開けるのに予定時間をどのくらいオーバーするために中止したときには任意性が否定されるのか。三〇分か、一時間か、それとも数時間か。あるいは、妊婦が堕胎薬を飲んだところ、飲もうとすれば飲めなくはないが、嫌な味がしたので吐き出したとする。この場合、どのくらい嫌な味がしたので中止したときには任意性が否定されるのか。少し嫌な味か、普通に嫌な味か、それともとても嫌な味か。しかし、主観説はここでの問に答えるための基準を何ら示していない。

この意味において、先に検討したドイツやフランスの主観説が、より踏込んだ理論展開をしているのに比べて、わが国のそれは稍や劣っている感を否めない。平野博士がフランクの公式を採用するのも[137]、主観説において何らかの明確な基準を示そうとするものであろうが、この公式によるときは、中止未遂の範囲があまりにも広く認められることになり、不都合な結論になることは、すでに述べたとおりである。

次に、ここでの説によれば、外部的事象が行為者にとって障害とならないときには任意性が認められるのだから、犯罪の継続に特段の不都合はないが、犯行を延期した方が有利なために止めた場合には、中止未遂が肯定されることになる。しかし、小野博士のように、中止犯をして責任の問題として捉え、その責任とは道義的責任として理解した場合、犯行の延期によってより多くの利益が得られ、あるいはより楽に犯罪が実行できるために中止した者に、道義的責任が減少したと果していえるであろうか。疑問に思わざるをえない。

二　客観説　周知のように、この説のリーディングケースとなったのは、昭和二四年七月九日の最高裁判決(138)である。事案は、次のようなものであった。甲は、人事不省に陥っているXを、強姦の目的で墓地内に引摺り込み、姦淫の所為に及ぼうとしたが、まだ性交の経験のない甲は容易に目的を遂げず、かれこれ焦慮していたところ、突然約一丁（約一〇九メートル）隔てた駅に停車した電車の前灯の直射をうけ、犯行の現場を照らされたのみならず、その明りによって、Xの陰部に挿入した二指を見たところ、その出血に驚愕して強姦を中止した。

これについて、最高裁は次のように判示した。「かくのごとき諸般の情況は被告人をして、赤黒い血が人差指から手の甲を伝わり手首まで一面に附着していたので、性交の経験のない被告人は、強姦の遂行を思い止まらしめる障礙の事情として、客観性のないものとはいえない。……また驚愕が犯行中止の動機であることは、Y弁護人所論のとおりであるけれども、その驚愕の原因となつた諸般の事情を考慮するときは、それが被告人の強姦の遂行に障礙となるべき客観性ある事実であることは前述のとおりである」と(139)。

また学説では、木村博士が次のように述べている。「行為者の意思と全然関係なき事情により犯罪が不完成に終つた場合、及び、一般の経験上意思に対して強制的影響を与へるものなりと解せられる事情の表象によつて行為者が中止したる場合、においては障礙未遂であり、右以外の場合、換言すれば、中止が一般の経験上意思に対して強制的影響を与へるものなりと解せられる事情の表象によらずして為されたる場合、が中止未遂である、と。『発覚』及び

『発覚の恐れ』によつて中止したる場合に関しても、右の原則により具体的場合につきこれを決定すべきである。それで、例へば、発覚により『早晩』告発・逮捕・処罰を免れずと解して中止したるがごとき場合には障礙未遂をもつて論ずべきであり、発覚の『晩』は告発・逮捕・処罰等により社会的不名誉を蒙るべきことあるを恐れて中止したるがごとき場合には中止未遂をもつて論ずべきであろう。問題は、行為者が中止に至りたる動機の具体的内容を正確に認定し、その認定せられたる事情を基礎として、一般的経験の判断に従つて、右の事情の表象が普通意思に対して強制的影響を与へるものなりや否やを判定することによつて解決せられるべきである（傍点筆者）[140]」と。

　右の二つの主張を比較したとき、同じ客観説でもその内容に逕庭のあるのが判る。すなわち、前者の判例の見解では、客観的基準の対象となるのは、中止の動機である驚愕ではなく、かかる驚愕を被告人に生ぜしめるにいたった諸般の事情である。これに対して、木村博士の所説では、発覚を例にとった場合、外部的事象である発覚そのものではなく、発覚によって行為者に生じた心理的状態、すなわち発覚によって逮捕・処罰を恐れたか、それとも処罰等によって社会的不名誉を蒙るべきことを恐れたかを問題とし、この行為者の心理状態、換言すれば、外部的事象に対する行為者の受け取り方を客観的基準の対象とするものである[141]（こうした考え方は新しい客観説、折衷説などと呼ばれ、従来の客観説とは異なるもののごとくいわれているが、ここで引用した論文をよく読めば、そうでないことが判るはずである[142]）[143]。

　しかし、客観説の判断の対象が外部的事象そのものであろうと、かかる事象を契機として行為者の内面に生じた心理状態であろうと、その基準が客観的なものであることには変りはなく、そうである以上、すでにドイツにおける客観説に対して述べた批判がここでも略ぼ同様に当てはまる。

三　規範説　この説の首唱である宮本博士は、「自己の意思に因るとは、固より心理学的な意義に於ていふのではなく、これは主観主義の立場からいへば、中止者の動機に対する刑法的立場から見た一種の評価的観察である[144]」として、任意性を心理的視点からではなく規範的観点から判断すべきことを主張する。そして博士は、中止の事由を三つに大別して以下のように述べている。

「一、犯罪実行の動機たる事情が不存在たる為めの中止の場合。（例、殺人の実行に着手したところ人違であつた場合）。

二、犯罪実行の動機たる事情が具はるも、その実行に伴ふ外部的障礙を予見した為めの中止の場合。（例、窃盗に忍入つたところが家人が目を覚ました場合）。

三、犯罪実行の動機たる事情が具はるも、行為者の性情が内部的障礙（悔改、慚愧、恐懼、同情、憐愍、その他これに類する感情）として作用したことによる中止の場合。

今この三つの場合の何れが中止犯たる価値を有するかといふに、第三の場合の行為者の性情は、結局自己の犯罪の実行の着手を不可なりとする感情即ち自己の行為の価値を否定する意識（規範意識）として働いた訳であるから、斯かる場合こそ犯人の反規範性は通常の未遂罪の場合に比して軽微なものとして、刑の減軽又は免除を与へることが相当であって、任意の中止とは畢竟斯かる事情のもとに於ける中止のみをいふものと解すべきであると思ふ。而して斯かる意識は或いはこれを広義の後悔といつても差支へない(145)」と(146)。

こうした見解に対しては、一部の学説(147)から任意性と倫理性との混同であるとの批判がなされている。しかし、私見によればかかる批判は当らない。すなわち、行為者がその価値を否定すべき犯罪行為の「犯罪」とは、法規範によって無価値とみなされた行為であって倫理規範によって無価値とみなされた行為ではない。もしそうであるならば、刑法によって犯罪とされた行為を否定することは、法的感情に基くものであって、倫理的感情に基くものではない。なるほど、犯罪と反道徳的な行為とは多くの場合重なり合うことがあり、その場合には、犯罪を否定する意識と倫理的意識とは一致する。しかし、理論的には両者はあくまでも区別されるべきであって、前者と後者とを同一視することはできないのである。任意性に犯罪行為に対する否定的感情を求めることは法と倫理との混同であるとする批判は、犯罪と反倫理的な行為とは同じものであるとする思想に根ざすものであって、かかる批判こそ法と道徳とを混同するものなのである。

宮本博士の右の所説は、規範的任意性判断の立場に立つという意味で、私見によれば正しいものである。ただ、博士が任意性の判断を「自己の行為の価値を否定する意識」という規準にのみ係らしめているのは、稍や狭きに失するように思われる。なぜならば、これでは、発覚の抽象的な恐れのために、あるいは価値中立的な事由のために（たとえば、盗みに入った家にそこそこの金があったが、あえて盗むほどでもないと思って止めた場合）中止した者の任意性を肯定することができないからである。

なるほど、前者について、博士は「一般的ナル発覚又ハ処罰ニ対スル不安感情ノ昂進ニ因リ」中止したときには任意性あり[148]、としている。しかし、この場合の中止の事由は、自己の行為に対する否定的評価によるものではなく、自己の行為から生ずるかもしれない結果、すなわち処罰に対する否定的評価に由るものなのである。したがって、博士の右の規準では、やはりかかる場合に任意性を認めることはできないであろう。

四　不合理決断説　この説は、最近山中教授によって唱えられたものである。教授によれば、「不合理決断説とは、冷静に実行に着手した行為者が、犯行の遂行過程においてそのような目的合理的な犯罪の完遂という価値追求から自由に、つまり、そのような価値追求に拘束されているはずの心理状態にあるにもかかわらずあえてそれを中止すべき合理的な理由もないのに、中止した場合、『任意』の中止であるとするものである[149]」。

そして、この説においては二つのことが問題になるという。その一つは、合理性判断の対象のそれであり、他の一つは、合理性判断の基準たる人間像のそれである。前者については、「決断の動機が、①犯罪の実現そのものにザッハリッヒに関係する事実的な利害計算と、②状況の変化により犯罪そのものとは別の価値の実現の判断に直面する場合の価値衡量の二つの場合」があるという。

後者については、「実行行為途上の行為者は、理性的な冷徹な実行力をもつという人間像を判断基準と」するものであるとする。そして、かかる人間像を基準とする理由を、教授は次のように述べている。「刑法は、目的合理的に規範に敵対する人間を基準に、そのモデルからの逸脱度をもって、刑罰を軽くするという考え方を基礎にしているからである。これは、理性的・合目的的行動をモデルとするのが、市民法秩序の基礎であるということによっても根拠づけられる[150]」と。

さらに、中止未遂の刑の減免の根拠とここでの説との関係については、次のように説明されている。不合理な決断によって中止した者は、a意思責任の次元において、犯罪実現意思の弱さゆえに、「たとえ『意思の弱さ』が、責任の減少に直結しないとしても、処罰に値する程度の責任非難は可能ではない」し、b行為責任の次元においても、かかる中止者は、「犯罪実現を防止する意思を表明した行為を外部に表したのであり、先にすでに未遂段階に達した行為とこの中止行為を一体とみて、全体として法的非難可能性」が減少する。

こうした範疇的・実体的意味における責任の減少に加えて、c期待可能性の観点からみた場合、一旦犯罪の実行に着手した者には、その中止を原則として法秩序は期待できないにもかかわらず、かかる期待されていない中止行為を行なった者に対しては、法秩序は「刑事制裁を謙抑することによって報いなければならない[151]」と。

こうした不合理決断説は、教授みずから認めているように[152]、ロクシンの見解に示唆を得たものである。ロクシンが、犯罪者の理性、犯罪者仲間の規範といったその存在が疑わしい擬制的概念を用いたために、かかるものが本当に存在するのかといった批判を招いたのに対して、ここでの教授は、刑法の減刑の基礎となるモデル、すなわち実定法からその基準を引き出すことによって、右のような批判をかわそうとしているように思われる。また、判断基準となる人物像も「理性的な冷徹な実行力をもつ」者と明確に規定することによって、犯罪者の理性等に対して加えられた批判、すなわちその概念内容が曖昧であるとの批判も回避している。この意味ではロクシンのそれに比べて、不合理決断説の方が優れているともいえる。

しかし、私見のように、任意性をして反規範的意思の合法な意思への転換と解する立場では、かかる見解に左袒することはできない。けだし、この説によるときは、合法な意思の転換のない、すなわち合法性への回帰の意思の表明のない者が、たんなる道徳的事由で中止した場合でも中止未遂が認められてしまう可能性があるからである（すべての場合にそうなるというのではない[153]）。すなわち、教授のように、犯罪者を「理性的な冷徹な実行力をもつ人間像」として捉えた場合、犯行の最中に溺れかかっている子供を見付けた行為者は、その子の救助よりも犯行の継続に価値を見出すであろうから、もし彼が子供を助けるために犯罪を中止したならば任意性が肯定されるであろう（教授は、川に溺れかけた愛犬を救うための犯行の中止に任意性を認める[154]）。しかし、ここでの行為者は、自己の犯罪行為の価値を否定して（すなわち、規範意識の覚醒によって）止めたのではない。犯罪実現よりも子供の救助に高次の価値を見出して止めたにすぎないのである。したがって、彼に合法性への回帰を認めることはできない。そうである以上、任意性を肯定することもできないのである（なお、本章第三節第二款および次節参照）。

第六節　任意性判断のための三つの指導形相

すでに第一章において明らかにしたように、中止未遂とは、行為者が未遂行為によって生ぜしめた違法な状態を事後に再び消滅させることによって成立するものである。そして、この違法状態の事後消滅は、反規範的意思の合法な意思への転換と法益侵害惹起に対する危険性の客観的消滅によって行なわれうる。この中、前者の合法な意思への転換が任意性の問題である。では、こうした転換は、どのような場合に認められるのであろうか。私は、それを判断するための指導形相として三つのものを考えている。

a自己の行為の否定的評価　反規範的な意思の合法な意思への転換は、積極的なものであることを要しない。すなわち、行為者が違法な行為を止めて、進んで法に即した態度をとろうとする意識をもつことは、必ずしも必要ではない。自己のこれまでの行為について、否定的な評価を下せばそれで充分である。けだし、自己の反規範的な行為について消極的な判断を下すということは、逆にいえば、行為者が規範的な意識を覚醒したといえるからである。たとえば、被害者や第三者に諭されて、行為者が自分の行為の非を悟り中止した場合がそれである（意識的否定評価）。

しかし、こうした評価は、必ずしも意識的になされたものである必要はない。それを推測せしめるような感情をもって止めた場合でも充分である。たとえば後悔、羞恥、同情、憐れみといった感情がそれである。けだし、これらの感情は、自己の行為について否定的評価を下すことなしには生じえないからである。すなわち、みずからの行為を「否なり」と思うからこそ、後悔したり、羞恥したり、相手に同情、憐れみを感ずるのである（無意識的否定評価）[155]。

ここでの指導形相は、先に観た宮本博士のそれと略ぼ同じものとなるが、博士が中止者に対する責任の視点からこうした基準を引き出したのに対して、私見のそれは、未遂の違法性を主観的に基礎づける反規範的意思の消滅という観点から導き出されたものである。

b反規範的意思の微弱化　反規範的意思が、法の許容する程度にまで微弱化した場合である。これは、軽微な法益侵害が刑法によって容認されるように、軽微な反規範的意思も刑法によって容認されると考えるものである[156]。すなわち、実行の着手時には、刑法の予定する程度の強い反規範的意思が行為者に認められたが、その後の事由によって、中止時にはその意思の強さが刑法の許容する程度にまで微弱化したとき（つまり法にとって危険と思えるほどの意思でなくなったとき）は、合法な意思とまではいえないが、少なくとも法によって許容された意思への転換は行なわれたとして、任意性を認めてもよいと考えるものである。

これが認められるのは、中止すべき然したる理由もないのに、行為者が犯罪を止めたときである。この然したる理由がないとは、行為の継続が行為者にとってさ程の不利益をもたらすものでもなければ、特に困難というほどのものでもなく、また犯罪の中止が彼にとってとりわけ有利となるようなものではない場合である。たとえば、窃盗の目的で開けた金庫には多少の金が入っていたが、この程度の金ならあえて盗るほどのこともなかろうと思い、窃盗を止めたときがそれである。この場合、行為者はその金を盗ろうと思えば盗れたのに、然したる理由もなくそれを盗らなかったのは、窃盗を犯そうとする意思、すなわち彼の反規範的意思が、微弱化したと考えられるのである。

なお、この規準については、誤解を避けるため一つ注意しておかなければならないことがある。それは、ここでの場合が、刑罰目的説のいう犯罪貫徹意思の欠如とは異なるということである。刑罰目的説によると、行為者が中止した場合、彼の意思は、犯罪を貫徹するのに必要とされるほど強いものではなく、したがって、犯罪意思としては不充分であったとされる。しかし、犯罪意思の微弱化とは、行為者が未遂に着手した以上、彼の意思は犯罪意思としては充分強いものであったが、その充分強い犯罪意思が、その後の事由により法の許容する程度にまで弱まったということなのである。

c 刑法によって合法とみなされた意思　一見すると合法な意思とは思われないが、刑法の解釈から合法と推定される意思がある。それは処罰を恐れる意思である。すなわち、刑法は刑罰による威嚇によって犯罪を防止する機能をもつ[157]。そこで、もし行為者が一旦は犯罪に着手したものの、やはり処罰を恐れて中止した場合、彼の意思決定は刑法の目的に適ったものといえる。もしそうならば、刑法は、行為者が刑罰を恐れる感情をもつことを期待しているのであり、その期待に応えて彼が処罰されたくないという意思をもつことは、法によって承認されていると考えることができる。したがって、行為者が刑罰を恐れて中止したときは、法によって承認された意思[158]への転換があったとみてよい。刑罰に対する抽象的恐れから中止した場合に、任意性が認められるのはこの理由に由る。

以上が私の考える任意性判断の指導形相であるが、これについては、誤解を避けるために次の四つのことを注意しておかなければならない。

(一)その一は、ラックナーの批判[159]に関してである。彼は、任意性を規範的に判断することは罪刑法定主義に抵触するものであり、違憲の疑いがあるとする。確かに、中止未遂に関するドイツ刑法第二四条の freiwillig（自由意思によって、任意に）や、わが刑法第四三条但書の「自己ノ意思ニヨリ」という文言それ自体を取上げて解釈したとき、かかる表現を規範的に解することは日常の用語法から逸れるものであり、罪刑法定主義に反するという批判は故なしとしない。

しかし、この文言をそれ自体としてではなく、条文の前後関係からみたとき、必ずしもそうとはいえないのではないか。すなわち、行為者がみずからの意思で犯罪を止めた場合と、そうではなく何らかの事由で仕方なく止めた場合とでを比較したとき、一般に彼に対する人びとの心証は前者と後者とで異なるであろう。前者の方が心証のよいのはいうまでもない。では、なぜそうなのであろうか。それは、自発的に犯罪を止めた場合には、彼は反省や後悔からそうしたのではないかと（実際は、そうではなかったとしても）、人びとが感じるからではないのか。もちろん、すべての人びとがそう感じるわけではないだろう。しかし、そう思う人の数は決して少なくないはずである。すると、「任意に」といったような言葉が右のような関係で用いられたとき、それは、行為者の犯罪中止が反省や後悔等といった、法によって承認された事由に基くものではないのか、といったことを人びとに推測せしめる場合があることになる。もしそうであるならば、右の文言を犯罪の中止との関係で解釈するかぎり、それを規範的に理解することは、必ずしも日常の用語例から逸れるものではなく、したがって、罪刑法定主義に反するものではないと考えることも、あながち不可能ではないのではあるまいか。

㈡その二は、ドイツで規範的任意性判断の立場をとる学説は、任意性の有無を決定するにあたって、行為者の中止の動機を基礎としてこれを行なおうとするが、動機が任意性判断の対象となるものではないということである[160]。確かに、中止未遂を責任の問題とみる見地では、動機は責任の領域に属するものであるから、右の態度は誤りではない。しかし、中止犯を違法性の問題として捉え、主観的不法要素の消滅から任意性を説明しようとする立場では、合法な意思が任意性を基礎づけるのである[161]。したがって、動機は任意性を判断するための一つの資料とはなりうるが、それを根拠づけるものではなく、任意性の判断対象となるのは、あくまでも行為者の意思であって彼の動機ではないのである。

たとえば、同情に由る中止の場合には、行為者が、相手に気の毒な行為はしたくないという意思（Ich will nicht）をもったことが、抽象的処罰の恐れによる中止の場合には、万が一にも処罰される恐れのある行為は行ないたくないとする意思をもったことが、其ぞれ任意性を基礎づけるのである。

㈢その三は、これが一番重要なことであるが、任意性の判断対象を動機に求めようが（ロクシン、ボッケルマン）、意思に求めようが（私見）、それは、当該犯罪行為に関して生じたものでなければならないということである。例を挙げて説明する。①T_1がO_1に強盗を働こうとしたが、O_1が貧しいのを知り、相手に同情してこれを止めたとする。②T_2がO_2に恐喝を働こうとしたところ、近くの川で溺れている子供を見付けこれを憐れに思い、その子を助けるために恐喝を中止したとする。

右の設例の何れの場合にも、行為者には、相手への同情、憐れに思った子供の救助という称賛すべき動機もしくは意思が認められる。したがって、双方の場合に任意性を肯定してもよいようにも思われる。しかし、中止未遂が成立するのは前者の場合のみであって、後者の場合にはこれを肯認することはできない。もし是認しようとするならば、それは法と道徳との混同であり、先のロクシンと同じ轍を踏むことになる。

すなわち、前者の場合には、T_1にO_1に対する強盗を気の毒だと思う自己の犯罪行為についての否定評価がみられるから、任意性を肯定するのに何ら問題はない。しかし後者の場合、T_2が犯罪を止めたのは、恐喝という自己の反規範的な行為について消極的判断を下したからではなく、川で溺れている子供を憐れに思い、これを助けるためである。換言すれば、彼が否定的評価を行なったのは、子供を救助しないという不作為についてである。恐喝については何ら悪いとは思っていない。そうである以上、恐喝について生じた彼の反規範的な意思が、これを否定する合法な意思へ転換したということはできないのである。そして、ここで述べたことがよく理解されていないために、規範的任意性判断に対して、それに反対する者から誤った批判がなされている[162]。

学説には、倫理的事由から中止がなされた場合には、一般に任意性を認めようとする傾向が存在する。たとえばH・マイヤーが、「倫理的価値の高い動機は、常に任意性を含んでいる」(163)とするのがこれである。しかし右に述べたように、中止の動機が倫理的であっても任意性が否定される場合もあれば（設例②）、倫理的でなくとも任意性が肯定される場合もある（処罰の抽象的恐れ）のである。

(四)その四は、行為者の表象した外部的事象が彼に及ぼした心理的作用があまりにも強いため、行為を継続しえなくなった場合にも、任意性の認められる場合があるということである。たとえば、母親がわが子を殺そうとしたが、子供に憐れみを感じてどうしても殺せなかった場合がそれである。この場合、殺そうとしてどうしても殺せなかったのだから、欠効犯ではないかという疑問がある。また、心理的任意性判断の立場からは、母親に意思の自由を認めることができないから、任意性が否定されることになるであろう。しかし任意性をして、反規範的意思の合法な意思への転換と解するならば、右の場合、子供に対する憐れみから殺害できなかったのであるから、こうした転換が行なわれており、任意性を肯定することができる。

また実際的にみても、行為者が抑圧を感じない程度の憐れみをもった場合には任意性を是認し、抑圧を感じる程度の憐れみをもった場合には、これを否認するのは不合理であろう。けだし、憐れみを強く感ずれば感ずるほど、すなわち、適法な意思への転換が強ければ強いほど、任意性が認められにくくなるからである。

第七節　具体的事案の検討

最後に、前節で述べた三つの指導形相を基に、具体的事案についての任意性判断を行なってみよう。

(一)実行行為着手後、行為者の意図した犯罪目的が合法な手段によって達成される可能性が発生した場合　たとえば、金に困ったTがOの家に盗みに入ったが、以前Oに金を貸していたことを思い出し、あえて窃盗を犯すまでもなく彼から借金を返して貰えばいいと思って、窃盗を中止した場合がこれである。

こうした場合に、行為者が一般に犯罪を中止する心理状態を分析すると、次の二つのものが考えられる。その一つは、できれば処罰の危険を冒すことなく、金を手に入れたいとする心理である。他の一つは、合法な手段によって目的が達成されるならば、処罰の有無とは関係なく、あえて法を犯すまでもないとする心理である。

前者については、処罰に対する行為者の抽象的な恐れと解される。そして、処罰に対する抽象的な恐れは、刑法によって合法とみなされた意思である。後者については、自己の行為の否定的評価が認められうる。けだし、あえて法を犯すまでもないという心理は、まさに法に即した態度をとりたいという気持そのものだからである。このように観た場合、右の二つの心理状態の何れによっても、行為者には合法な意思への転換があったと認められる。

ある目的を実現するのに、行為者が違法な手段と合法な手段との二者択一の前に立っており、しかも前者が後者に比してとりわけ困難でないにもかかわらず、彼が後者を選択した場合には、たとえその動機においては打算的であったとしても、右に述べた理由から、彼に合法に行為しようとする意思を認めてもよいのではないかと思われる。

こうした場合が、ドイツにおいて実際に問題となったのは強姦に関してである。Tは、森の道を散歩中そこで出遇ったOを強姦しようと思い、同女を襲ってこれを抗拒不能な状態にいたらしめたが、Oはいうことをきくから少し休ませて欲しいと頼んだ。しかし、それは本心からではなく、時間稼ぎをすることによって、その間に付近を通った人がいたらそれに助けを求めるためであった。Tは、彼女の頼みを聞入れ犯行を止めた。はたして、二人の散歩者が通りかかったので、Oはこれに助けを求め、Tは逃げた[164]。

右の事案に対して、一九五五年四月一四日のＢＧＨの判決[165]は、次のように述べてTに任意性を肯定した。「決定的なのは、行為者が外部からの影響にもかかわらず依然としてみずから決意をなしうる地位にあり、自己の犯罪計画の実行を可能と考えているか否かということ、すなわち、行為者が所為の完成を外部的な強制事態によって妨げられたり、精神的圧迫によって不能ならしめるようなことがなかったか否か、ということのみである。法律は、中止の動機が承認に価するもの或いは高い価値をもつもの、すなわち、行為者の任意な意思（freier Wille）が是が非にも立派なものでなければならないとしているわけではない。刑法第四六条第一項（未終了未遂――訳者注）の場合において、不処罰が与えられるのは、立派な行態に対する報償（Belohnung）としてではなく、かかる場合に犯罪を放棄した結果として、より悪い事態（Schlimmer）にいたらなかったためである。中止の事由（羞恥、精神的ショック、被害者への同情、後悔、自省）の倫理的価値が意味をもつのは、この種の動機が、刑法第四六条第一項にしたがえば、通例不処罰をもたらす程度にかぎってなのである[166]」と。

戦前、これと似た事案に対してＲＧ[167]が任意性を否定したことから、右の判例は学界の注目を集めるにいたり、学説において、任意性を認めるもの[168]とそうでないものとの間で激しい意見の対立が生じた[169]。

反対説の急先鋒であるロクシンは、その理由を次のように述べている。「なぜならば、行為者の目標が姦淫を成し遂げることであった場合、被害者の提案に応ずることはそれが彼の計画の達成を著しく容易にするがゆえに、行為者のなしえた〝最も合理的なもの（das Vernünftigste, was er tun konnte）〟であったからである。何れにせよ、簡単な休息をとることは、その場の状況に適したものであったろう。そうした状況を巧みに利用することが、なぜ不処罰をもって報いられるべきなのか、刑事政策上全く不可解である。かりに万事が行為者の思いどおりに運んだとして、相手の婦女は喜んで性交をしはしなかったであろう、ということをやはり考えてみなければならない。彼女は、その場で直ちに強姦されることを免れるために、姦淫を耐え忍ぼうとしただけにすぎないのである。何れにせよ本件は、直接暴力を用いての圧迫の下に強制された性交であった。行為者が婦女を襲ったところ、その婦女が予想に反して彼の望みにその場で喜んで応じた場合、（実行の絶対的不能性ゆえに[170]）すべての学説がその未遂の可罰性を認めることをさらに考えるならば、それよりもはるかに悪質な事案を、ＢＧＨが無罪にすることの刑事政策上の不合理さが全く明白である[171]」と。

しかし、こうした見解に左袒することはできない。まずロクシンは、被害者の提案に応ずることが行為者の計画実現にとって最も合理的であったとするが、「具体的所為計画のリスクとチャンスとを冷静に比較考量」（犯罪者の理性）した場合、はたしてそう言いうるであろうか。すなわち、本件での事実認定にしたがえば、相手はすでに抗拒不能の状態におちいっている。もしそうであるならば、難なく姦淫が可能であり、あえて被害者の提案にしたがって、一旦休息をとってからそれを行なうべき理由はないはずである。姦淫を先に延ばすことによって、かえってその実行を妨げる出来事、たとえば、通行人による発覚が生ずるかもしれないのである。事実、本件では、こうした事由によって行為者は姦淫に失敗したのである。「リスクとチャンスとを冷静に比較考量する狡猾な犯罪者」としては、やや見通しが甘かったともいえる。彼が相手の申出に応じたのは、おそらく本人との同意の上で姦淫を行なえば、処罰の恐れなく、また合法にみずからの目的を達せられると考えたからであろう。もしそうであれば、先に述べた理由から、行為者は、合法性へ回帰する意思を表明したものといえる。

　次にロクシンは、かりに行為者が被害者との姦淫に成功したとしても、相手は喜んでそれを行なったものではない、ということを考えてみなければならないという。しかし、事実はそうであったとしても、行為者本人は、相手の申出を真実なものと信じたのである。もしそうであるならば、同意を真実と信じて彼が中止をなした事由を任意性判断の対象とすれば足り、本人の承認していない客観的事実までをも問題とする必要はない[172]はずである。

　最後にロクシンは、相手が直ちに姦淫に応じたなら未遂犯として処罰されるのに、それよりも悪質な本件において、中止犯として不処罰とされるのは不合理であるという。しかし、前者と後者とを比較して論ずるのは誤りである。すなわち、前者の場合には、ロクシンみずから認めるように、被害者が同意した以上、強姦罪の要件である相手の意思に反しての姦淫を実行しようにもできないのである。これに反して、本件では即座の性交には同意していないのであるから、直ちに姦淫すれば相手の意思に反して行なわれたことになり、強姦罪が成立する。それをあえてしなかったのであるから、行為者には中止未遂成立の余地が生じ、任意性判断の可能性が生じてくる。すなわち、前者は欠効犯の問題であるのに対して、後者は任意性の問題であって、両者はその次元を異にするのであるから、ここで、被害者が直ちに姦淫に応じた場合をもち出すことは適切でない。

ところで本件では、被害者の申出が実際には本心でなかったために、行為者を中止犯として不処罰とすることには抵抗を感じるかもしれない。しかし、任意性を判断するにあたって評価の対象となるのは、前述のように行為者が表象した外部的事象に基く中止の事由のみであって、彼の認識外に存する客観的事実までもが考慮の対象とされるわけではないのである。したがって、彼が相手の提案を真実であると信じて中止したならば、それは、任意性の判断に関するかぎり、被害者の本心による提案に基く中止の場合と全く同様なのである。ロクシンの見解は、稍や情緒的すぎるように思われる。

なお、以上述べたところについては、次の二つのことを注意しておかなければならない。その一つは、仮定的な話だが、もし本件において被害者の抵抗が激しくそれを静めるために、行為者が相手の申出を承諾したような場合には、任意性を認めることはできないということである。なぜならば、この場合、彼が被害者の願いを聞入れたのは、合法に目的を達成したいというよりは、むしろ姦淫を実現する上で障害となる相手の抵抗を排除するためであったからだ、と考えられるからである。

他の一つは、休息した後、もし彼女が姦淫に応ずることを拒むようなことがあれば、再び暴力を用いて目的を達成する意思を留保して、行為者が相手の提案に同意したものならば、彼に中止未遂を認めることはできないということである[174]。この場合には、任意性以前に中止行為それ自体が認められないのである。けだし、行為者に当該強姦の意思の完全な放棄が認められない以上、被害者の性的自由の侵害に対する危険は依然として継続しており（姦淫を拒めば再び強姦される）、結果発生の恐れが確実に近いほど消滅したとはいえないからである[175]。本件も、実際にはこうした場合であったかもしれない（BGHも、中止ではなく一時的な中断[177]であった可能性のあることを指摘する[176]）。

右と並んで、ドイツにはもう一つ似たような有名な事件が存在する。Tは、かつて保険金詐欺でO保険会社に二万マルクの損害を与えたものであるが、同人の斡旋で、彼の知人Mは右保険会社とM所有のボートに対する盗難保険の契約を結んだ。Tの発案で且つ彼の助けを借りて、Mはボートを隠匿し盗難にあった旨虚偽の報告をして、保険金の支払いを請求した（儲けは折半の約束であった）が、支払いが遅れたためにTは計画を変更し、O保険会社にMがボートを隠した旨届け出て、もし同社がTに対する二万マルクの返還請求権を放棄し、さらに一万二〇〇〇マルク（Tが、以前の詐欺で詐取しようとした額）を提供するならば、それと引替えに、ボートの隠し場所を教えることを提案した。保険会社は後者の申出は拒否したが、前者についてはこれに応じた。ボート発見後、事件のすべての背後にTのいることが判明した。

本件では、当初、Tの中止が発覚の恐れに由るものか、それとも成功の見込のないことに由るものかが問題となったが、結局BGHは、「彼は所為を計画どおりに実行できると思ったにもかかわらず、もはやそれを欲しなかったのであり、したがって任意に中止したものである」と判示して、その理由を次のように述べている。「たとえ被告人が所為計画を放棄した理由が、初めの詐欺の未遂行為によって生じた状況を〝以前保険金詐欺に失敗したにもかかわらず、またも保険金を詐取する〟ために利用しようとしただけのものであったとしても、被告人の中止の任意性は何ら変らないであろう。なぜならば、中止が任意であるかどうかの問題にとって、行為者が倫理的に承認されるような動機から行為したか否かは重要ではないからである[178]」と[179]。

私見によれば、本件の場合、Tみずからもボートの隠匿に関与していた事実を告白し、その上で、隠し場所を教えることの代償として彼に対する請求権の放棄等を求めたならば、それは、詐欺という違法な手段から合法な手段への変更によって目的を達成しようとするものであって、任意性を肯定することができる[180]。

しかし、BGHによれば、計画変更後のTは、調査によってボートの隠し場所を発見したと保険会社を欺罔し、その場所を教える代りに対価を要求したものであるから詐欺未遂であるとしている。もしそうならば、初めの詐欺から新たな詐欺への変更にすぎず、合法な手段による目的実現の意思をTに認めることはできない。新たな犯罪を犯す目的でなされた中止に任意性を肯定する、右の判例の態度は不当というべきであろう[181]。

ヤコプスは、「行為者が、未遂の最中に、犯罪によって達成しようとした結果を犯罪によらないで成し遂げる見込もしくは確信をえたとき、彼が何れか一方の結果しか実現できない場合（Wenn der Täter die Erfolge nicht kumulieren kann）には中止は不任意である」として、右の二つの事案については任意性を否定する。これに対して、双方の結果の実現が可能である場合には、その実現によって不法もしくは責任が変更されないかぎり、中止は任意的であるとして、たとえば、バーに行くために数百マルクを盗もうとした者が、未遂の最中に、彼の債務者から金銭を回収できることを思い出しこれを止めた場合には、不法および責任を変更するものではないから任意であるとする[182]。

しかし、行為者に中止を決意せしめた事由の内容、すなわち、合法な手段による目的達成の可能性の出現については、先の強姦の事例においてもヤコプスの例においては変りはないのであるから、彼のように両者を分けて取扱うべき理由はなく、何れの場合にも任意性を認めて何ら差支えない。

(二)発覚と処罰の恐れ　ここで発覚とは、それによって犯罪の実行が阻止され若しくは処罰される可能性が生ずる場合である。発覚には、a発覚の抽象的な恐れ、b発覚の具体的な恐れ、c現実の発覚の三つがある。aとbとの相違は、私見によれば、発覚の差迫った恐れ、もしくは諸般の事情に照らして発覚を推定せしめる充分な合理的根拠[183]の有無に求められる。すなわち、かかる恐れないしは根拠が認められる場合にはbであり、そうでない場合にはaである。

かつてのドイツでは、終了未遂の中止に関する旧刑法第四六条第二項が、中止は犯罪行為の発覚前になされたものでなければならない旨規定していたので、発覚の概念をめぐって学説内で主観説、客観説、折衷説の対立[184]があり、また発覚した行為の程度、発覚者たりうる者の範囲についての議論があったが、現行法は右のような規定を設けていないため、今日かかる問題を論ずる実益はほとんどなくなった。

発覚が任意性の問題であるかぎり、それは主観的に理解されるべきであり（前述のように、任意性判断の対象となるのは、行為者の表象した外部的事象に基く中止の事由だからである）、そうである以上、発覚した行為の程度、発覚者たりうる者の範囲については問題とはならない。けだし、行為がどの程度発覚したか、また発覚者が誰であるかにかかわらず、行為者が発覚したと思えば発覚だからである。

たとえばイェシェックは、発覚をして、「結果を阻止もしくは刑事手続を開始させうるであろう部外者(Unbeteiligter)によって、所為が、それを犯罪たらしめる本質的な部分について認識された(in ihrer kriminellen Eigenschaft im wesentlichen erkannt)場合」(185)であると定義する。しかし、本質的な部分以外で認識された場合であっても、それによって行為者が結果の阻止等を恐れたならば発覚であり、逆に本質的な部分についての認識であっても、何ら恐れたりしなければ発覚ではない。

また、発覚者たりうる者の範囲(186)については、行為者に近い者(たとえば親族、友人)は、発覚者たりえないとする説がある。(187)しかし、これらの者であっても、行為者において、その者が警察等に通報する等の行為をすると思えば発覚であり、しないと思えば発覚ではない。

以上、発覚の概念を明らかにした上で、その任意性について検討してみることとする。ドイツには、この発覚について詳細な分析を行なった優れた判例がある。一九一三年三月七日のRGの判決(188)がそれで、事案は、Tが、銀行内で隣に座っていた少女（一四歳未満）に猥褻な行為をしようとしたところ、相手に「何をなさろうとするおつもりですか(Was wollen Sie denn mit mir machen)」と言われたので、これを止めたというものである。

これに対してRGは、本件において発覚がTに生ぜしめた心理状態の可能性を分析して、次の四つの場合がありうるとした。a少女の抵抗や助けの求めを予想して、犯罪の完成を不可能であると思った場合、b犯罪の完成は可能であるが、差迫った告発と処罰とを恐れた場合、c処罰に対するたんなる恐れを生じたにすぎない場合（本件のような場合、子供は恐がって告発しないことが経験則上しばしばある。したがって、Tがこのことを予測していたならば、発覚したからといって差迫った処罰を恐れてではなく、抽象的な処罰の恐れから中止した可能性もある）、d少女に対する羞恥心、すなわち、彼が何をしようとするつもりかに気付いた少女に猥褻行為を行ない、それによって、少女に対する自分の名誉の低下を恐れた場合がそれである。

そして、この中aとbとについては任意性が否定されるが、cとdとについてはこれが肯定されるとする。しかし刑事部が、「彼が〝少女に気付かれたと思い、あえてそれ以上の行為にはでなかった〟」から任意性がないとするだけでは、Tが右の四つの中いかなる事由で中止したか判定しがたいとして、原審に差戻した[189]。

右の判例の分析は、発覚によって通常行為者に生ずる心理状態をすべて網羅している。また、aとbとに対しては任意性を否定し、cとdとについてはこれを肯定していることもすべて正しい。もっとも、これに対して、双方とも同じ処罰の恐れにもかかわらず、なぜbとcとで異なった取扱いがなされるのか、といった疑問が提起される可能性がある。しかし、それについても、次のように述べてその答を示している。

「立法者の意思にしたがえば、処罰に対するたんなる恐れだけでは、第四六条第一項が与えようとする優遇（Vergünstigung）を否定すべき理由とはなりえない。なぜならば、法律が刑罰を規定するのは、まさに処罰の恐れを惹き起こし、国民（damit Bedrohten）の意思が国家の規範（staatliche Vorschrift）に即して形成されるための精神的な強制手段たらんとするからである。それゆえ、行為者が一旦は刑罰規定と国家の命令とを蔑ろにしても、その後法律の期待どおりにかかる規定に反応し、処罰の恐れから、彼の従前の反法的な意思を合法な意思へと変更したときには、かように刑罰への恐れが与えた意思への影響は法律の意欲したものであり、刑法第四六条第一項が同法第二項同様に不処罰という優遇を与えた場合が、まさに発生したものなのである」。これに対して、刑罰を受けるという確実性は、「実は、たんに所為の実行を阻む事情なのである。こうした事情は、刑罰法規の作用の枠内ではなく、むしろその作用の外に存するものであり、それゆえ、立法者によってすでに考慮されていないものなのである[190]」と。

私も、右の判例と略ぼ同じ理由から、処罰に対する差迫った恐れの場合には任意性を否定すべきものと考える。すなわち刑法は、刑罰の抽象的な威嚇力をもって犯罪を防止しようとするものである。したがって、こうした威嚇力によって行為者が犯罪を止めたならば、それは刑法の目的に相応する。しかし、かかる抽象的な処罰の恐れによって中止したのではなく（この意味において、彼は刑法の期待を裏切ったことになる）、処罰の可能性が具体化して始めて止めた場合には、彼の中止は刑法の目的に副ったものとは必ずしもいえない。なるほど、刑法が刑罰の威嚇によって犯罪を防止しようとするとき、抽象的な処罰の恐れのみならず、具体的な恐れに由る犯罪の阻止をも考慮に入れているであろう。しかし、こうした場合は例外的なものであり（常に犯罪が発覚したり、その差迫った恐れが生ずるとはかぎらない）、刑法の本来の意図は、あくまでも刑罰の抽象的な威嚇による犯罪の防止なのである[191]。

次に、わが国の判例についてみた場合、発覚の抽象的な恐れと差迫った恐れとの、いわばその中間に存すると思われる事例[192]がある。甲と乙とは、保険金目的のために、火災保険を掛けた甲の家屋等を焼燬することを企て、一〇月二二日午前五時半頃、乙が同家屋等を放火するための線香の束に点火したが、午前六時半頃、甲が「発火払暁ニ及フ恐アリシ為」これを消止めたというものである（この後、甲はその翌翌日に今度は午前二時頃再び犯行を行なったが失敗している）。

これに対して、大審院は次のように述べて、甲の任意性を否定した。「被告人甲カ放火ノ媒介物ヲ取除キ之ヲ消止メタルハ放火ノ時刻遅ク発火払暁ニ及フ恐アリシ為犯罪ノ発覚ヲ恐レタルニ因ルモノナルコトヲ認ムルニ足ルヘク犯罪ノ発覚ヲ恐ルルコトハ経験上一般ニ犯罪ノ遂行ヲ妨クルノ事情タリ得ヘキモノナルヲ以テ右被告人ノ所為ハ障礙未遂ニシテ之ヲ任意中止ヲ以テ目スヘキモノニアラス」と。

右の判旨からも判るように、甲が放火を中止したのは、犯行の最中に人が近付いて来た等に由る発覚の差迫った恐れに由るものでもなければ、ひょっとして発覚するのではないかと漠然と思った抽象的な恐れに由るものでもなく、両者の中間に位置する恐れに由るものである。すなわち、このまま犯行を継続しても、家屋の燃焼が始まるのは明け方になる可能性があり、明け方になれば通行人や近所の人達によって放火が発覚するであろうという恐れに由るものである。

本事案について観てみると、乙による実行の着手からすでに一時間ほど経過しているにもかかわらず、いまだ既遂にいたっていない状況からして、家屋が独立して燃焼しうるまでには未だかなりの時間が掛り、そうすれば、夜明けになって通行人等により発見される可能性が充分あるから、甲が右のように考えたのには合理的な根拠があり、彼の発覚の恐れは具体性を帯びたものということができ、甲の中止に対して任意性を否定した判例の態度は正当というべきであろう(193)。

もう一つ興味深い判例がある。甲は、乙、丙とともに、アベックの女の方Xを強姦する目的で連れの男Yを引離したが、甲らのすきをみて対岸に渡るべく放水路に飛び込んで泳ぎ出したYが途中で溺れるのをみて、もしYが溺死すれば、XからYを引離すため同人に暴行を加えるなどしている甲らにその結果の責任がふりかかるものと畏怖し、Yを救助するためXの姦淫を諦めたという事案(194)である。

本件において、甲らがみずからにふりかかることを畏怖した「その結果の責任」とは、彼らがYに対して暴行を加えたことから仮にYが溺死するにいたった場合の責任、すなわち、Yに対する傷害致死の刑罰を負わされることの責任であろう。すると、甲らは処罰に対する抽象的な恐れから犯行を止めたということになる。しかし、彼らが恐れたのは、中止した強姦に対する処罰ではなく、強姦を実現するためにYになした暴行を契機として、生ずるかもしれないYの溺死に対する刑罰である。もしそうならば、中止した強姦に関するかぎり、行為者が処罰を恐れるという刑法の期待は裏切られたのだから、強姦について刑法によって承認された意思を認めることはできない。それゆえ、甲に中止未遂を否定した東京地裁の判決は妥当というべきであろう(195)。

㈢被害者等の利益提供に基く中止　たとえば、強姦の被害者が金銭を提供するから止めてほしいとの申出を行ない、これに応じて行為者が中止した場合（ウルゼンハイマーの例による）、あるいは、暗殺者が被害者の多額な金銭の提供と引替えに殺害を止めた場合（ロクシンの例による）がそれである。こうした場合の任意性の是非については、同じ規範的任意性判断を採る学説の間でも、意見が分かれている。

前者の例について、ウルゼンハイマーは任意性を否定し、その理由を次のように述べている。「なぜならば、行為者は彼の犯罪意図を変更しただけで、強姦の故意の放棄をもって、法秩序への〝信奉（Bekenntnis）〟を行なったのではなく、彼の暴力行使の作用を新たな犯罪行為（第二四九条、第二五三条、第二五五条）（第二四九条は強盗罪、第二五三条は恐喝罪、第二五五条は強盗的恐喝罪――訳者注）を肯定するため、利用したものなのである[196]」と。これに対して、ロクシンは後者の例について任意性を肯定し、犯罪者の理性の観点から、その理由を「暗殺を決意した者の立場からみて、こうした方法で計画が挫かれるのは〝不合理〟である[197]」と述べている。

しかし、右のロクシンの見解には矛盾がある。すなわち、前述したように、彼は、行為者が妻の命を助けるために中止した場合には任意性を肯定するのであるが、こうした場合であっても、妻の死亡によって彼女の財産が手に入らなくなるために彼女の命を助けようとしたならば、任意性を否定する[198]。だが、暗殺者の例の場合も妻の財産の例の場合も、ともに利益目当ての中止であるという点では全く同じであろう。なぜ両者を異なって取扱わなければならないのであろうか。さらに、前者に任意性を肯定する結論には、彼の唱える刑罰目的説の観点からも問題がある。すなわち、金銭と引替えに犯罪を止めた者について、彼は将来犯罪を犯す危険性はないから、刑罰は不要であるということができるであろうか。疑問に思わざるをえない。

右の二つの設例の場合、行為者は金に目が眩んで犯罪を中止したのであるから、自己の行為の否定的評価を認めることはできない。また、金銭の提供は彼にとって利益をもたらすものであるから、反規範的意思の微弱化も是認することができない。さらに、金と引替えに犯罪を止める意思を、刑法が承認しているとも考えにくい。任意性を否定すべきである。

ただし、ウルゼンハイマーの右の理論構成については、注意しておかなければならないことがある。それは、この説によるときは、利益の提供者が被害者本人ではなく、被害者とは全く無関係な第三者である場合には任意性を肯定せざるをえなくなるということである。たとえば、山中で強姦されかかっている女性を見付けた登山者が、同女を助けようとして、金をやるから犯行を止めるよう申し出て、これに応じた行為者が姦淫を中止したとする。こうした場合、彼が金を受けとったとしても、登山者と被害者との間には何の関係もなく全くの他人同士である以上、行為者に強盗や恐喝を認めることは困難であろう。もしそうであるとすると、彼が強姦のために用いた暴行を強盗や恐喝のために利用したということはできないから、かかる場合には任意性が認められることになる。しかし、こうした結論は、おそらくウルゼンハイマーの欲しないところであろう。

㈣犯罪を動機づけた事由の消滅　行為者が犯罪を犯す動機となった事由が、実行行為の着手後に消滅した場合である。これに関する事案が、ドイツには二つある。その一つは、妊婦が子供の将来を気づかって堕胎を決意したが、その子の父親が父子関係を認め養育費の支払いに同意したので、堕胎を中止したというものである。[199] 他の一つは、行為者が離婚した妻に復縁を迫ったが断られたため、ナイフで相手を刺したが、妻が同居を約束したので殺人を中止したというものである。[200] 前者についてはＲＧが、後者についてはＢＧＨが、其ぞれ任意性を肯定した。

これらの事案は、一見すると欠効犯に似ている。しかし、欠効犯とは、犯罪の客体の不存在等により犯罪の実現が不能となった場合であるのに対して、右の二つの事案は、犯罪を動機づけた事由が消滅したために、犯罪の実現が不要となったものである。すなわち、欠効犯においては、犯罪の実現それ自体が不可能であるのに対して、ここでの場合は、犯罪を行なう意義は失われたが、犯罪の実現それ自体は依然として可能なのである。したがって、中止行為ではなく任意性の問題である。[201]

かかる場合、任意性を認めることができるだろうか。元もと、妊婦が堕胎を決意したのは生まれてくる我が子を不憫と思ったからであり、また、夫が元の妻に復縁を迫ったのも、彼女に対する愛情がまだ残っていたからであろう。もしそうであるとするならば、一般に愛する者は死なせたくないという人の情からして、彼らもそうした感情から犯罪を中止したものであろう。そして、こうした感情から中止するということは、行為者が自己の行為について否定的評価を下したものと考えることができる。けだし人間は、自己の愛する者に対して害を加える行為について、否定的感情をもつのが常だからである。任意性を認めてよいと思う。[202]

これに対して、関心説、客観説、犯罪者の理性説、不合理決断説では任意性を否定することになるであろう。けだし、犯罪を犯すにいたった動機が消滅したならば、行為者はもはやその犯罪の遂行に関心を示さないであろうし、通常の生活観からみても彼が犯行を継続することはないであろう。また、犯罪の動機が消滅したにもかかわらず、それを続行するのは犯罪者の理性にしても、理性的な冷徹な実行力をもった行為者にしても不合理だからである。しかし、ここで任意性を否定するのは、やはり妥当であるとは思われない。

㈤犯罪の客体がそれを遂行するほど魅力的でない場合　たとえば、破った金庫に金はあったがそれほどの額ではなかったり、強姦しようとした相手がさほど美人ではなかったために、犯罪の実行にあまり魅力を感じずこれを止めた場合がそれである。

ドイツには、この種の事例として有名な次のような判例がある。Tは、トランクの中に、彼の狙っていた沢山の密売品ではなく、食料品の入った小さな小包みしか見出せなかったために、そのトランクの窃盗を中止したという事案に対して、ＲＧは次のように判示した。

「窃盗未遂において、行為者がとくに盗る物を決めていなかったが（bei unbestimmtem Diebstahlsvorsatz）何も見出せなかった場合、あるいは、特定の物もしくは一定の種類の物を盗るつもりであったが、その物が見付からなかった場合には、中止の任意性が否定されなければならないであろう。ある者が窃盗を実行して始めて、その盗ろうとした物が彼の目的の役には立たず、価値のないものであることを知ったとき、それが右の場合に当るのかどうか決定するのは難しい。しかし、その盗ろうとした物が、その量もしくはその価値において行為者の期待に添わないという理由だけで、行為者がその窃盗計画を放棄した場合、通例それは、彼の意思とは無関係な、窃盗の継続を阻止するような事情ではない。なぜならば、この種の事情が窃盗者の決意に及ぼす影響というものは、それが行為者をして必然的に彼の計画の放棄にいたらしめる程度に強制的なものではないからである。本件においても、被告人がトランクを開けたら、その中には期待した量ほど密売品が入っていなかったという事実に、彼の意思とは無関係な、実行を阻止する事情を認めることはできない。たとえ少量であっても、意図した窃盗の実行は可能だったのである。それが行なわれなかったのは、被告人が右の事情の影響の下にその実行を放棄せざるをえないと思ったからではなく、強制的な事由によってそれを余儀なくされることなく、自発的に窃盗を断念したからなのである[203]」と。

本件は客観説によって任意性を肯定されたものであるが、私見の立場でもこうした結論を支持することができる[204]。なぜならば、先に挙げた例にせよ、ここでの事案にせよ、行為者に反規範的意思の微弱化を認めてもよいからである。すなわち、これらの場合には、行為を継続しても特別の不利益を受けることもなければ、中止しても利益を受けることもなく、行為者は容易に犯罪を実現しうるにもかかわらず、これをしなかったのである。したがって、彼は一旦は実行の着手によって強い反規範的意思を示したものの、さしたる事由もなく中止したのであるから、彼の右の意思は法によって許容される程度にまで微弱化したのである。

また、こうした場合、行為者が、この程度の金や物を盗んで、あるいはこの程度の女性を姦淫して処罰されるようなことがあったらつまらないと思って止めたなら、処罰に対する抽象的恐れを認めることもできるであろう。

ただし、ここで注意しなければならないのは、右の設例および本件において行為者が美人にかぎって強姦し、一定の量もしくは金額以上を盗むつもりであった場合には欠効犯であって、中止未遂にはならないということである。

㈥嫌悪・苦痛　嫌悪については、これを倫理的嫌悪とそれ以外の嫌悪とに分けることができる。前者の場合には、同情、羞恥等の感情が入雑ることが多く、任意性を認めてもよい。たとえば行為者が、遊ぶ金欲しさから他人の金を奪おうとしたが、それが子供の入院費であることを知り、そのような金を遊興費のために強取しようとした自分の行為に嫌悪した場合がそれである。

これに対して、後者の場合には任意性が認められないことが多い。ドイツには、有名な生理事件[205]がある。強姦未遂の前科をもつTが、散歩中の少女O（一五歳）を強姦目的で襲ったが、同女が月経帯をつけていたために生理であることを知り、Oを姦淫する気がしなくなりこれを止めたというものである。

この事案について、ＢＧＨは次のように判示した。「少女と性交を行なうことが、彼女の生理にもかかわらず可能であったか否かということは問題ではない。基準となるのは、個々の場合における行為者の表象である。被告人は、被害者が生理であったがゆえに、彼女が、彼の望んだ――それに相応しい婦女との――性交に適したものではないことを知ったのである。こうした事情は、彼にとって、その計画の実行の放棄を余儀なくさせるような事由だったのである（欠効犯 délit manqué の事例）」と。

そして、さらに同じ年の六月四日に第二刑事部が似たような事案に対して中止未遂を認めた(206)ことに触れ、次のように述べている。「そこでの（六月四日の判決――訳者注）行為者は、〝少女が生理で出血しているといったのでその計画を止めたのである〟。すなわち彼は、依然として〝みずから決定しうる者（Herr seiner Entschlüsse）〟だったのである。したがって、そこでの事実は本件とは異なったものである。被害者が生理であるといったぐらいで、行為者がその計画の継続を妨げられるといったようなことはない。それゆえ彼は、依然としてみずから決定しうる者だったのである。けれども、本件の被告人はそうではなかった(207)」と。

この判決によれば、相手が生理だときいて止めたのであれば、行為者は「みずから決定しうる者」であるから任意性が認められて中止犯となるが、彼みずからそれを確認して止めたのであるならば、欠効犯であるから中止未遂とはならないことになる。ウルゼンハイマーは、こうした区別に矛盾を感じている(208)ようであるが、右の判決が両者を分けたのは、たんに生理であるときいただけの場合と実際にそれ（とくに出血）を確認した場合とでは、行為者の受ける心理的影響が異なるものであると考えたのであろう(209)。

しかし、もしそうだとしても、こうした影響の差は双方を質的に異ならしめるほどのものとは考えられず、たんなる量的差異にとどまるものであろう（しかも本件では、スキーズボンを通しての確認であった）。したがって、両者でその取扱いを異にする判決の態度には、疑問を感ぜざるをえない。

そこで問題となるのは、確認の有無にかかわらず、相手が生理だと知って強姦を止めた場合、それは欠効犯であろうか、それとも任意もしくは不任意な中止であろうかということである。学説の一部には、本件を欠効犯であるとするものがある[210]。しかし、かかる場合にまで欠効犯を認めるのは行過ぎであろう。けだし、かなりの生理的嫌悪感はあるものの性交が事実上全く不可能というわけではないからである。判決も、被告人において性欲が消滅したものではなく、したがって、姦淫が身体的に不可能ではなかったことを認めている[211]。そこで、欠効犯ではないとした場合、任意性の有無が問題となるが[212]、こうした生理的嫌悪による中止は、私が先に示した基準の何れにも該当しないと思われるから、任意性を否定すべきである[213]。

次に、苦痛について、ドイツで実際に問題となるのは堕胎罪に関してである。判例では、妊婦が堕胎薬を飲んだが嫌な味がしたので[214]、あるいは吐気を催したので[215]薬を吐き出したという事案に対して、RGは其ぞれ任意性を肯定し、学説もこれに概ね好意的である[216]。私見によれば、前者については、嫌な味がした程度で中止した場合には反規範的意思の微弱化を認めてもよいが、後者の吐気の場合には中止未遂を是認することは疑問である[217]。もっとも、自己堕胎の未遂の処罰を認めていないわが国においては、あまり実益のない議論なのであるかもしれない。

わが国の判例について目を移した場合、嫌悪による中止には次のようなものがある。何れも強姦の事例に関するもので、その一つは先に挙げたドイツの生理事件同様、「被害者に暴行を加えた上執拗に『メンスなら其証拠を見せろ』と迫り月経帯を着しおるを確認した結果、嫌悪の情を催して断念するに至」ったというもので[218]あり、他の一つは、「強姦行為に著手した後、被害者の露出した肌が寒気のため鳥はだたつているのを見て慾情が減退したため姦淫行為を中止した」というもの[219]である。また、嫌悪ではないが、右と関連して、相手の身体的事情から姦淫の意欲を喪失したものとして、被害者が「とつさの気転により『身体の具合が悪い。』と言つてその場に倒れかかつたため、被告人は同女が真実急病になつたものと思い込み」、犯行の意欲を失って強姦を中止したという事例[220]がある。

判例は、右の三つの事案の何れに対しても任意性を否定しているが、後者の二つに対しては疑問である。けだし、相手の肌が鳥はだ立っているのを見て、あるいは相手の急病に直面して、人によっては多少の性欲の衰えがあるにしても、行為者をして姦淫を中止せしめるほどの然したる理由とは考えられず、したがって、反規範的意思の微弱化を認めてもよいからである[221]。これに対して、最初の生理の事案に対して判例が任意性を否定したのは、先に述べた理由から妥当である[222]。なお、苦痛については、とくに注目すべき判例は見当たらない。

㈦恐怖・驚愕　㈥の場合同様、これらについても倫理的感情を伴うものと、そうでないものとの二つに区別することができる。そして、前者については任意性を認めることができる。たとえば、自分のしていることが急に恐ろしくなったり（恐怖）、行為の結果を見てとんでもないことをしてしまったと思って（驚愕）[223]、行為者が中止した場合には、自己の行為の否定的評価が認められる。これに対して、後者については任意性を認めることはできない。たとえば、盗みに入った事務所が暴力団の組事務所と知って急に恐ろしくなり（恐怖）、あるいは金庫を開けたとたん警報器が鳴出したので吃驚して（驚愕）、行為者が窃盗を中止した場合がそれである。

ドイツには、恐怖・驚愕に関する有名な判例はとくにないようである。これに対して、わが国には、驚愕について三つの有名な判例がある。その中の二つは、先に挙げた流血事件と墓場での強姦事件である。残りの一つは、次のような事件である[224]。甲は母Xを殺害して自分も死のうと考え、就寝中の同女の頭部を野球用バットで一撃したところ、呻声をあげたので死亡したものと思い隣の自室に戻ったが、間もなくXの甲を呼ぶ声がきこえたので現場に戻ってみると、Xが頭部から血を流して苦しんでおり、その様をみて俄かに驚愕、恐怖し殺害を継続することができなかったというものである。

これに対して、最高裁は次のように述べて中止未遂を否定した第二審の判決[225]を維持した。「被告人は母に対し何ら怨恨等の害悪的感情をいだいていたものではなく、いわば憐憫の情から自殺の道伴れとして殺害しようとしたものであり、従ってその殺害方法も実母にできるだけ痛苦の念を感ぜしめないようにと意図し、その熟睡中を見計い前記のように強打したものであると認められる。しかるに、母は右打撃のため間もなく眠りからさめ意識も判然として被告人の名を続けて呼び、被告人はその母の流血痛苦している姿を眼前に目撃したのであって、このような事態は被告人の全く予想しなかつたところであり、いわんや、これ以上更に殺害行為を続行し母に痛苦を与えることは自己当初の意図にも反するところであるから、所論のように被告人において更に殺害行為を継続するのがむしろ一般の通例であるというわけにはいかない。すなわち被告人は、原判決認定のように、前記母の流血痛苦の様子を見て今さらの如く事の重大性に驚愕恐怖するとともに、自己当初の意図どおりに実母殺害の実行完遂ができないことを知り、これらのため殺害行為続行の意力を抑圧せられ、他面事態をそのままにしておけば、当然犯人は自己であることが直に発覚することを恐れ、……外部からの侵入者の犯行であるかのように偽装することに努めたものと認めるのが相当である」と。

しかし、右の決定理由には頗る疑問がある。まず、甲はXにできるだけ苦痛を与えずに殺害しようとして、同女の熟睡中の犯行を試みたのに、バットによる打撃後Xが目を覚ましたため、「これ以上更に殺害行為を続行し母に痛苦を与える」ことを避けようとして中止したというならば、それは、これ以上の苦痛は相手にとって可哀相だからという気持に由るものであって、任意性を認めてもよい場合である。

次に、Xが「母の流血痛苦の様子を見て今さらの如く事の重大性に驚愕恐怖」して止めたならば、それは先に述べた倫理的感情を伴う驚愕恐怖に基くものであって、この点からも任意性を認めてよい事例である。

最後に、右決定理由が、「犯人は自己であることが直に発覚することを恐れ、……外部からの侵入者の犯行であるかのように偽装することに努めた」から、中止犯ではないとする論法は奇妙である。けだし、任意性の判断においては、中止時における行為者の内心的態度が問題なのであって、中止後本人がどのような行動をとったかは、彼の任意性の有無に影響を与えないからである。ここでの決定は、中止後のXの態度が宜しくないから中止未遂を否定したようにも受取れる。(226)

先に挙げた流血事件の場合においても、甲が短刀でXの胸部を刺したところ、相手の胸から「流血ノ迸ルヲ見テ翻然之ヲ止メ」たのは、おそれらく大変なことをしてしまったという気持からなのではあるまいか。もしそうならば、ここでも任意性を認めてもよい事案であったように思われる[227]。しかも、本件での甲は犯行後Xに詫び、死んで謝るつもりで自殺まで企てている。右の最高裁決定のように、任意性を判断するにあたって、中止後における行為者の態度をも考慮するならば、こうした事情を汲んで任意性を肯定してもよかったかもしれない。しかし、ここでの大審院は、そうしたことは行なっていない。矛盾を感じる。

このように嘗ての大審院や最高裁は、驚愕による中止に任意性を認めなかったが、近時の下級審は、相手の出血をみて驚愕し殺人を止めたという事案に対して、中止未遂を肯定する態度に出始めている[228]。

(八)同情・憐れみ　すでに述べたように、これらの感情に基く中止には、自己の行為の否定的評価が認められるから任意性が肯定されてよい。わが国の判例も、憐れみによる中止には任意性を是認している。たとえば、殺意をもって相手[229]（女）の首に手をかけたが、彼女の子供達が泣き出したために、これらの「幼児に憐憫を覚え」て犯行を中止した場合、妻と無理心中しようとしたが、相手が夫のいうことは何でもきくといったので、同女に「哀れみを覚え」て殺人を止めた場合[230]等がそれである[231]。

(九)迷信　迷信による中止の任意性を肯定するロクシンはその理由を、迷信によって犯罪を止めることは、犯罪者仲間のルールにしたがえば不合理であるからである[232]、と説明する。しかし、ウルゼンハイマーも述べているように[233]、迷信が犯罪者にとって無縁といえるかどうかは疑問である（むしろ犯罪者は、意外と迷信深いのではあるまいか[234]）。

迷信による中止の任意性は、次のように考えるべきであろう。すなわち、迷信で行為者が犯罪を止めるのは、さもないと、後に災を招くとか、自分の犯行がばれて処罰されるかもしれない、という不安からであろう。こうした非科学的な事由によって処罰を恐れるというのは、発覚の具体的可能性が何らないにもかかわらず、それを抽象的に恐れて犯罪を止めるのと実質的にほとんど変らない。それゆえ、処罰の抽象的恐れに任意性が認められるのに準じて、迷信にもこれを認めてよい。また刑法は、迷信犯を刑罰の対象外とするように、迷信によって犯罪の実行を左右される者を処罰の埒外に置いたと考えることもできる。

ちなみに、迷信ではないが、これに似た場合がある。たとえば、犯行当日が偶たま父親の命日であることを思い出して、犯罪を中止した場合がそれである。かかる場合にも、任意性が肯定される[235]。けだし、こうした日に犯罪を行ないたくないと考えるのは、その行為に対して否定的評価を下しているからであって、さもなければ、犯罪を中止するというようなことはしなかったであろうからである。

なお、最後に、具体的事案においては、中止の事由が不明の場合も考えられる。こうした場合には、「疑わしきは被告人の利益に」の原則に則って、行為者に任意性を認めるべきであろう[236]。

また、中止の事由が競合する場合も考えられる。この場合、其ぞれが任意もしくは不任意であれば問題はないが、そうでないときには問題となる。理論的には、各おのの事由が行為者に及ぼした影響の強さの程度によって決すべきであろうが、実際には、こうした強弱の有無を判断することは困難な場合が多いであろう。したがって、そうしたときにも、やはり右の原則にしたがって任意性を認めるべきであろう。

小括

本章では、前章において検討した中止行為と並んで、中止未遂のもう一つの成立要件である任意性の内容を、先におけるのと同様、中止犯の基本思想の観点から明らかにしようとした。そして、これによって判明したことは以下のとおりである。

まず、近時ドイツで議論されている欠効犯の概念は、これを認める一部論者のいうような中止行為や任意性とは独立した第三の範疇に属するものではなく、前者が成立するための消極的要件として中止行為の領域に存するものである。すなわち欠効犯とは、未遂の終了の有無を問わず、中止行為によって消滅させられるべき法益侵害に対する危険性が、中止時にすでに存在しないために中止行為が不可能な場合なのである。そして、この概念が成立する範囲は、構成要件の実現が不可能な場合（事実的不能と法律的不能の二つがある）と行為者が目標とする客体が不存在の場合（狭義での客体の不存在、客体の部分的存在、客体の事後変質の三つがある）にかぎられ、一部の学説が主張するような手段の不能その他の場合には、原則として欠効犯は認められない。

次に、任意性の判断基準をめぐっては、心理的任意性判断と規範的任意性判断との対立があるが、前者は、とりわけ次の二点において問題がある。すなわちこの説に由るときは、犯行の延期によってより多くの利益が得られ、あるいはより楽に犯罪が実行できるために中止した場合等にも任意性を認めざるをえないこと、また抵抗不能な程度に強い倫理的事由で中止した者には任意性が否認される反面、その程度にいたらないで中止した者にはこれが是認されるということである。これに対して、後者は右のような不都合な結論を避けうるという点で優れている。任意性をして未遂の違法性を基礎づける行為無価値の主観的側面の問題として捉え、それは反規範的意思の合法な意思への転換があったときに認められるとする本稿の立場も、規範的任意性判断の側に与するものである。そしてこうした転換の有無は、私見によれば三つの指導形相によって決せられる。すなわち、「自己の行為の否定的評価」、「反規範的意思の微弱化」、「刑法によって合法とみなされた意思」がそれである。

（1） vgl. Roxin, a. a. O.（Jus）S. 1. l. Sp.

（2） ちなみに、最近のフランスでは delit manqué に代えて infraction manquée という表現が用いられることが多い。

（3） 欠効犯に関する論文として、Roxin, a. a. O.（Jus）S. 1ff ; Gössel, über den fehlgeschlagenen Versuch, ZStW. 87, 1975, S. 3ff（前者は肯定的立場、後者は否定的立場）。斉藤（誠）「いわゆる失効未遂をめぐって」〔警研五八巻・昭六二〕一号三頁以下、三号三頁以下）、園田寿「『欠効未遂』について」（関大法学三二巻三・四・五合併号・昭五七）五九頁以下（双方とも肯定的立場だが、その成立範囲については後者の方が欠効犯を広く認めるという点で、意見を異にする）。

（4） Roxin, a. a. O.（Jus）S. 2. r. Sp ; Ulsenheimer, a. a. O. S. 319f ; Rudolphi, a. a. O. S. 189, Rn. 19 ; Otto, a. a. O. S. 247 ; Jakobs, a. a. O.

(Stub) S. 752, Anm. 55 ; Dreher/Tröndle, a. a. O. S. 158, Anm. 6 b（フランクの公式に、任意性と欠効犯との双方の判断基準を含ましめている）.

（5）もっとも、ウルゼンハイマーによれば、欠効犯の概念をかように解したのはシュミットホイザーが最初ではないという。Ulsenheimer, a. a. O. S. 303.

（6）Schmidhäuser, a. a. O.（Lb）S. 627, Rn. 77.

（7）Roxin, a. a. O.（Jus）S. 1. l. Sp.

（8）Roxin, a. a. O.（Jus）S. 1. r. Sp.

（9）欠効犯を認める学者として、ロクシン、ウルゼンハイマー、ルドルフィー、オットー、ラックナー、ヴェセルス、エーザー、トレンドレ等がいる（詳しくは注23以下参照）。

（10）一九八六年四月一〇日の判決で、ＢＧＨは、欠効犯という独立した事例群（eigenständige Fallgruppe）が存在し、そこでは不処罰な中止の可能性が否定されることを認める。そして、行為者が事象（Geschehen）の継続によって結果を惹起することが事実上不可能であると認識したときには（客観的には可能であっても）、欠効犯が存在するという。BGHSt. 34, S. 53ff.（bes. S. 56f）. vgl. BGHSt. 20, S. 279f.

（11）欠効犯を否定する学説として、Gössel, a. a. O. S. 42f ; Maurach/Gössel/Zipf, a. a. O. S. 62, Rn. 28, S74, Rn. 70 ; Herzberg, a. a. O.（Lackner-FS）S. 359, Anm. 49 ; Baumann/Weber/Mitsh, a. a. O. S. 567, Rn. 12 ; H. Mayer, a. a. O.（Stub）S. 146.

（12）塩見・前掲論文二五三頁も、中止行為に際しては危険が消滅していないことが要件であるとする。

（13）Roxin, a. a. O.（Jus）S. 1. l. Sp.

（14）したがって、本来欠効犯の問題は、体系的には中止行為の箇所で扱われるべきものであろうが、本章で取り扱う方が判り易いと思ったのでここで取上げた。

（15）Baumann/Weber/Mitsh, a. a. O. S. 567, Rn. 16.

（16）Maurach/Gössel/Zipf, a. a. O. S. 72~74, Rn. 62~70.

（17）Gössel, a. a. O. S. 37f.

（18）平野・前掲論文一四六頁。同趣旨のものとして、香川・前掲論文二二九頁、同・前掲判例叢書八八頁。

（19）ただし、平野博士等が欠効犯の概念を認めるか否かについては定かではない。ただ、欠効犯に当る場合を任意性の問題として考えていないことは確かであろう。

(20) 中野・前掲教科書一三三頁注三。

(21) 清水・前掲論文二二六、二七〇頁。塩見・前掲論文二五五頁。

(22) 山中・前掲論文（刑法講座）三八八―三八九頁、同・前掲論文（関大法学）三一二―三二〇頁、同・前掲論文（香川古稀）三三六―三三七頁。

(23) かような場合に欠効犯を認めるものとして、Roxin, a. a. O. (Jus) S. 2f; Ulsenheimer, a. a. O. S. 319; Schmidthäuser, a. a. O. (Lb) S. 628, Rn. 77; derselbe, a. a. O. (Stub) S. 362, Rn. 77; Rudolphi, a. a. O. S. 186, Rn. 9; Otto, a. a. O. S. 246; Wessels, a. a. O. S. 191; Lackner/Massen, S. 165, Rn. 11; Eser, a. a. O. S. 365, Rn. 9; Dreher/Tröndle, a. a. O. S. 160, Rn. 70.

(24) かような場合に欠効犯を認めるものとして、Roxin, a. a. O. (Jus) S. 3, l. Sp; Ulsenheimer, a. a. O. S. 328; Lackner/Massen, a. a. O. S. 165, Rn. 11; Eser, a. a. O. S. 365, Rn. 9. これに対して、トレンドレは法的不能の場合には欠効犯を認めない。Dreher/Tröndle, a. a. O. S. 160, 7 a.

(25) わが国の判例で、通行人を引倒しその懐中物を奪取しようとしたところ、通行人が懐中物を所持していないことが判明したためにその目的を達することができなかったという事案（大判大三・七・二四刑録二〇・八七三）が、これに当るであろう。

(26) わが国の判例で、強姦目的で婦女を襲ったが、相手の抵抗が激しいために未だ陰茎を挿入できない中に射精したため、その目的を達成することができずその場を立去ったという事案（高松高判昭二七・一〇・一六刑集五・二一三四）がこれに当るであろう。

(27) この種の場合に欠効犯を認めるものとして、Roxin, a. a. O. (Jus) S. 3; Ulsenheimer, a. a. O. S. 320ff; Rudolphi, a. a. O. S. 186, Rn. 9; Wessels, a. a. O. S. 191; Lackner/Massen, a. a. O. S. 165, Rn. 11; Eser, a. a. O. S. 365, Rn. 11. また、ヘルツベルクは欠効犯を認めないが、殺害目的の相手が不在の場合には、Aufgeben（犯罪の放棄）に欠けるとしている。Herzberg, a. a. O. (Lackner-FS) S. 359, Anm. 48.

(28) RGSt. 39, S. 37ff. なお、この判例は故意ある道具に関するものとしても有名である。

(29) ドイツでは、わが国と異なって、不法領得の意思は、自己に領得する以外には認められない。T_2はT_1に領得させるために窃盗を行なったのだから、T_2にはかかる意思が欠如する。

(30) 日独の一部には、この判例を単独直接正犯のごとく叙述するものがあるが誤りである。

(31) RGSt. 39 S. 39f. なお、T_1の罪責については、vgl. S. 40ff.

(32) 本件のように一定のもの、または盗るべきものが何もないために中止した場合を任意性の問題として扱い、中止未遂を否定するものとして、Allfeld, a. a. O. S. 84; Frank, a. a. O. S. 97; Kohrausch/Lange, a. a. O. S. 156; Maurach, a. a. O. S. 521; H. Schröder, a. a. O.

（Jus）S. 83, 1. Sp; Dreher/Tröndle, a. a. O. S. 158, 6 b（トレンドレは欠効犯を認めるが、かかる場合を任意性の問題であるとしている）; H. Mayer, a. a. O.（Lb）S. 297（窃盗で無価値の物しか発見できなかった、殺害しようとした相手が人違い）; Baumann/Weber/Mitsh, a. a. O. S. 569, Rn. 17（人違い）. フランスでは、Larguier, op. cit., p. 38.

（33）この種の場合に欠効犯を認めるものとして、Roxin, a. a. O.（Jus）S. 3f; Schmidhäuser, a. a. O.（Lb）S. 628, Rn. 77; derselbe, a. a. O.（Stub）S. 362, Rn. 78; Rudolphi, a. a. O. S. 186, Rn. 9; Otto, a. a. O. S. 246; Jakobs, a. a. O.（Stub）S. 744, Rn. 9; Lackner/Massen, a. a. O. S. 165, Rn. 11; Eser, a. a. O. S. 366, Rn. 11.

（34）BGHSt. 4, S. 56ff.

（35）BGHSt. 4, S. 56, vgl. 59f.

（36）BGHSt. 4, S. 60.

（37）本件のように客体の数量の不足による中止を任意性の問題として、中止犯を否定するものとして、Allfeld, a. a. O. S. 84, S. 86; Sauer, a. a. O.（Strafrechtslehre）S. 117; Welzel, a. a. O. S. 197; Maurach, a. a. O. S. 521; Dreher/Tröndle, a. a. O. S. 158, Rn. 6b わが国では、清水・前掲論文二七〇頁。

（38）この種の場合に欠効犯を認めるものとして、Roxin, a. a. O.（Jus）S. 4f; Rudolphi, a. a. O. S. 186, Rn. 9; Eser, a. a. O. S. 366, Rn. 11.

（39）RGSt. 45, S. 6f.

（40）RGSt. 45, S. 7.

（41）これに対して、リストは、物を毀損したために窃盗の甲斐なく中止した場合には不任意であるとし（v. Liszt/Schmidt, a. a. O. S. 317, Anm. 14.）、ドーナーは、右の網戸事件に任意性を否定する一方、M・E・マイヤーは、物が役に立たなくなったことを理由とする中止（最初から壊れていても、後に行為者が壊したものでも）に任意性ありとする。M. E. Mayer, a. a. O. S. 372, Anm. 11.

（42）Hruschka, a. a. O. S. 498.

（43）次に述べるウルゼンハイマーの他、手段の不能についても欠効犯を認めるものとして、Hruschka, a. a. O. S. 498f; Rudolphi, a. a. O. S. 186, Rn. 9; Dreher–Tröndle, a. a. O. S. 160, 7 a.

（44）Ulsenheimer, a. a. O. S. 322.

（45）Ulsenheimer, a. a. O. S. 323.

（46）なお、この見解に対する批判として、Roxin, a. a. O.（Jus）S. 5f.

（47）清水・前掲論文二二三頁。欠効犯を肯定するシュミットホイザーも、欠効犯につき、行為者の「行為の目標が狭く設定されればされるほど、失敗の可能性が広くなる」として、このことを認める。Schmidhäuser, a. a. O.（Stub.）S. 362, Rn. 77.

(48) なお、ここでの考察の対象となる以外の主観説として、ロベルト・フォン・ヒッペルのそれがある。彼は、RGの判決（E. 57, S. 279）を引用して、「行為の放棄（第四六条第一項）もしくは結果を回避する行動をとろうとする決意（第四六条第二項）が、内部的動機によって惹き起こされたものではなく、外部的事情によって生ぜしめられた場合には、任意性の要件を欠く」として（Hippel, a. a. O. S. 412）、中止が内部的動機によってなされたか、外部的事情によってなされたかに基いて任意性の有無を判断しようとする。しかし、今日こうした主観説を採る学説は、ほとんど皆無といってよいであろう。

(49) なお、この公式以前にもこれと似た考え方はすでにあったようである。vgl. Ulsenheimer, a. a. O. S. 280f.

(50) Frank, a. a. O. S. 97.

(51) この公式を採用するものとして、Mezger, a. a. O. S. 404 ; Kohlraush/Lange, a. a. O. S. 156 ; Welzel, a. a. O. S. 197 ; Maurach, a. a. O. S. 520 ; Dreher/Tröndle, a. a. O. S. 157f. Rn. 6～6 b.

(52) 中・前掲教科書二一二頁、同旨、山中・前掲論文（刑法講座）三七一頁。

(53) RGSt. 55, S. 66（この判例については後述）。

(54) Frank, a. a. O. S. 97.

(55) 木村（亀）・前掲論文（概念）二五四頁。

(56) Frank, a. a. O. S. 97.

(57) Frank, a. a. O. S. 98.

(58) フランクの公式を採用する他の学説も、彼と同様に場合を二つに分けて考えている。Mezger, a. a. O. S. 405 ; Kohlraush/Lange, a. a. O. S. 156 ; Welzel, a. a. O. S. 198. また、彼の公式の採用者以外で、右のような二分化を行なうものとして、Sauer, a. a. O.（strafrechtslehre）S. 117.

(59) Dohna, a. a. O. S. 541f. 同旨の批判として、Eser, a. a. O. S. 375, Rn. 44.

(60) たとえば、Maurach, a. a. O. S. 520 ; Ulsenheimer, a. a. O. S. 284 ; Dreher/Tröndle, a. a. O. S. 157f. Rn. 6～6 b. 山中・前掲論文（刑法講座）三七三―三七四頁。

(61) H. Schröder, a. a. O.（Jus）S. 82f.

(62) 自律的動機説を採るものとして、Jescheck, a. a. O. S. 490f ; Otto, a. a. O. S. 247f ; Wessels, a. a. O. S. 198f ; Eser, a. a. O. S. 375～378, Rn. 43～57 ; Baumann/Weber/Mitsh, a. a. O. S. 569f. Rn. 17. また、Finger, a. a. O. S. 496 ; Stratenwerth, a. a. O.（Deutsch）S. 210, Rn.

720 ; Lackner/Massen, a. a. O. S. 167f, Rn. 16～17. も同趣旨の見解である。

(63)　H. Schröder, a. a. O.（Jus）S. 87.

(64)　Roxin, a. a. O.（Heinitz-FS）S. 260f.

(65)　ちなみに、こうした批判はフランクの公式についても当てはまる。けだし、この公式においても、本文の設例㈠～㈢の場合に任意性が肯定されることになるからである。

(66)　なお、山中・前掲論文（刑法講座）三七七―三七八頁は、ここでの説を規範的任意性判断として扱っている。

(67)　Schmidhäuser, a. a. O.（Lb）S. 632f, Rn. 84.

(68)　Schmidhäuser, a. a. O.（Stub）S. 365, Rn. 83.

(69)　Schmidhäuser, a. a. O.（Stub）S. 365, Rn. 84.

(70)　こうした場合の例としては、路上でTがOに対する強盗の未遂に着手した後、裕福そうなDが来たのでそちらに対する強盗を行なうため、Oに対する強盗を中止した場合が考えられるであろう。

(71)　Schmidhäuser, a. a. O.（Stub）S. 367, Rn. 87.

(72)　しがたって、自律的動機説における不利益の有無（その不利益ゆえに行為者が中止することが合理的か否か）は、まず一般人からみて不利益であるか否かを確定し、次いで行為者個人に一般人とは異なる特殊な事情が窺われる場合にかぎって、右の確定に修正を施し不利益の存否を決定するという方法で行なわれるであろう。

(73)　Schmidhäuser, a. a. O.（Stub）S. 367, Rn. 87.

(74)　ここでの所為計画説は、先に第二章で扱った所為計画説とは異なるものである。

(75)　Dohna, a. a. O. S. 544f.

(76)　Dohna, a. a. O. S. 547.

(77)　同様の指摘をするものとして、Scheurl, a. a. O. S. 59, S. 62.

(78)　木村（亀）・前掲論文（概念）二五八頁、香川・前掲論文一〇〇頁は、ドイツでは客観説が通説であるとし、平野・前掲論文一五七頁注一一は主観説が通説であるとしている。

(79)　RGSt. 55, S. 66f.

(80)　RGSt. 55, S. 66

(81)　なお、右の他に判例の掲げる基準として有名なものとして、vernüftigerweise（z. B. BGHSt. 9, S. 50f.）がある。その他、ウルゼンハイマーによれば、aus eigenem Antrieb（自発的に）、Herr seiner Entschlüsse（みずから決定しうる者）、Gefühl der freien Wahl（自由に選択できるという気持ち）、im Sinne des praktischen Lebens（実際上の生活の意味において）がある。Ulsenheimer, a. a. O. S. 275.

(82) Allfeld, a. a. O. S. 83 ; vgl. Meyer/Allfeld, a. a. O. S. 201f.

(83) Allfeld, a. a. O. S. 85, Anm. 1.

(84) Allfeld, a. a. O. S. 85.

(85) Dohna, a. a. O. S. 544. 同様の批判として、Bockelmann, a. a. O.（Untersuchungen）S. 174f ; Sauer, a. a. O.（Strafrechtslehre）S. 117 ; Ulsenheimer, a. a. O. S. 301f.; Rudolphi, a. a. O. S. 189f, Rn. 24 ; Bottke, a. a. O. S. 433, l. Sp. その他、似た批判として、Stratenwerth, a. a. O.（Deutsch）S. 211, Rn. 722 ; Jakobs, a. a. O.（Stub）S. 758, Rn. 33.

(86) なお、この批判に否定的なものとして、Scheurl, a. a. O. S. 59.

(87) H. Mayer, a. a. O.（Lb）S. 297 ; noch, Welzel, a. a. O. S. 198.

(88) Bockelmann, a. a. O.（Untersuchungen）S. 174.

(89) Ulsenheimer, a. a. O. S. 300.

(90) Ulsenheimer, a. a. O. S. 301.

(91) Herzberg, a. a. O.（Lackner–FS）S. 350

(92) ヘルツベルクは、もう一つの根拠として被害者の承諾に関する理論を挙げる。

(93) Herzberg, a. a. O.（Lackner–FS）S. 352ff.

(94) Herzberg, a. a. O.（Lackner–FS）S. 352.

(95) Herzberg, a. a. O.（Lackner–FS）S. 356.

(96) Herzberg, a. a. O.（Lackner–FS）S. 357f.

(97) Maurach/Gössel/Zipf, a. a. O. S. 85, Rn. 111.

(98) Jakobs, a. a. O.（Stub）S. 757, Rn. 30.

(99) Jakobs, a. a. O.（Stub）S. 760, Rn. 36.

(100) Jakobs, a. a. O.（Stub）S. 760, Rn. 37.

(101) Jakobs, a. a. O.（Stub）S. 760, Rn. 38

(102) Jakobs, a. a. O.（Stub）S. 764, Rn. 46.

(103) Jakobs, a. a. O.（Stub）S. 763, Rn. 43.

(104) なお、このヤコプスの説に近いものとして、Heintshel-Heinegg, a. a. O. S. 48.

(105) Bockelmann, a. a. O.（Untersuchungen）S. 171ff.

(106) Roxin, a. a. O.（Heinitz-FS）S. 256.

(107) Ulsenheimer, a. a. O. S. 314.

(108) Walter, Der Rücktritt vom Versuch als Ausdruck des Bewährungsgedankens im zurechnenden Strafrecht, 1980, zit.: Herzberg, a. a. O.（Lackner-FS）S. 331.

(109) その他、似たような表現として「合法性の道へ戻る（auf den weg der Legalität zurückfinden）」（Rudolphi, a. a. O. S. 190, Rn. 25）、「法の道へ回帰する（auf den Weg des Rechts zurückkehren）」（Scheurl, a. a. O. S. 56）、「行為者の合法性への回帰（Rückkehr des Täters in die Legalität）」（Bergmann, a. a. O. S. 335f）等がある。

(110) Bockelmann, a. a. O.（Untersuchungen）S. 183.

(111) Maurach, a. a. O. S. 521 ; Rudolphi, a. a. O. S. 190, Rn. 25 ; Stratenwerth, a. a. O.（Deutsch）S. 209f, Rn. 719.

(112) カント『道徳形而上学原論』（篠田英雄訳）岩波文庫。

(113) ボッケルマンの説は法と道徳との混同ではないとするものとして、Scheurl, a. a. O. S. 60 ; Ulsenheimer, a. a. O. S. 313f. 山中・前掲論文（刑法講座）三三七頁。

(114) vgl. Bockelmann, a. a. O.（Untersuchungen）S. 183.

(115) Bockelmann, a. a. O.（Untersuchungen）S. 184.

(116) Verbrechervernunftとは、本来「犯罪者の合理的な考え方」といった意味であろう。しかし、一般に犯罪者の理性と訳されているので本稿でもそれにしたがった。

(117) この基準にしたがうものとして、Scheurl, a. a. O. S. 65f ; Muñoz-Conde, a. a. O. S. 762 ; Krauß, a. a. O.（Jus）S. 887, l. Sp ; Rudolphi, a. a. O. S. 190, Rn. 25.

(118) Roxin, a. a. O.（Heintz-FS）S. 256 ; derselbe, a. a. O.（ZStW）S. 97.

(119) Roxin, a. a. O.（ZStW）S. 97f.

(120) Jescheck, a. a. O. S. 490, Anm. 30 ; Lampe, a. a. O. S. 614, r. Sp.

(121) Ulsenheimer, a. a. O. S. 310.
(122) Ulsenheimer, a. a. O. S. 312f.
(123) 犯罪者の理性に対する批判的検討として、Ulsenheimer, a. a. O. S. 306～313. この要約的紹介として、山中・前掲論文（刑法講座）三七九―三八一頁。
(124) Roxin, a. a. O.（Heintz-FS）S. 264.
(125) ステファニー／ルヴァスール／ブーロックは、中止の任意性を決するについて完全な解答（réponse absolue）を与えることはできず、それは個々の場合に応じて解決すべき問題であるとしている。Stefani, Levasseur et Bouloc, op. cit., p. 218, n°240. 同旨、Bouzat et Pinatel, op. cit., p. 215, n°211 ; Soyer, op. cit., p. 88, n°149.
(126) Vidal, op. cit., p. 156 et s. n°98.
(127) Vitu et Merle, op. cit., p. 588, n°469. その他、この説を採るものとして、Pradel et Varinard, op. cit., p. 359 ; Pradel, DROIT PÉNAL GÉNÉRAL, 12e éd. 1999, p381, n°423 ; Conte et du Chambon, op. cit., p. 181, n°341.
(128) Vitu et Merle, op. cit., p. 588, n°469.
(129) こうした傾向に対して、ラサは、学説が〝任意な（volontaire）〟中止であればよいとしているのに対して、判例は〝自然発生的な（spontané）〟中止を要求しているとする。Rassat, op. cit., p. 337, n°238. もっとも学説の中でも、中止は任意的であればよいか自然発生的なものであることを要するかについて意見の相違がある。たとえば前者の立場として、Pradel et Varinard, op. cit., p. 360. 後者の立場として、Larguier, op. cit., p. 37.
(130) 木村（亀）・前掲論文（概念）二六二―二六三頁。
(131) Pradel et Varinard, op. cit., p. 358.
(132) なお、判例・学説の簡単な概観について、塩見「中止の任意性」（判タ・七〇二号・平一）七五頁以下。
(133) 大判昭一一・三・六刑集一六・二七二。この判例の評釈として、澤登・前掲書一〇四頁以下。
(134) その他の主観説の判例として、大判大二・一一・一八刑録一九・一二一二（殺人未遂）、大判一一・一二・一三刑集一・七四九（訴訟詐欺未遂）。
(135) 小野・前掲教科書一八六頁。同旨の記述として、前掲論文二八三頁。
(136) その他、主観説を採るものとして、清水・前掲論文二六六―二六七頁（自律的動機説に好意的）、中野・前掲教科書一三一―一三二頁、曽根・前掲書二六八頁。

(137) 平野・前掲教科書三三四頁。その他、この公式を採るものとして、堀内・前掲教科書二三七頁。また山口・前掲教科書二三二頁、野村・前掲教科書三五九―三六〇頁もそう考えてよいであろう。なお、清水・刑法判例百選Ⅰ総論（第三版）（平三）一四五頁（改説か?）。

(138) 大判昭二四・七・九刑集三・一一七四。

(139) その他の客観説の判例として、大判昭一二・九・二一刑集一六・一三〇三（後述）、最決昭三二・九・一〇刑集一一・二二〇二（後述）。

(140) 木村（亀）・前掲論文（概念）二六七頁。

(141) 名称の如何を問わず、右の二つの何れかの意味における客観説に属するものとして、牧野・前掲教科書六三〇頁、木村（静）・前掲論文三一頁、香川・前掲論文一〇三―二〇四頁、植松・前掲教科書三二一頁、福田・前掲教科書二三〇頁、前田・前掲教科書一六六頁、川端・前掲教科書四六九頁、西原・前掲教科書二八八頁、大谷・前掲教科書三九六頁（後二者は折衷説と称する）、大塚・前掲教科書一七五頁（主観説と称する）。

(142) 実は、こうした客観説はドイツでも唱えられていた。先に客観説のリーディングケースとして紹介した判決に先立つこと八年前、発覚による中止の事案に対して、RGSt. 47, S. 74ff. は、「通常の生活観」にしたがえば発覚が行為者をして中止を余儀なくせしめるか否かを問題とするのではなく、発覚によって行為者に生じえた心理状態、すなわち発覚を行為者がどのように捉えたかを問題とし、これを客観的判断の対象として任意性を決定しようとしたのである（この判決については、本章第七節(二)）。

(143) なお、清水・前掲論文一七三頁は、客観説の「判例においても客観的なのは判断の標準にとどまり、判断の対象はやはり外部的事情の認識を契機として生じた動機・心理という行為者の主観に求められていることに注意する必要がある」として、右に挙げた判例の客観説と木村博士のそれとを同じものとみている。

(144) 宮本・大綱一八三頁。

(145) 宮本・大綱一八四―一八五頁。なお、同・学粋三七三―三七七頁も参照。

(146) ここでの説を採るものとして、佐伯・前掲教科書三二四頁、中・前掲教科書二一三頁、中山・前掲教科書三〇一頁、澤登・前掲書一〇八頁。

(147) たとえば香川・前掲判例叢書八四頁、木村（静）前掲論文三一頁。

(148) 宮本・学粋三七六頁。

(149) 山中・前掲論文（香川古稀）三二八頁、さらに、同・前掲論文（刑法講座）三八六頁以下、同・前掲論文（関大法学）三一五頁。

(150) 山中・前掲論文（香川古稀）三二八―三三〇頁。
(151) 山中・前掲論文（香川古稀）三三〇―三三一頁。
(152) 山中・前掲論文（刑法講座）三八六頁。
(153) 山中・前掲論文（香川古稀）三二九頁参照。
(154) 山中・前掲論文（香川古稀）三二九頁。
(155) もちろん、これらの感情による中止がすべて無意識的否定評価とはかぎらず、自分の行為の非を悟った結果、これらの感情が生じて止める場合もあるであろう。しかし、必ずしもそうであるとはかぎらず、いきなり、こうした感情から止める場合もある。かかる場合は、無意識的否定評価である。
(156) 可罰的違法性が認められるには、一定程度の違法性が存在しなければならないとすると、違法性を主客両側面から考える立場では、双方の面から違法性の程度が検討されなければならない。すなわち、客観面では被害法益の程度および侵害態様、主観面では反規範的意思の強さである。
(157) 刑法は、三段階の方法で犯罪を防止しようとする。㈠まず、一定の行為を禁じ若くは命ずることによって国民に行為規範を示し、彼らがそれにしたがって行動する（行為の指針とする）ことを期待することによって。㈡次に、右の期待に背く人びとのいることを予想して、行為規範の違反には罰則を設け、彼らが処罰を恐れて犯罪を犯さないことを期待することによって。㈢最後に、こうした期待をも裏切る人びとに対しては、刑罰を通じて規範意識を植えつけ、彼らが将来犯罪を再び犯さないようになることを期待することによって。
(158) これに対して、一般予防の本質を「威嚇」ではなく「法の確証」に求める立場では、立法者は、行為者が処罰の恐れをもつことを特に期待していないであろうから、かかる場合に任意性が否定されることになるが、こうした結論は、処罰の抽象的な恐れに任意性を肯定する圧倒的通説に反することとなる。
(159) Lackner/Massen, a. a. O. S. 168f. Rn. 18. わが国で同様の批判をするものとして、清水・前掲論文一八八頁。
(160) 私は、先の規範的任意性判断の検討の箇所で、任意性の判断対象を動機のごとく叙述したが、それは、かかる判断を採るボッケルマンやロクシンがそうしており、彼らの見解の検討の所では混乱を避けるためにそれに倣っただけであり、私じしんそう考えているわけではない。
(161) かように考えないと、違法性の問題に属する中止未遂の任意性を判断するにあたって、なぜ責任の領域に属する動機を考慮しなければならないのか、という批判にさらされることになる。

(162) vgl. Herzberg, a. a. O.（Lackner-FS）S. 338 ; derselbe, a. a. O.（H. Kaufmann-Ged）S. 729f.

(163) H. Mayer, a. a. O.（Lb）S. 297. 同旨、Scheurl, a. a. O. S. 63f.

(164) 尚この事例は、後述のように、任意性以前に中止行為の問題である可能性が強い。

(165) BGHSt. 7, S. 296ff.

(166) BGHSt. 7, S. 299.

(167) RGSt. 75, S. 393. この判例については参照しえなかったが、右のＢＧＨの判決（S. 298）によれば、事案は、ポーランド人である行為者が、雇主（女）の娘を強姦しようとしたが、彼はこの娘に顔を知られており、また強姦すれば重い刑罰に処せられることを相手に告げられたために中止したもので、本件とは事案が異なるという。

(168) この種の場合に任意性を肯定するものとして、Welzel, a. a. O. S. 198 ; Maurach, a. a. O. S. 522 ; Maurach/Gössel/Zipf, a. a. O. S. 86f. Rn. 122 ; Schmidhäuser, a. a. O.（Lb）S. 633, Rn. 84 ; derselbe, a. a. O.（Stub）S. 367, Rn. 87 ; Jescheck, a. a. O. S. 490 ; Wessels, a. a. O. S. 198 ; Lackner/Massen, a. a. O. S. 168, Rn. 17 ; Dreher/Tröndle, a. a. O. S. 157, Rn. 6 a ; H. Schröder, a. a. O.（Jus）S. 83, r. Sp.; Triffterer, a. a. O. S. 371, Rn. 58. 否定するものとして、Roxin, a. a. O.（Heinitz-FS）S. 259 ; Bockelmann, a. a. O.（Untersuchungen）S. 184 ; derselbe, a. a. O.（Lb）S. 212f. ; Herzberg, a. a. O.（Lackner-FS）S. 325ff. S. 360f. ; H. Mayer, a. a. O.（Stub）S. 147 ; Rudolphi, a. a. O. S. 190, Rn. 25 ; Otto, a. a. O. S. 247 ; Eser, a. a. O. S. 377, Rn. 56 ; Jakobs, a. a. O.（Lb）S. 763, Rn. 44. なお場合を分けて考え、ＲＧの事案に対しては任意性を肯定するが、ＢＧＨの事案に対してはこれを否定するものとして、Ulsenheimer, a. a. O. S. 329f.

(169) またわが国で、右のような事案に対して肯定的な立場として、野村・前掲論文四六六頁。否定的な立場として、山中・前掲論文（刑法講座）三八八頁、清水・前掲論文二六九頁。

(170) 相手が姦淫に同意した以上、以後強姦の実行は不可能となる。Ulsenheimer, a. a. O. S. 328 ; Welzel, a. a. O. S. 198 ; Maurach, a. a. O. S. 522 ; Maurach/Gösssel/Zipf, a. a. O. S. 86, Rn. 122. 野村・前掲論文四六六頁。

(171) Roxin, a. a. O.（Heinitz-FS）S. 259 ; noch, vgl. derselbe, a. a. O.（ZStW）S. 98.

(172) わが国の判例には、相手の仮病を信じて強姦を中止したという事案に対して、「被害者が前記のように倒れかかつたのが仮病であっても、被告人はこれを本当の急病だと信じたのであるから、被告人の主観においてこの事態が犯罪の遂行に対する障害になつている……」として、任意性の判断対象となるのは、あくまでも行為者の表象した事情であると明言するものがある。札幌高判・昭三六・二・九・下刑集三・三四。

(173) 園田・前掲論文八〇頁注七は、本件において、「強姦罪における同意の不存在という消極的な構成要件要素が欠如するのであるからやはり『欠効未遂』が問題となるだろう」とするが、本文でも述べたように、この事案では即座の姦淫には同意していないのであるから、同意の不存在が欠如しているということはできない。ドイツでも、本件を欠効犯とする学説は、私の知るかぎりないようである。

(174) 同旨、Herzberg, a. a. O.（Lackner–FS）S. 360, Anm. 50 ; Wessels, a. a. O. S. 198 ; vgl. Stratenwerth, a. a. O.（Deutsch）S. 208, Rn. 713.

(175) すでに第二章で述べたように、中止行為が認められるためには、その行為によって法益侵害に対する危険性が確実に近いほど消滅したものでなければならない。（詳しくは、第二節第一款参照）

(176) BGHSt. 7, S. 297.

(177) NJW 1980, S. 602.

(178) NJW 1980, S. 602.

(179) この判決に肯定的なものとして、Jescheck, a. a. O. S. 490. 否定的なものとして、Eser, a. a. O. S. 377, Rn. 56 ; Jakobs, a. a. O.（Stub）S. 763, Rn. 44.

(180) 同旨、Wessels, a. a. O. S. 198.

(181) なお、右の判決は、二番目の詐欺を以前有罪とされた詐欺（Tが保険会社に二万マルクの返還義務を負う事由となった詐欺）と共罰的事後行為（mitbestrafte Nachtat）になるとしている。その理由は、「こうした新たな犯罪行為をもって、被告人は、……〝前の詐欺未遂で保険会社が彼に対して有している返還請求権を放棄させよう〟としたからである」という。

(182) Jakobs, a. a. O.（Stub）S. 763, Rn. 44.

(183) 発覚の差迫った恐れとは、犯行の最中に人が近付いてきたような場合である。これに対して、発覚を推定せしめる合理的な根拠とは、右の差迫った恐れと抽象的な恐れとの間に位置するもので、たとえば、家人が買物に出たのを見届けて、他人の家に盗みに入ったが、物色に時間が掛かり日が暮れてきたので、家人が帰って来るかもしれないと思って中止した場合である。この場合、家人が帰って来る気配がしたわけではないから差迫った恐れではないが、行為者がかように考えたことには合理的な根拠がある。後述のように、私は右の二つの場合に任意性を認めないが、ドイツで任意性が否定される発覚（逮捕、刑事訴追、処罰を含む）の恐れは、どのような場合かについて学説間で様ざまな表現がある。

即座に（sofortig）、Binding, a. a. O.（Grundriß）S. 139 ; Meyer–Allfeld, a. a. O. S. 202, Anm. 47 ; Allfeld, a. a. O. S. 85 ; H. Mayer, a. a. O.（Lb）S. 297 ; derselbe, a. a. O.（Stub）S. 147 ; 直ちに（alsbaldig）、Lackner/Massen, a. a. O. S. 167, Rn. 17. Maurach/Gössel/Zipf, a.

a. O. S. 86, Rn. 117. 程なく（baldig）、Otto, a. a. O. S. 247 ; Kohlraush/Lange, a. a. O. S. 157. 差迫った（bevorstehend）、Jescheck, a. a. O. S. 491. 確実な（sicher）発覚、H. Schröder, a. a. O.（Jus）S. 83, r. Sp. 処罰の確信（Gewißheit）、Scheurl, a. a. O. 64. 蓋然性がきわめて高い場合（bei drastischen Wahrscheinlichkeiten）、Jakobs, a. a. O.（Stub）S. 763, Rn. 43. 発覚の危険があまりにも大きすぎるようになった、Schmidhäuser, a. a. O.（Lb）S. 633, Rn. 84 ; derselbe, a. a. O.（Stub.）S. 367, Rn. 87. とくに、sofortigとbaldigとでは恐れの程度に幅が生ずるであろう。

(184) 客観説が通説であった。たとえば、Mezger, a. a. O. S. 402 ; Frank, a. a. O. S. 99f ; M. E. Mayer, a. a. O. S. 373 ; H. Mayer, a. a. O.（Lb）S. 297. 発覚についての学説を簡単にまとめたものとして、Scheurl, a. a O. S. 56, Anm. 61.

(185) Jescheck, a. a. O. S. 492f.

(186) この問題について、vgl. Ulsenheimer, a. a. O. S. 333～339.

(187) 友人等を発覚者たりうる者の範囲から除外する説については、vgl. Ulsenheimer, a. a. O. S. 335, Anm. 18.

(188) RGSt. 47. S. 74ff.

(189) RGSt. 47. S. 76～80.

(190) RGSt. 47. S. 78f.

(191) なお、ドイツには、処罰ではないが、仮釈放が取消されて、さらに保安観置に付されることに対する抽象的な恐れから窃盗を中止したという事案がある。BGHSt. 21, S. 319ff.

(192) 大判昭一二・九・二一刑集一六・一三〇三。

(193) 反対、清水・前掲論文二六九頁（判例の態度はやや厳しすぎるとする）。

(194) 東京地判昭四三・一一・六下刑集一〇・一一一三。

(195) 山中・前掲論文（香川古稀）三二一―三二二頁は、任意性を認めるようである。

(196) Ulsenheimer, a. a. O. S. 341f.

(197) Roxin, a. a. O.（ZStW）S. 98.

(198) Roxin, a. a. O.（Heinitz-FS）S. 264.

(199) RG LZ 1915, 302f, zit: Ulsenheimer, a. a. O. S. 343.

(200) BGH 3. Juni 1964（unveröffentlicht), zit: Ulsenheimer, a. a. O. S. 343.

(201) 同旨、Ulsenheimer, a. a. O. S. 343f.

(202) 同旨、Ulsenheimer, a. a. O. S. 344.

(203) RGSt. 55. S. 66f.

(204) 財物が少量であるために中止した場合に任意性を肯定するものとして、v. Liszt/Schmidt, a. a. O. S. 317 ; Mezger, a. a. O. S. 404 ; Frank, a. a. O. S. 97 ; Allfeld, a. a. O. S. 84, Anm. 1 ; Meyer/Allfeld, a. a. O. S. 202, Anm. 47 ; Robert von Hippel, a. a. O. S. 412 ; Sauer, a. a. O.（Strafrechtslehre）S. 117 ; Welzel, a. a. O. S. 197 ; Maurach, a. a. O. S. 521 ; Kohlraush/Lange, a. a. O. S. 156 ; Dreher/Tröndle, a. a. O. S. 168, Rn. 17. ただし、後二者は右のＲＧの判決については任意性を否定。フランスではGarraud, op. cit. , p. 163, n°67 ; Conte/du Chambon, op. cit. , p. 181, n°341. 木村（亀）『刑法総論』（法律学全集・昭三四）三六五頁、野村・前掲論文四六六頁、曽根・前掲書二六六頁。

(205) BGHSt. 20, S. 279f.

(206) この判例は未公刊である。vgl. Ulsenheimer, a. a. O. S. 248, Anm. 45.

(207) BGHSt. 20, S. 280.

(208) Ulsenheimer, a. a. O. S. 248f.

(209) これに対して、ダーリンガーは、行為者が少女のいうことを信じた以上、実際に確認したのとそうでない場合とで大差はないという。Dallinger, MDR 1966 S. 22, r. Sp.

(210) Roxin, a. a. O.（Jus）S. 5 ; Eser, a. a. O. S. 366, Rn. 11 ; Ulsenheimer, a. a. O. S. 323（Wohl）.

(211) BGHSt. 20, S. 280.

(212) 本件を任意性の問題とするものとして、Gössel, a. a. O. S. 33f ; Maurach/Gössel/Zipf, a. a. O. S. 85, Rn. 113 ; Schmidthäuser, a. a. O.（Lb）S. 633, Rn. 86 ; derselbe, a. a. O.（Stub）S. 367, Rn. 87 ; Maurach, a. a. O. S. 520 ; Jakobs, a. a. O.（Stub）S. 764, Rn. 46 ; Dreher/Tröndle, a. a. O. S. 157, Rn. 6 a.

(213) 注212に挙げたものの中、任意性を否定するのはマウラッハ、ゲセル、シュミットホイザー、肯定するのは、ヤコブス、トレンドレである。

(214) RGSt. 35, S. 102f.

(215) RGSt. 6, S. 341ff.

(216) 嫌な味、Frank, a. a. O. S. 97 ; Allfeld, a. a. O. S. 84, Anm. 2 ; Maurach, a. a. O. S. 520 ; Jescheck, a. a. O. S. 491 ; noch, Finger, a. a. O. S. 496, Anm. 421. 吐き気、Liszt/Schmidt, a. a. O. S. 317 ; Mezger, a. a. O. S. 404 ; Sauer, a. a. O.（Strafrechtslehre）S. 117.

（217）なおフランスで苦痛について、Pradel, op. cit., p. 380, n°423は、激しい痛み（douleurs extrêmes）に由る中止に任意性を否定するが、これは逆にいえば、その程度にいたらない場合には任意性を肯定するものであろう。
（218）仙台高判昭二六・九・二六特二二・七三。
（219）東京高判昭三九・八・五高刑集一七・五五七。
（220）札幌高判昭三六・二・九下刑集三・三四。
（221）山中・前掲論文（香川古稀）三二四―三二五頁も任意性を認めるものと思われる。
（222）清水・前掲論文二六八頁も任意性を否定する。なお、園田・前掲論文八三頁注九は本件を欠効犯とする（ドイツの生理事件についても同じ、八二頁）。
（223）同旨、Vidal, op. cit., p. 156, n°98.
（224）最決昭三二・九・一〇刑集一一・二二〇二。この判例について、中谷・刑法判例百選Ⅰ総論（第二版）（昭五九）一五二―一五三頁。
（225）第二審の判決理由も略ぼ同内容である。
（226）むろん中止後における行為者の態度を、中止時における彼の任意性を判断するための資料とすることは妨げない。しかし、このことは一歩誤ると、いくら行為者が任意に中止しても、その後の態度が宜しくないという理由で中止犯が否定される恐れがある。本決定にはその節があるように思われる。
（227）もっとも、すでに指摘されている（牧野、平野）ように本件は終了未遂の疑いが強く（反対、澤登）、もしそうならば、中止が認められるためには結果を阻止すべく積極的行為がなされなければならないが、そうした形跡がないから、中止未遂を否定した大審院の態度は結論としては妥当であったのかもしれない。
（228）横浜地裁川崎支判昭五二・九・一九判時八七六号一二八頁、宮崎地裁都城支判昭五九・一・二五判タ五二五・三〇二頁。
（229）福岡高判昭二九・五・二九特二六・九三。
（230）大阪高判昭三三・六・一〇特五・二七〇。
（231）その他、和歌山地判昭三五・八・八下刑集二・一一〇九（強姦未遂）、東京地判昭四〇・四・二八判時四一〇号一七頁（丹沢山中事件）。
（232）Roxin, a. a. O.（Heinitz-FS）S. 263.
（233）Ulsenheimer, a. a. O. S. 343.

(234) 右のロクシン、ウルゼンハイマーの他、迷信に任意性を認めるものとして、Jakobs, a. a. O. (Stub) S. 764, Rn. 46. 木村・前掲教科書三六五頁。否定するものとして、宮本・学粋三七七頁注一。場合を分けて考えるものとして、Triffterer, a. a. O. S. 371, Rn. 58. 今日が一三日の金曜日であることを思い出して、この日に罪を犯すと捕まると思った場合には任意性が認められるが、行為者が非常に迷信深くひどく恐くなって中止した場合には否定されるという。

(235) 同旨、宮本・大綱一八五頁、佐伯・前掲教科書三一四頁、中・前掲教科書二一三—二一四頁。

(236) Wessels, a. a. O. S. 199 ; Lackner/Massen, a. a. O. S. 167 ; Eser, a. a. O. S. 377, Rn. 55.

結　論

本稿の目的は、従来、中止未遂における刑の必要減免の根拠をめぐって主張されている刑事政策説と法律説とは、相対立するものではなく、本来、同じ問題を異なった視点から捉えたものにすぎないという意識の下に、かかる根拠を政策的観点と法理論的観点から考察し、これによって得られた中止犯の基本思想を基に、中止の成立要件たる中止行為と任意性との内容を明らかにすることであった。そして、ここで得られた結論を要約すると以下のようになる。

中止未遂とは、行為者が、未遂によって一旦は違法な状態を惹起したが、その後みずからかかる状態を消滅させたことを理由として、すでに成立した未遂の違法評価が修正され、この修正された違法評価を基に彼に対する可罰性の程度を考えた場合、刑法に内在する補充性の原則の観点から、彼の実現した違法性は行為を犯罪とするほど強いものではなかった（ドイツ）か、あるいは犯罪とする程度の強さはあったが、刑を科するほどのものではなかった（わが国）ものである。そして、こうした違法状態の消滅は、未遂の違法性を基礎づける行為無価値を主客双方の二元的視点から観た場合、行為者が未遂を通じて外界に表明した反規範的な意思を合法な意思へと転換し、外部に惹起した法益侵害に対する危険性を除去することによってなされうる。この中、私見によれば、前者は任意性の要件であり後者は中止行為の要件である。また、中止未遂をして右のように解した場合、中止者に対する刑の減免の基準は加重未遂の有無に求められる。すなわち、中止してもその未遂の中にすでに軽い罪の既遂が含まれている場合、その限度で違法な状態の消滅があったとはいえないから刑の減軽に止まるのに対して、そうでない場合には刑の免除となる（こうした考え方は、これまでの法律説や減免の基準を示すことができないといわれた刑事政策説にも応用できる。後者の場合、加重未遂が成立した限度で犯罪の防止に失敗したのだから刑の減軽に止まるのに対して、そうでない場合には完全な犯罪防止に成功したのだから刑の免除となる）。

次に、中止犯に対する右のような理解の下に、中止の成立要件たる中止行為と任意性の内容を具体的に観た場合、それは以下のようになる。㈠まず中止行為とは、中止の意思をもって、法益侵害に対する危険性を消滅させるのに適した行為を行ない、それによってかかる危険を一般人からみて確実に近いほど消滅させることである。この場合注意しなければならないことは、「中止行為」とその結果としての「危険の消滅」との峻別である。双方はともに客観性を具備することを要するが、その程度には差があり、前者においては客観的にそれが危険を消滅させる可能性をもつものであれば足りるのに対して、後者においては危険消滅の確実に近い程度が要求される。そして、かかる消滅があった以上、法益侵害の惹起があっても中止行為は否定されない。けだし、結果実現の可能性が確実に近いほど消滅したにもかかわらず発生した結果というものには、相当因果関係が認められずもはや行為者に帰責されえないからである。

㈡次に任意性について、これに関してはまず欠効犯との区別に注意しなければならない。行為者が犯行を継続したくてもできないために已む無く犯罪を断念した場合、従来の学説はこれを任意性の問題として扱ってきた。しかし、実はこれは任意性の問題ではなく、中止行為の消極的要件としての欠効犯、すなわち中止行為によって消滅させるべき危険が中止時に存しないために、中止行為が不可能な場合に当る問題なのである。したがって、両者を混同しないよう気をつけなければならない。そこで、こうした区別に留意した後、如何なる場合に任意性が認められるかであるが、私見によれば、それは次の場合に認められる。行為者が、a自己の行為に否定的評価を下してこれを止めたとき、bさしたる理由もなく（所為の継続がさほどの困難を伴うものでもなければ、またその中止が彼に利便性を与えるものでもないにもかかわらず）犯罪を止めたとき（反規範的意思の微弱化）、c処罰に対する抽象的恐れのように、刑法によって合法とみなされた意思によって犯行を止めたとき、の三つである。けだし、これらの場合には反規範的意思の合法な意思への転換があったと認められるからである。

以上が、これまでの考察を通して得られた結論であるが、最後に本稿の最終的帰結として次のことを述べておきたい。ここでのように、中止未遂の立法理由を構成要件定立後における補充性の原則の実現に求めた場合、中止犯の規定は、たんに法理論的に是認されうるというに止まらず、自由主義的思想ないし現行憲法の精神からみてきわめて好ましいものであるということである。けだし、実行行為着手後であっても中止によってその行為の可罰性が減少したと考えられる場合には、この規定によって刑の免除が認められ、これによって国民に刑罰という苛酷な自由侵害が必要以上に及ぶのが避けられるからである。これは正に、明治憲法に比して質量ともに国民の自由の保障を強化した現行憲法（とりわけ第三章）の精神に相応するものである。

もっとも、こうした考え方に対しては、今の刑法典は明治憲法下に制定されたものであり、当時の国家主義的色彩の強い傾向からみて、立法者が個人の自由の保障という観点から中止犯の規定を設けたとは考えにくいという批判があるかもしれない。しかし、明治憲法下に制定された現行刑法典は、戦後新しい憲法の施行とともにその憲法の精神に即した新たな解釈が要求される。※もしそうならば、中止未遂の立法理由を私見のように解することに問題はないのではないかと思う。

従来の学説は、中止犯の根拠を言わば国家の側に目を向けて説明してきた。すなわち、黄金の架橋説は犯罪防止という観点から取締まる側に目を向けて、褒賞説は中止に対する褒賞という観点からこれを与える側に目を向けて、刑罰目的説は刑罰の必要性の有無という観点から刑罰権を行使する側に目を向けて、責任履行説は不法の回復という観点から不法の排除を目的とする側に目を向けて、其ぞれ中止未遂の立法理由を説明してきたのである。これに対してここでは、必要以上の刑罰による国民の自由侵害の抑止という観点から、取締まられる側、すなわち国民の側に目を向けての根拠づけを行なった。

そしてこれによって、私は中止犯という一つのテーマの研究を通じ、わが刑法が刑罰による犯罪防止を意図する一方で、その適用には慎重であろうとする配慮をその中に含むものであるという帰結にいたった。国家主義的色彩の強い旧憲法下に制定された現行刑法典は、新憲法の精神に即した新たな解釈によって、自由主義的側面をもった刑法典へと生れ変ったのである。私見のように解された中止未遂の規定は、それを示す一つの重要な証拠である。

※たとえば内乱罪の規定は、元もと天皇を中心とした絶対君主制の維持を目的として設けられたものであろう。しかし、今日かような解釈は許されない。すなわちこの規定は、国民の名の下に制定された現行憲法の保障する民主主義、自由主義体制を、それを否定する極左等の暴力革命などから保護することを目的とするものと解すべきである。

文献一覧

（日本）


伊東研祐「積極的特別予防と責任非難」（香川博士古稀祝賀論集〔成文堂・平八〕二六五頁以下）。

植松正『再訂刑法概論Ⅰ総論〔第八版〕』（勁草書房、昭四九）。

大塚仁『刑法概説総論』（有斐閣、昭五〇）。

大谷實『刑法講義総論〔第三版〕』（創文社、平三）。

小野清一郎『新訂刑法講義』（有斐閣、昭二三）。

小野清一郎「刑法総則草案と中止犯」（刑罰の本質について・その他〔有斐閣、昭三〇〕二七五頁以下）。

香川達夫「中止犯」総合判例研究叢書三（有斐閣、昭三一）。

香川達夫『中止未遂の法的性格』（有斐閣、昭三八）。

香川達夫『注釈刑法（2）のⅡ総論（3）』（団藤重光編、有斐閣、昭四四）。

香川達夫『刑法講義総論〔第三版〕』（成文堂、平七）。

木村亀二「中止未遂の概念」（刑法の基本概念〔有斐閣、昭二四〕二四五頁以下）。

木村亀二「中止未遂と悔悟」（刑法の基本概念・二九七頁以下）。

木村亀二『刑法総論』（法律学全集四〇）（有斐閣、昭三四）。

木村静子「中止犯」（刑法講座四〔有斐閣、昭三八〕二一頁以下）。

木村静子『判例刑法研究四（未遂・共犯・罪数）』（有斐閣、昭五六）四九頁以下。

川端博「消極的構成要件要素の理論の再検討」（団藤博士古稀祝賀論集第一巻〔有斐閣、昭五八〕一七九頁以下）。

川端博『刑法総論講義』（成文堂、平七）。

佐伯千仭「一身的刑罰阻却原由」（法叢三四巻三号・昭一一・一頁以下）。

佐伯千仭「主観的違法要素」（刑法における違法性の理論〔有斐閣、昭四九〕二〇九頁以下）。

佐伯千仭『刑法講義総論・四訂』（有斐閣、昭五九）。

斉藤誠二「中止未遂を寛大に扱う根拠」（刑法の争点〔有斐閣、昭五二〕九七頁以下）。

斉藤誠二「中止未遂の法的性格をめぐって（1）」（筑波法政・九号・昭六一・一頁以下）。

斉藤誠二「いわゆる失効未遂をめぐって」（警研五八巻・昭六二・一号三頁以下、三号三頁以下）。

澤登俊雄「中止犯」（刑法の判例〔第二版〕一〇四頁以下）。

塩見淳「中止行為の構造」（中山先生古稀祝賀論集第三巻〔成文堂、平九〕二四七頁以下）。

塩見淳「中止の任意性」（判タ七〇三号・平一・七五頁以下）

清水一成「不能未遂と中止未遂」（警研五三巻八号・昭五七・五七頁以下）。

清水一成「中止未遂における『自己ノ意思ニ因リ』の意義」（上智法学二九巻二＝三号・昭六一・一六五頁以下）。

清水一成「中止行為の任意性」（刑法判例百選Ⅰ総論〔第三版〕平三・一四四次頁）。

荘子邦雄『刑法総論〔第三版〕』〔現代法律学全集二五〕（青林書院新社・平八）。

城下裕二「中止未遂における必要的減免について」（北大法学三六巻四号・昭六一・一七三頁以下）。

曽根威彦『刑法の重要問題総論』（成文堂、平五）。

園田寿「『欠効未遂』について」（関大法学三二巻三・四・五合併号・昭五七・五九頁以下）。

滝川幸辰・犯罪論序説（滝川幸辰刑法著作集第二巻〔弘文堂、昭五六〕）。

団藤重光『刑法綱要総論〔第三版〕』（創文社、平成二）。

中義勝『講述犯罪総論』（有斐閣、昭五五）。

中義勝「主観的不法要素について」（関大法学三七巻五＝六合併号・昭六三・一六五頁以下）。

内藤謙『改正刑法の研究Ⅰ概論・総則』（平場＝平野編・東京大学出版会・昭四七）。

中野次雄『刑法総論概要〔第三版〕』（成文堂、平一〇）。

中山研一『口述刑法総論〔第三版〕』（成文堂、平六）。

西原春夫『刑法総論』（成文堂、昭五二）。

野村稔『刑法総論』（成文堂、平二）。

野村稔『未遂犯の研究』（成文堂、昭五九）。

平野龍一「中止犯」（刑事法研究第二巻―一〔有斐閣、昭五六〕一四二頁以下）。

平野龍一『刑法総論Ⅰ』（有斐閣、昭四七）、同Ⅱ（有斐閣、昭五〇）。

平場安治『刑法総論講義』（有信堂、昭二七）。

藤木英雄『刑法講義総論』（弘文堂、昭五〇）。

福田平『全訂刑法総論〔第三版〕』（有斐閣、平八）。

堀内捷三『刑法総論』（有斐閣、平一二）。

前田雅英『刑法総論講義〔第三版〕』（東京大学出版会・平一〇）。

牧野英一『刑法総論下巻〔全訂版〕』（有斐閣、昭三四）。

宮本英脩『刑法学粋』（弘文堂、昭六）。

宮本英脩『刑法大綱』（弘文堂、昭五）。

山口厚『刑法総論』（有斐閣、平一〇）。

山中敬一「中止犯」（現代刑法講座五〔成文堂、昭五七〕三四五頁以下）。

山中敬一「着手中止と実行中止」（関大法学三四巻三・四・五号・昭和五九・一九五頁以下）。

山中敬一「中止行為の要件」（判タ五二八号・昭五九・五五頁以下）。

山中敬一「中止犯における『自己の意思により』の意義について」（香川博士古稀祝賀論集〔成文堂。平八〕三〇九頁以下）。

金澤真理「未終了未遂の意義」（東北大法学五七巻四号・平五・一一五頁以下）。

カント『道徳形而上学原論』（篠田英雄訳）岩波文庫。

中谷瑾子「中止犯」（刑法判例百選Ⅰ総論〔第二版〕昭五九・一五二―一五三頁）。

澤登俊雄＝澤登佳人＝新倉修訳・『フランス刑事法（刑法総論）』（成文堂、昭五六）。

藤永孝治「殺人の中止未遂を認めた二つの裁判例」（研修三六五号・昭五七・六七頁以下）。

安富潔・橋本雄太郎「日本刀で肩部を一撃したのち、攻撃を中止した場合において、殺人の中止未遂が認められた事例」法学研究五〇巻一〇号（昭五二）八八頁以下。

虫明満「紹介・クラウス・ウルゼンハイマー著『理論、及び実務における中止未遂の基本問題』」（法政論集七八号・昭五四・四二七頁以下）。


（ドイツ語圏）

Allfeld, Der Rücktritt vom Verscuh, in : Festgabe für Frank, Bd. II, 1930, S. 74ff.
Baumann/Weber, Strafrecht, Allgemeiner Teil, 8. Aufl., 1977.

Baumann/Weber/Mitsh, Strafrecht, Allgemeiner Teil, 10. Aufl., 1995.
Backmann, Strafbarkeit des vor Tatbeginn zurückgetreten Tatbeteiligten wegen vollendeter Tat ? Jus 1981, S. 336ff.
Binding, Das bedingte Verbrechen, in : Strafrechtliche und strafprozessuale Abhandlungen, 1915, S. 97ff.
Binding, Die Normen und ihre Übertretung, Bd. I, 1916.
Binding, Grundriß des Deutschen Strafrechts, Allgemeiner Teil, 8. Aufl., 1913.
Bloy, Die dogmatische Bedeutung der Strafausschließungs-und Strafaufhebungs gründe, 1976.
Bloy, Zurechnungsstrukturen des Rücktritts vom beendeten Versuch und Mitwirkung Dritter an der Verhinderung der Tatvollendung, Jus 1987, S. 528ff.
Bockelmann, Wann ist der Rücktritt vom Versuch freiwillig, in : Strafrechtliche Untersuchungen, 1957, S. 171ff.
Bockelmann, Strafrecht, Allgemeiner Teil, 3. Aufl., 1979.
Bottke, Zur Freiwillgkeit und Endgültigkeit des Rücktritts vom versuchten Betrug, JR 1980, S. 441ff.
Beling, Gründzüge des Strafrechts, 6. und 7. Aufl., 1920.
Dallinger, Aus der Rechtsprechung des Bundesgerichtshofes in Strafchen, MDR 1966, S. 22ff.
Dreher/Tröndle, Strafgesetzbuch und Nebengesetze, 47. Aufl., 1994.
Dohna, Die Freiwilligkeit des Rücktritts vom Versuch im Lichte der Judikatur des Reichsgericht, ZStW, Bd. 59, 1940, S. 541ff.
Finger, Das Strafrecht, 1912.
Frank, Das Strafgesetzbuch für das Deutsche Reich, 18. Auful., 1931.
Geilen, Zur Abgrenzung zwischen beendeten und unbeendeten Versuch, JZ 1972, S. 335ff.
Gallas, Zur Struktur des strafrechtlichen Unrechtsbegriffs, in : Festschrift für Bockelmann, 1979, S. 155ff.
Gössel, Üben den fehlgeschlagenen Versuch, ZStW, Bd. 87, 1975, S. 3ff.
Grünwald, Zum Rücktritt des Tatbeteiligten im künftigen Recht, in : Festschrift für Welzel, 1974, S. 701ff.
Hegler, Die Merkmale des Verbrechens, ZStW, Bd. 27, 1915, S. 19ff.
Hegler, Subjektive Rechtswidrigkeitsmomente im Rahmen des allgemeinen Verebrechensbegriffs, in : Festgabe für Frank, Bd. I, 1930, S. 251ff.
Heintshel-Heinegg, Versuch und Rücktritt, ZStW, Bd. 109, 1997, S. 29ff.

Herzberg, Grund und Grenzen der Strafbefreiung beim Rücktritts vom Versuch, Festschrift für Lackner, 1987, S. 325ff.
Herzberg, Der Rücktritt mit Deliktsvorbehalt, in : Gedächtnissschrift für H. Kaufmann, 1986, S. 709ff.
Herzberg, Grundprobleme des Rücktritts vom Versuch und überlegung de lege ferenda, NJW 1991, S. 1633ff.
Hippel, von Reinhard, Untersuchungen üder den Rücktritt von Versuch, 1966.
Hippel, von Robert, Deutsches Strafrecht, Bd. II, 1930.
Hruschka, Zur Frage des Wirkungsbereichs eines freiwilligen Rücktritts vom unbeendeten Versuch, JZ 1969, S. 495ff.
Jakobs, Die Bedutung des Versuchsstadiums für die Voraussetzungen eines strafbefreienden Rücktritts, Jus 1980, S. 714ff.
Jakobs, Strafrecht, Allgemeiner Teil, Studienaufgabe, 2. Aufl., 1991.
Jakobs, Rücktritt als Tatänderung versus allgemeines Nachtatverhalten, ZStW, Bd. 104, 1992, S. 82ff.
Jescheck, Lehrbuch des Strafrechts, Allgemeiner Teil, 4. Aufl., 1988.
Kaufmann, Arimin, Zum Stande der Lehre vom personalen Unrecht, in : Festschrift für Welzel, 1974, S. 393ff.
Kaufmann, Arthur, Subsidiaritätsprinzip und Strafrecht, in : Festschrift für Henkel, 1974, S. 89ff.
Krauß, Erfolgsunwert und Handlungsunwert im Unrecht, ZStW, Bd. 76, 1964, S. 19ff.
Krauß, Der strafbefreiende Rücktritt vom Versuch, Jus 1981, S. 883ff.
Kohlraush/Lange, Strafgesetzbuch, 43. Aufl., 1961.
Lackner/Massen, Strafgesetzbuch, 21. Aufl., 1995.
Lampe, Rücktritt vom Versuch “mangels Interesses”, Jus 1989, S. 610ff.
Lang-Hinrichsen, Bemerkungen zum Begriff der “Tat” im Strafrecht, in: Festschrift für Engisch, 1969, S. 253ff.
Lenckner, Probleme beim Rücktritt des Beteiligten, in : Festschrift für Gallas, 1973, S. 281ff.
v. Liszt/Schmidt, Lehrbuch des deutschen Strafrechts, 26. Aufl., 1932.
Lönnies, Rücktritt und tätige Reue beim unechten Unterlassungsdelikt, NJW 1962, S. 1950ff.
Muñoz-Conde, Theoretische Begründung und systematische Stellung der Straflosigkeit beim Rücktritt vom Versuch, ZStW, Bd. 84, 1972, S. 756ff.
Maurach, Deutsches Strafrecht, Allgemeiner Teil, 4. Aufl., 1971.
Maurach/Gössel/Zipf, Strafrecht, Allgemeiner Teil, Teilband, 2, 7. Aufl., 1988.

Mayer, Hellmuth, Strafrecht, Allgemeiner Teil, 1953.
Mayer, Hellmuth, Strafrecht, Allgemeiner Teil（Studienbuch）, 1967.
Mayer, Max Ernst, Der Allgemeine Teil des Deutschen Strafrechts, 2. Aufl., 1923.
Merkel, Adolf, Die Lehre von Verbrechen und Strafe, 1912.
Meyer/Allfeld, Lehrbuch des Deutschen Strafrechts, 9. Aufl., 1934.
Mezger, Die subjektive Unrechtselemente, GS, Bd. 89, 1924, S. 205ff.
Mezger, Vom Sinn der strafrechtlichen Tatbestände, in : Festschrift für Traeger, 1926, S. 187ff.
Mezger, Strafrecht, Ein Lehrbuch, 2. Aufl., 1933.
Naka, Die Appellfunktion des Tatbestandesvorsatzes, JZ 1961, S. 210f.
Otto, Grundkurs Strafrecht, Allgemeine Strafrechtslehre, 4. Aufl., 1992.
Radbruch, Zur Systematik der Verbrechenslehre, in : Festgabe für Frank, Bd. I, 1930, S. 158ff.
Roxin, Rezension von Alexander Peter Gutmann, Die Freiwilligkeit beim Rücktritt vom Versuch und bei der tätigen Reue, ZStW, Bd. 77, 1965, S. 91ff.
Roxin, Sinn und Grenzen staatlicher Strafe, Jus 1966, S. 377ff.
Roxin, Über den Rücktritt vom unbeendeten Versuch, in : Festschrift für Heinitz, 1972, S. 251ff.
Roxin, Kriminalpolitik und Strafrechtssystem, 2. Aufl., 1973.
Roxin, Der fehlgeschlagene Versuch, Jus 1981, S. 1ff.
Roxin, “Schuld” und “Verantwortlichkeit” als strafrechtliche Systemkategorien, in : Festschrift für Henkel, 1974, S. 171ff.
Roxin, Zur jüngsten Diskussion über Schuld, Prävention und Verantwoltlickeit im Strafrecht, in : Festschrift für Bockelmann, 1979, S. 279ff.
Roxin, Das Schuldprinzip im Wandel, in : Festschrift für Arthur Kaufmann, 1993, S. 519ff.
Roxin, Zum Strafgrund der Teilnahme, in : Festschrift für Stree und Wessels, 1993, S. 265ff.
Rudolphi/Horn/Samson/Schreiber, Systematischer Kommentar zum Strafgesetzbuch, Bd. I, Allgemeiner Teil, 1. Aufl., 1975.
Sauer, Grundlagen des Strafrechts, 1. Aufl., 1921.
Sauer, Allgemeine Strafrechtslehre, 3. Aufl., 1955.
Scheurl, Rücktritt vom Versuch und Tatbeteiligung mehrer, 1972.

Schmidhäuser, Zur Systematik der Verbrechenslehre, in : Gedächtnisschrift für Radbruch, 1968, S. 268ff.
Schmidhäuser, Strafrecht, Allgemeiner Teil Lehrbuch, 2. Aufl., 1975.
Schmidhäuser, Strafrecht, Allgemeiner Teil, Studienbuch, 1. Aufl., 1982.
Schönke/Schröder, Strafgesetzbuch, 14. Aufl., 1964.
Schönke/Schröder/Lenckner, Strafgesetzbuch, 25. Aufl., 1996.
Schröder, Friedrich-Christian, Rücktritt vom Versuch, Jus 1978, S. 824f.
Schröder, Horst, Grundprobleme des Rücktritts vom Versuch, Jus 1962, S. 81ff.
Stratenwerth, Strafrecht, Allgemeiner Teil I, 2. Aufl., 1976.
Stratenwerth, Schweizerisches Strafrecht, Allgemeiner Teil I : Die Straftat, 2. Aufl., 1995.
Triffterer, Österreichisches Strafrecht, Allgemeiner Teil, 2. Aufl., 1993.
Ulsenheimer, Grundfragen des Rücktritts vom Versuch in Theorie und Praxis, 1976.
Vogler, Leipziger Kommentar, Lieferung 33, 1983.
Welzel, Das Deutsche Strafrecht, 11. Aufl., 1969.
Wessels, Strafrecht, Allgemeiner Teil, 24. Aufl., 1994.
Wolter, Vorsätzliche Vollendung ohne Vollendungsvorsatz und Vollendungsschuld ? Festschrift für Leferenz ? 1983, S. 545ff.
Zachariae, Lehre vom Versuch der Verbrechen, 1836-1839.（一九九七年復刻版）
Bergmann, Einzelakts-oder Gesamtbetrachtung beim Rücktritt vom Versuch ? ZStW, Bd. 100.

（フランス）
Conte et du Chambon, Droit pénal général, 5e éd.
Garçon, Code pénal annoté.
Garraud, Précis de droit criminel 13e éd, 1921.
Larguier, Droit pénal général, 18e éd, 2001.
Levasseur et Chavanne, Droit pénal et procédure pénal, 1963.
Merle et Vitu, Traité De Droit Criminel, 5e éd, 1984.

Pradel et Varinard, Les grands arrêts du droit criminel, 3e éd, 1992.
Pradel DROIT PÉNAL GÉNÉRAL, 12e éd, 1999.
Rassat, Droit pénal général, 2e éd, 1999.
Soyer, Droit pénal et procédure pénal, 15e éd, 2000.
Stefani et Levasseur, Droit pénal général, 9e éd, 1976.
Stefani, Levasseur et Bouloc, Droit pénal général, 17e éd, 2000.
Vidal, Cours de droit criminel, 6e éd, 1924.
Vouin et Léauté, Droit pénal et procédure pénal, 3e éd, 1967.
Bouzat et Pinatel, Traité de droit pénal et de Criminologie, Tome I, Droit pénal général, 1963.

筆者プロフィール

町田行男（まちだ・ゆきお）

1952年　東京都生まれ

1977年　青山学院大学法学部公法科卒業

1984年　青山学院大学大学院法学研究科博士課程単位修了

訳　書『バイエルン犯科帳』（フォイエルバッハ著、共訳、白水社、1991年）

中止《ちゅうし》未遂《みすい》の理論《りろん》

Die Lehre vom Rücktritt vom Versuch ; La doctorine du désistement volontaire

2005年4月20日　第1版第1刷

著　者……町田行男

発行人……成澤壽信

発行所……株式会社 現代人文社

〒160-0016　東京都新宿区信濃町20　佐藤ビル201

振替　00130-3-52366

電話　03-5379-0307（代表）FAX　03-5379-5388

E-Mail　daihyo@genjin.jp（代表）hanbai@genjin.jp（販売）

Web　http://www.genjin.jp

発売所……株式会社 大学図書

印刷所……株式会社 シナノ

装　幀……清水良洋＋並河野里子（Push-up）

検印省略　PRINTED IN JAPAN

ISBN4-87798-248-5　C3032